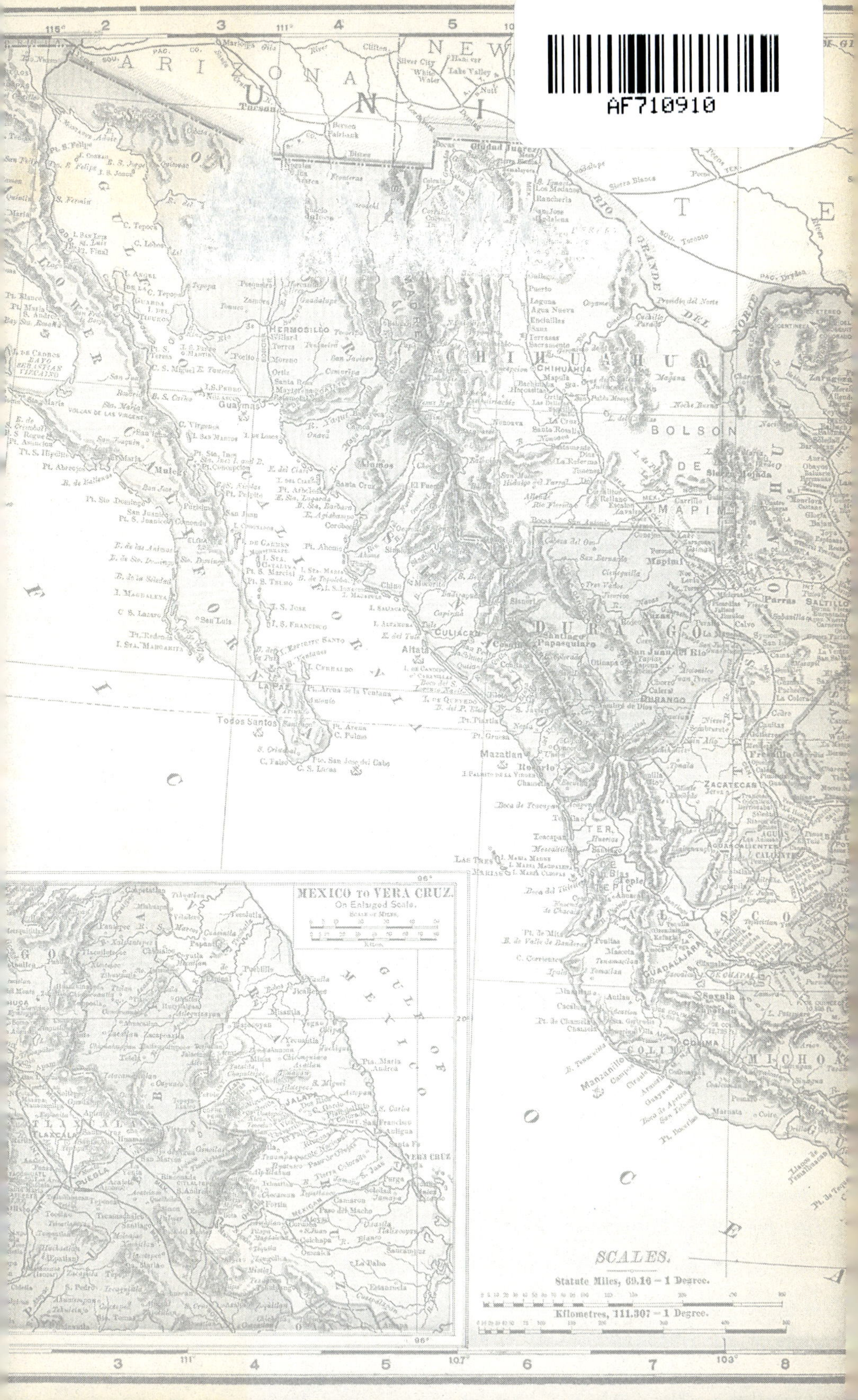
ARIZONA
UNITED STATES
NEW MEXICO
TEXAS
CHIHUAHUA
BOLSON DE MAPIMI
DURANGO
ZACATECAS
TER. DE TEPIC
JALISCO
COLIMA
MICHOACAN
GOLFO DE CALIFORNIA
BAJA CALIFORNIA
OCEANO PACIFICO
Tucson
Ciudad Juarez
Rio Grande del Norte
Hermosillo
Guaymas
Mulege
La Paz
Todos Santos
C. S. Lucas
Culiacan
Altata
Mazatlan
Rosario
Durango
Parras
Saltillo
Zacatecas
Guadalajara
Manzanillo
Colima
MEXICO TO VERA CRUZ.
On Enlarged Scale.
GOLFO DE MEXICO
Tlaxcala
Puebla
Jalapa
Vera Cruz
Orizaba
Cordoba
SCALES.
Statute Miles, 69.16 = 1 Degree.
Kilometres, 111.307 = 1 Degree.
115°
111°
107°
103°
96°
2
3
4
5
6
7
8

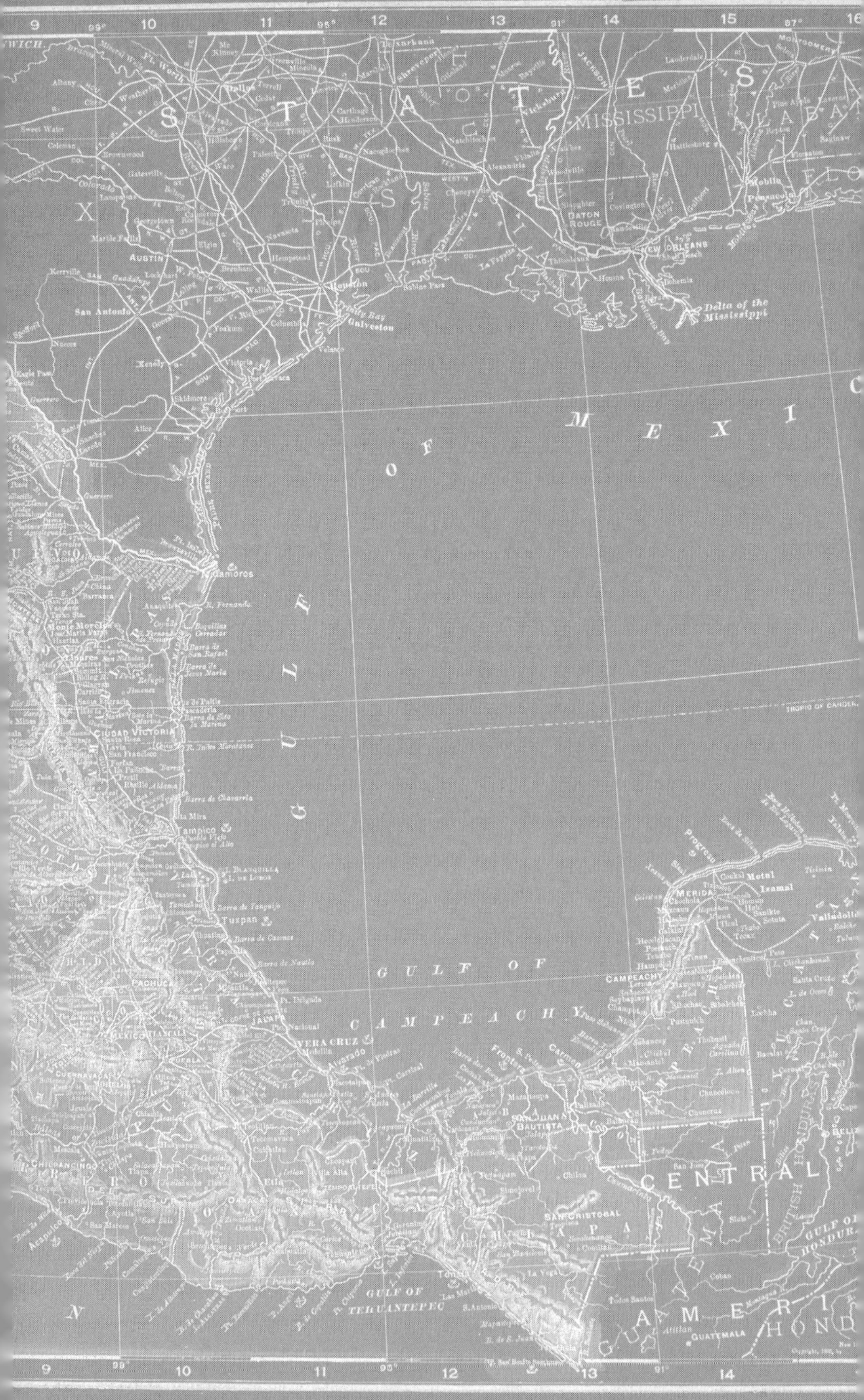
MISSISSIPPI
GULF OF MEXICO
GULF OF CAMPEACHY
GULF OF TEHUANTEPEC
CENTRAL AMERICA
BRITISH HONDURAS
GULF OF HONDURAS
TROPIC OF CANCER
Delta of the Mississippi
NEW ORLEANS
BATON ROUGE
Mobile
Pensacola
Vicksburg
Jackson
Alexandria
Shreveport
Texarkana
Dallas
Ft. Worth
Waco
AUSTIN
San Antonio
Houston
Galveston
Corpus Christi
Matamoros
Monterey
CIUDAD VICTORIA
Tampico
Tuxpan
PACHUCA
MEXICO
TLAXCALA
PUEBLA
JALAPA
VERA CRUZ
CUERNAVACA
CHILPANCINGO
Acapulco
OAXACA
SAN JUAN BAUTISTA
SAN CRISTOBAL
CAMPEACHY
MERIDA
Progreso
Valladolid
Izamal
Carmen
Frontera
GUATEMALA
Coban
BELIZE
Tonala
Salina Cruz
L. BLANQUILLA
L. DE LOBOS
9
10
11
12
13
14
15
16
99°
95°
91°
87°

# Hasta el último día

NOFICCIÓN | CRÓNICA

MALCOLM BEITH

# Hasta el último día

TRADUCCIÓN DE LUCRECIA ORENSANZ

EDICIONES B

MÉXICO · BARCELONA · BOGOTÁ · BUENOS AIRES · CARACAS
MADRID · MONTEVIDEO · MIAMI · SANTIAGO DE CHILE

Las opiniones aquí vertidas son responsabilidad exclusivamente del autor y no representan el pensamiento de la editorial.

*Hasta el último día*

Primera edición, marzo de 2012


Bradley 52, Anzures DF-11590, MÉXICO
*www.edicionesb.mx*
*editorial@edicionesb.com*

ISBN 978-607-480-296-2

Impreso en México | *Printed in Mexico*

"Mi administración está y estará plenamente comprometida [con la lucha contra el crimen organizado] hasta el último día de mi mandato"

PRESIDENTE FELIPE CALDERÓN,
2 DE SEPTIEMBRE DE 2011

# Prólogo

CINCUENTA MIL MUERTOS, y siguen sumándose.

Si alguien me hubiera preguntado hace diez años cuál era mi postura ante la guerra contra las drogas, hubiera dicho sin titubear que estaba cien por ciento en contra. Me parecía una manera un poco inútil, fallida, de tratar el consumo de drogas, que por supuesto era simplemente una manifestación de problemas subyacentes más serios.

Pero después de investigar cuatro años el tema de primera mano en México, me di cuenta de que sentarse a conversar con los amigos y los colegas periodistas acerca de cómo había fallado la guerra contra el narco era demasiado simplista. Vi tantas cosas por mi propia cuenta en todo el país, que me convencí de que el asunto es mucho más complejo de lo que jamás imaginé.

Consideremos el uso del Ejército en el conflicto en México.

Cada vez hay más llamados para que las tropas regresen a sus cuarteles, lo que es bastante comprensible desde el punto de vista de los ciudadanos. Pero siendo realistas, ¿se puede esperar que la Policía local en la mayor parte de México ofrezca seguridad a la población cuando los narcos tienen tanques caseros y están dispuestos a decapitar a sus rivales y luego subir los videos a YouTube? ¿Cuando desmembrar a un delincuente se considera parte de la rutina? ¿Cuando los ciudadanos comunes no se atreven a denunciar los homicidios o se ven orillados a difundir por Twitter la noticia de un tiroteo porque temen perder la vida?

En todo México también prolifera la desinformación. El mensaje del Gobierno no está llegando; a los periodistas los asesinan por tratar de comunicar hechos básicos. Las redes sociales y los *hackers* están tratando de entrarle al asunto, pero no estoy convencido de que su modus operandi ayude a alguien a obtener información necesaria y precisa. En su forma actual, las redes sociales no sólo no se censuran, sino que no se filtran, tampoco se editan ni se verifican. En general, no son confiables. De cualquier modo, es más probable que el ciudadano promedio lea una narcomanta que un mensaje en Twitter, una entrada de blog o un artículo periodístico que pretenda explicar la corrupción o revelar algo acerca del narcotráfico.

Quizá no resulte sorprendente que incontables mexicanos con los que hablo creen que la lucha contra el narco es "simulada" o que los narcos son los buenos. En los altos de Sinaloa, cerca de Santiago de los Caballeros, se yergue una tumba construida para don Neto Fonseca. Es un mausoleo enorme, hermoso, digno de un rey. Pregúntenle a cualquiera de por ahí quiénes son los buenos. Responderán que los narcos, sin dudarlo. Quizá digan que les gusta tener a los soldados cerca, pero los soldados no ofrecen empleo ni se quedarán para siempre. A falta de mejor opción, los narcos son los buenos.

La cobertura de los medios no ayuda mucho a aclarar las cosas. Pregúntenle al habitante promedio de la ciudad de México, y les dirá que Tamaulipas es un estado en ruinas o, en el mejor de los casos, un lugar pavoroso, dadas las masacres que han ocurrido ahí en los últimos años y la presencia de los Zetas, actualmente el grupo más temido en el país. Pregúntenle a cualquier habitante de Sinaloa y bien podría decirles que los narcos ya se apoderaron de la ciudad de México, el lugar más peligroso del país según lo que han oído o les han dicho. Veinte cuerpos hallados en Ciudad Juárez no significan mucho para el ciudadano promedio, salvo que conviene no acercarse a esa ciudad fronteriza. El hecho de que las investigaciones de tales asesinatos simplemente no existen es una tragedia para muchos mexicanos, pero la mayoría están demasiado ocupados con sus vidas cotidianas como para indignarse por ello.

Además, en México se está dando un debate sobre la criminalidad. Han señalado a algunos periodistas por recurrir a narcos como fuentes: ¿eso los vuelve delincuentes? ¿Los vuelve simpatizantes de los elementos criminales? ¿Los pone a la altura de los políticos que hacen tratos con el crimen organizado? ¿Tienen por ello mentes delictivas, o simplemente son empáticos con quienes, no siempre por elección, quedan atrapados en el inframundo del delito por falta de mejores opciones? ¿Su empatía simplemente los hace humanos o los vuelve ingenuos que fácilmente se dejan llevar? Algunos periodistas también han sido señalados por creerle a las autoridades: ¿eso los vuelve panistas? Si critican a la administración actual, ¿quiere decir que simpatizan con la oposición? Estamos en año electoral y todo está en juego: ¿los periodistas sesgarán su cobertura para quedar bien con el partido que creen ganará las elecciones?

Fue por tal falta de claridad que decidí emprender este proyecto. Cubrí la guerra contra las drogas como corresponsal durante cuatro años, pero ahora mi objetivo es examinar la trayectoria del conflicto, analizar sus acontecimientos lo mejor posible, tratar de entender la estrategia puesta en marcha por las autoridades e intentar encontrarle sentido a las matanzas aparentemente indiscriminadas que han asolado gran parte de México desde 2006.

¿Qué me autoriza a mí, un gringo, a escribir un libro acerca de México y su guerra contra y entre los cárteles? La respuesta es bastante sencilla: no soy mexicano. México no es mi país, aunque sí amo profundamente sus facetas positivas y a su gente. Como gringo, puedo mirar de otra manera la guerra contra el crimen organizado. Puedo mirar todo el asunto de manera desapegada. No tengo inclinaciones partidistas, de modo que no busco un ataque indiscriminado contra la administración calderonista. No tengo vínculos afectivos con los muertos, ni siquiera con quienes sufren por la inseguridad que se extiende por todo el país. No tengo intereses personales en la guerra contra el crimen organizado, salvo el deseo de informar y escribir acerca de ella para que los lectores puedan entenderla desde la perspectiva más objetiva que puedo ofrecer.

En cuanto a mis fuentes, los lectores pronto se darán cuenta de que recurrí a autoridades mexicanas y estadounidenses para conseguir la mayor parte de la información. Como periodista, sí tengo una postura escéptica hacia cualquier tipo de información entregada por funcionarios que no haya sido cuestionada o analizada adecuadamente, pero mi tendencia aquí será, en general, creer la mayor parte de lo dicho. Esto gracias a la diligencia de los colegas periodistas mexicanos que han transmitido parte de la información; en muchos casos, decidí confiar en su criterio editorial y en que ellos ya hicieron su propio análisis durante el proceso para publicar la información. Cuando fue necesario, cotejé la información con mis propias indagaciones o con otros periódicos para tener una mejor idea de lo que estaba ocurriendo.

También reconozco que creo firmemente que la administración de Calderón es notoriamente distinta a los Gobiernos pasados de México. He hablado con muchos funcionarios en mis investigaciones sobre el crimen organizado y casi todos han sido abiertos conmigo y han respondido mis preguntas. En su mayoría, no han puesto trabas al tema de la guerra contra el crimen organizado ni me han desviado hacia callejones de desinformación ni me han mareado con discursos oficiales sin sentido. Cuando mucho, algunos buscaron embarrar a los políticos o instituciones rivales. Actualmente en México está de moda denunciar la falta de libertad de expresión o de libertad de prensa, pero según mi opinión, esto no es muy exacto, al menos no cuando se trata de funcionarios públicos. Es cierto que los periodistas se ven presionados por los elementos criminales —y es cierto que en algunas partes del país las autoridades locales han contribuido a esta presión—, pero en general, en el México actual, la libertad de prensa es vigorosa, o al menos intenta serlo con la ayuda del Gobierno federal. No es que muchos periodistas se hayan visto censurados u obligados a enfrentar las consecuencias de sus declaraciones u opiniones, por muy controvertidas o contrarias que hayan sido a la línea oficial. El acuerdo reciente entre el Gobierno y los grandes medios de comunicación es una señal positiva para México, no un indicio de que está por comenzar una época de represión.

Sin embargo, México es un país en transición. Ya ha disfrutado una década completa de democracia y sus ciudadanos quieren —no, esperan— no sólo algo un poquito mejor que lo que tenían antes de la elección del PAN en 2000. Siguen existiendo monopolios mediáticos, así como medios que presuntamente reciben pagos a cambio de lo que publican; sigue sin ser extraño que un periódico o canal de televisión, o incluso un grupo empresarial, apoye a un partido político o candidato; los periodistas de investigación que cuestionan el statu quo o incursionan en los mundos del activismo hacen bien en exigir mejor protección y apoyo federal a su trabajo. Tanto la población como el Gobierno hacen malabares con el concepto de libertad de expresión cuando están en juego la información sobre el Ejército y la guerra contra el narco, la expresión y opinión periodísticas y, por supuesto, las críticas a los poderes en turno.

Espero que los lectores encuentren que este libro les ayuda a entender la cantidad de obras sobre la guerra contra el narco que actualmente se están produciendo en México; también, espero que provoque el debate en ciertos círculos y que encienda el cambio en otros.

Por último, pese a tantos llamados recientes de personalidades destacadas a poner fin a la guerra contra las drogas, no creo que esto ocurra en un futuro cercano. Si bien es posible que ciertos estados, como California, aprueben la legalización de la marihuana, es muy poco probable que se aprueben, para todas las drogas ilegales, leyes como las que actualmente existen en México. Además, existe poca evidencia de que legalizar o despenalizar la posesión o producción de drogas detendría la violencia vinculada con las actividades del crimen organizado. Los logros en México ya están contribuyendo a crear problemas de seguridad en Centroamérica, y dada esa inestabilidad, el Caribe podría volverse en poco tiempo nuevamente atractivo para los traficantes. Las autoridades de esas regiones —y agencias internacionales como la DEA— tendrán que seguir librando la guerra contra el crimen organizado, aunque sólo sea para impedir que provoque la caída de países débiles o se extienda rápidamente por el mundo. Por estas razones, me parece cada vez más importante analizar lo que ha ocurrido en todo México durante el último sexenio. ¿Será que algunas organizaciones de narcotraficantes ya cruzaron la frontera del terrorismo? Es la idea que prevalece en algunos círculos de Washington. ¿Estamos presenciando una insurgencia en México? En Estados Unidos, algunos expertos parecen convencidos de ello. ¿Deben aplicarse al crimen organizado las tácticas de contrainsurgencia, que funcionaron en ciertos niveles en Irak y Afganistán, o debe mantenerse como objetivo principal aplicar la ley y seguir las huellas del dinero? Hay varias trincheras a cada lado de este debate. Espero que este libro ayude a la gente correcta a llegar a las conclusiones correctas para tomar las decisiones correctas y seguir hacia adelante. Porque no es probable que el último día, como lo planteó el presidente Calderón, esté cercano. México podrá ganar su batalla, o al menos alcanzar sus objetivos más inmediatos, pero el crimen organizado no desaparecerá de la noche a la mañana de la faz de la Tierra.

# CAPÍTULO I

## OPERACIÓN CONJUNTA MICHOACÁN

### *5 de diciembre de 2006*

La tripulación izó la bandera mexicana al acercarse a tierra. En la popa, la del Reino Unido ondeaba al viento.

Estaban frente al puerto de Lázaro Cárdenas.

La tripulación del barco —propiedad de Peninsular and Oriental Steam Navigation Company (P&O), una compañía británica de logística y transporte marítimo cuya historia se remonta al siglo XIX— se preparaba para desembarcar en su destino final. Habían viajado mucho —unos 13,000 km— tras zarpar de Hong Kong unas semanas antes. Habían hecho una breve parada en Long Beach, California; la inspección aduanal en el punto de entrada a Estados Unidos había sido tranquila, con sólo unos días de espera. Luego habían zarpado otra vez: hacia México.

Estaban frente a Lázaro Cárdenas. Este puerto enorme —2,503 hectáreas— crecía rápidamente por el influjo comercial de Asia. Cada día llegaban barcos de China, India y Tailandia. El puerto manejaba unos 20 millones de toneladas de mercancía al año. Petróleo, juguetes, aparatos electrónicos, productos farmacéuticos. Sin duda llegaría más mercancía cuando se completara el ferrocarril directo de Lázaro Cárdenas a Kansas City.

La tripulación desembarcó. Las autoridades mexicanas comenzaron su inspección.

Hallaron diecinueve toneladas de pseudoefedrina, un químico usado en muchos remedios contra la tos, que en ese momento estaba prohibido en México. Las autoridades la habían proscrito por una razón sencilla: también es uno de los ingredientes principales de la metanfetamina, una droga muy consumida en Estados Unidos. Producir metanfetamina se había vuelto atractivo para los cárteles mexicanos porque podían obtener grandes cantidades en laboratorios pequeños en la sierra y transportarlas fácilmente al otro lado de la frontera. Grandes ganancias a muy bajo costo: una droga altamente adictiva que prácticamente cualquiera podía fabricar mezclando algunos precursores químicos.

Las autoridades descubrieron las 19.7 toneladas en docenas de tambos etiquetados como "producto químico intermedio".

Ese mismo día, el 5 de diciembre de 2006, las autoridades hicieron otra incautación, también en Michoacán: un importante laboratorio de metanfetamina cerca de la carretera de Uruapan-Carapan, en el pueblo de Cheranguerán. Habían llegado atraídas por un incendio. Los incendios de ese tipo se habían vuelto cada vez más comunes en Michoacán en los últimos meses; estaban apareciendo laboratorios de metanfetamina por todas partes y, después de todo, los accidentes humanos eran muy frecuentes en esos ambientes tan tóxicos.

Así comenzó la Operación Conjunta Michoacán.

La siguiente semana, el 11 de diciembre de 2006, unos 7,000 soldados y policías federales fueron desplegados en ese estado central para enfrentar al crimen organizado y en particular al grupo narcotraficante conocido como la Familia.

En septiembre de ese año, un grupo conocido como la Familia se había dado a conocer en todo México; es más, en todo el mundo. Un grupo de pistoleros enmascarados había irrumpido en el bar Sol y Sombra de Uruapan, una pequeña ciudad sencilla pero activa en el centro de Michoacán. No es que Uruapan tuviera algo especial, pero está sobre la carretera principal a Lázaro Cárdenas.

El Sol y Sombra es el bar más famoso de Uruapan. En la planta baja, un puñado de prostitutas esperan junto a la barra la llegada de clientes ávidos, o desesperados. Las televisiones alternan programas deportivos con películas porno.

Unas escaleras llevan al primer piso, donde docenas de parejas, grupos de amigos e incluso familias se sientan alrededor de una pista de baile tipo tablero de ajedrez. La cerveza circula por las mesas. La pared detrás del escenario está decorada con una imagen colorida de un sol y una luna. Sol y Sombra.

Los sicarios pasaron atropelladamente frente a las prostitutas, directo al primer piso.

Dispararon una ráfaga al aire.

Vaciaron una bolsa en el piso.

Salieron rodando cinco cabezas.

Llevaban un mensaje: "La Familia no mata por paga. No mata mujeres. No mata inocentes. Sólo muere quien debe morir, sépanlo toda la gente. Esto es justicia divina".

Estaba firmado: "LA FAMILIA".

Desde ese momento, las autoridades, federales y locales, habían tratado de descubrir exactamente qué era el grupo. ¿Eran simplemente matones? ¿Eran un cártel? ¿Estaban organizados? ¿Tenían redes de inteligencia como los cárteles? ¿Se habían infiltrado en los cuerpos policiacos y las estructuras de gobierno de Michoacán? ¿Estaban aliados con los Zetas, como sospechaban algunos funcionarios de la Procuraduría General de la República (PGR)?

De acuerdo con declaraciones emitidas poco después por el procurador general Daniel Cabeza de Vaca Hernández, las autoridades pronto tuvieron en la mira a la Familia. Averiguaron sus operaciones de inteligencia y estrategias de contrainteligencia. Se enteraron de que la Familia se estaba ganando rápidamente los corazones y las mentes de la población local en poblaciones como Apatzingán, Uruapan, Zamora e incluso Morelia, la capital del estado. Se supo que en ocasiones como el Día del Niño, presuntos miembros de la Familia enviaron camiones llenos de juguetes. En otros eventos públicos se había visto a presuntos miembros de la Familia repartiendo volantes que describían su misión.

La Familia se presentaba como un grupo vigilante y declaraba que su misión era erradicar el uso de metanfetamina en el estado, del cual culpaba al cártel de Sinaloa. Efectivamente, el consumo de metanfetamina había ido en aumento. Al parecer, la Familia estaba aprovechando el miedo —el de las familias, el de la gente con poco criterio— para captar jóvenes incautos en todo Michoacán.

Un volante exponía el modus operandi del grupo: "Quizá en este momento la gente no entienda, pero sabemos que las regiones más afectadas comprenden nuestras acciones, ya que es posible combatir a estos delincuentes, los cuales se establecieron provenientes de otros estados y a quienes no dejaremos que entren a Michoacán a seguir delinquiendo".

El volante también deploraba los daños que provocaban la metanfetamina y otras drogas fuertes, así como las bebidas adulteradas supuestamente producidas en Tepito, un barrio de la ciudad de México conocido por sus pandillas y comercio ilegal. La Familia también condenaba los secuestros, homicidios y robos que estaban creando inseguridad en el estado.

Cabeza de Vaca etiquetó estas acciones del grupo como "acciones de inteligencia".

Pero al parecer, habían tenido cierto éxito. Según algunos cálculos de momento, la Familia había aumentado sus miembros a unos 4,000.

Aun así, no sería fácil apoderarse de Michoacán, si ese era el objetivo de la Familia. Los enfrentamientos entre el grupo local y rivales desconocidos —quizá los hermanos Valencia y el llamado cártel del Milenio, establecido tiempo atrás en Michoacán pero visto como debilitado para entonces, o bien los Zetas, que se estaban independizando rápidamente del cártel del Golfo— habían dejado más de 500 homicidios en el estado central, en 2006.

A Cabeza de Vaca no le resultó difícil convencer a la población de Michoacán de quiénes eran los malos: "Esa famosa 'Familia', la misma que vende droga, la misma que levanta gente, la misma que envenena de uno y de otro grupo o sea, no hay uno bueno ni hay uno malo, todos los grupos delictivos son malos y todos merecen la reprobación por parte de la sociedad y la persecución por parte de las autoridades".

El derramamiento de sangre se estaba saliendo de control, había que hacer algo. El 1 de diciembre, Felipe Calderón, nativo de Michoacán, asumió la presidencia.

Durante toda la jornada de toma de posesión, Calderón mencionó la lucha contra el crimen sólo una vez. Pero lo dejó claro: encabezaría la embestida.

⍟

## *11 de diciembre de 2006*

Unos 7,000 soldados y agentes federales llegaron a Michoacán. Los helicópteros zumbaban por encima de docenas de vehículos Hummer mientras las fuerzas de seguridad ocupaban sus posiciones en todo el estado. Comenzaron a establecer retenes en las principales carreteras. El Ejército desplegó 17 avionetas, 29 helicópteros y más de 240 vehículos. Se estableció un centro de comando en la 43 Zona Militar, en Apatzingán, el lugar natal de la Familia. Las autoridades iban tras las drogas.

El presidente Calderón le dejó la conferencia de prensa a su segundo, Francisco Ramírez Acuña. Ese día, el presidente estaba ocupado con "actividades personales", según dijeron miembros de su equipo. Pero al parecer, le estaba comunicando sus intenciones a su amigo Lázaro Cárdenas Batel, el gobernador de Michoacán. Cárdenas Batel pertenecía al partido de izquierda PRD, de la oposición, pero Calderón le había avisado con mucha antelación; a cambio, el gobernador le había prometido pleno apoyo y cooperación.

La ley iba en camino.

Al cabo de siete días, las autoridades anunciaron sus primeros logros. Los 4,260 soldados, 1,054 elementos de la Marina, 1,420 policías federales y 50 agentes del Ministerio

Público se habían distribuido entre las 131 nuevas bases de operación en Michoacán. En cada punto, 30 soldados y policías se encargarían de erradicar las drogas; los demás establecerían retenes y realizarían redadas. En todo Michoacán se habían montado 24 retenes en carreteras principales y caminos secundarios para inspeccionar los vehículos en busca de drogas y armas.

Habían atrapado a 13 presuntos traficantes. La vigilancia aérea había detectado unos 100 sembradíos de marihuana. Se habían incautado tres AK-47 y unas mil municiones.

No era nada, comparado con el arsenal que se calculaba tenía almacenado la Familia. Pero era un comienzo.

Tras una semana de la Operación Conjunta Michoacán, Ramírez Acuña se volvió a dirigir al público: "La batalla contra el crimen organizado apenas comienza y será una lucha que nos llevará tiempo... En esta lucha, que irá avanzando paso a paso no se escatimarán los esfuerzos y recursos para hacer frente a la criminalidad y restablecer condiciones mínimas de orden y de autoridad".

Hubo nuevos resultados: se habían realizado 709 vuelos de inspección en siete días. Se habían localizado desde el aire cerca de 1,800 plantaciones de marihuana; en tierra se habían destruido 2,116 sembradíos, un total de 237.59 hectáreas; 38 personas detenidas; 55 armas y 12 vehículos incautados.

Hasta entonces, la Familia no había devuelto los golpes.

En realidad, no quedaba claro si le habían pegado a la Familia. La incautación de un sembradío de marihuana en Dos Aguas, en el municipio de Coalcomán, había producido un tiroteo con un grupo de narcos empeñados en proteger sus bienes. Se habían incautado diez armas, 522 cartuchos, 15 walkie-talkies, un SatPhone y varios otros dispositivos de comunicación. Las autoridades también encontraron un uniforme de la AFI y nueve placas vehiculares de distintos estados del país.

Estaba claro que estos presuntos criminales andaban de un lado a otro. ¿Eran miembros de la Familia? ¿Eran siquiera de Michoacán?

De pronto, justo diez días después de iniciada la Operación Conjunta Michoacán, las autoridades ya estaban hablando de los Zetas y ya no de la Familia. Los Zetas ahora son sólo "un mito", dijo el general Manuel García Ruiz. Aparentemente, las autoridades habían detenido a docenas de miembros de los Zetas, pero eran hombres jóvenes que simplemente usaban el nombre para recibir atención y sembrar miedo, no tenían nada que ver con el grupo paramilitar original. Habían detenido a diez sicarios, tres de ellos en Apatzingán.

Ni una mención de la Familia.

En Apatzingán, las autoridades allanaron una casa propiedad de Alfonso Barajas Figueroa, alias el Feo. Lo arrestaron. Era operador del cártel del Golfo, sospechoso de ser el principal representante del grupo en la región. Su hijo, presunto sicario, también fue detenido en la casa.

El Feo fue considerado un gran botín. De acuerdo con las autoridades, en la década de 1980 había ido subiendo de rango como sicario dentro del cártel del Golfo. Luego se había involucrado directamente en el tráfico de drogas. Las autoridades creían que lo habían enviado a Michoacán para supervisar la producción, distribución y tráfico en el estado.

La Policía federal había localizado al Feo gracias al arresto, un par de meses antes, de tres antiguos soldados guatemaltecos convertidos en Zetas. Los habían detenido en El Aguaje, un pueblo pequeño hacia el Este de la Laguna de Chapala.

En el sitio, las autoridades encontraron seis vehículos registrados a nombre del Feo. En la zona encontraron varias casas de su propiedad, pero él estaba prófugo. Probablemente huía de sus rivales del cártel local del Milenio.

Según declaraciones del general García Ruiz, las principales organizaciones de narcotraficantes de Michoacán —los hermanos Valencia y el cártel del Milenio— habían perdido fuerza desde hacía tiempo; quizá se habían aliado con el cártel del Golfo, Joaquín *el Chapo* Guzmán Loera o los hermanos Beltrán Leyva de Sinaloa.

Claramente, Michoacán estaba sometida a una lucha territorial entre la vieja guardia y los recién llegados.

Una vez más, ni una mención de la Familia.

Sin embargo, el general García Ruiz subrayó que este esfuerzo encabezado por el Ejército era distinto de los pasados. Como veterano experimentado, García Ruiz había dirigido operativos en Nuevo Laredo y Puebla durante la administración anterior.

El presidente Vicente Fox había emprendido una especie de guerra contra los cárteles, pero sus esfuerzos, si bien más enérgicos que los de sus predecesores, se habían concentrado más en la frontera Norte que en estados centrales como Michoacán. Fox quiso controlar ciudades fronterizas donde se había desatado la violencia, como Nuevo Laredo, en gran medida para facilitar el comercio post-TLC. Las decapitaciones sin duda ahuyentarían a los inversionistas, de modo que envió al Ejército para generar una apariencia de paz, una apariencia de orden y legalidad.

Según su vocero Rubén Aguilar, Fox sabía que atacar directamente a los cárteles mexicanos “no conduce a la solución del problema sino que lo agrava”.

Fox también sabía que sólo se debía recurrir al Ejército "si las condiciones lo ameritan", en lugar de mandar a los soldados "a las calles todo el tiempo", según declaró Aguilar.

El general García Ruiz acató la decisión de su presidente. Dirigiéndose a reporteros en Apatzingán, destacó el uso de vigilancia aérea y los intercambios de inteligencia como pruebas de que este esfuerzo era distinto de los anteriores. Sostuvo que los despliegues masivos de tropas eran evidencia de que el Gobierno estaba haciendo un esfuerzo sincero de perseguir a los capos. Agregó que el Ejército estaba trabajando de cerca con la PGR para asegurarse de que el trabajo de inteligencia diera sus frutos.

Las tropas en los estados vecinos de Guerrero y Sinaloa también se estaban coordinando con sus hombres, dijo el general. Dado el despliegue de tropas, era muy probable que los sospechosos estuvieran huyendo de Michoacán.

Sin embargo, ni una mención de la Familia.

⊛

Tras apenas una semana de la Operación Conjunta Michoacán, empezaron a llover las críticas, sobre todo del terreno de los derechos humanos. Óscar Loza Ochoa, titular de Derechos Humanos de Sinaloa, comparó la situación de Michoacán con la de su propio estado durante la Operación Cóndor en la década de 1970. Dijo que miles de campesinos habían sido desplazados y dados por muertos, y las autoridades no habían logrado hacer mella en la dirigencia del cártel. Los críticos advertían que Michoacán podía correr una suerte parecida.

Loza Ochoa exhortó a las autoridades a reconsiderar su estrategia. Para llegar al corazón del narcotráfico, para realmente darle a los narcos donde les dolía, había que seguir las huellas del dinero. Había que rastrear el lavado de dinero.

Al mismo tiempo, Loza Ochoa y otros insistieron en que las autoridades vieran el tema de las drogas como un problema de salud pública y no de delincuencia. No era una idea nueva: en particular durante la administración de Fox se habían creado cientos de centros de rehabilitación en todo el país. Pero ahora, con el Ejército dispersado por todo Michoacán, los críticos de la acción militar lo consideraban urgente.

Tenía que haber una estrategia diversificada en este intento de guerra contra las drogas.

El presidente Calderón había elegido Michoacán. No fue una elección azarosa. Michoacán era su estado natal. Sufría una violencia sin precedentes. Decapitaciones, balaceras, secuestros: había que hacer algo. La izquierda, como era de esperarse, sostuvo que Calderón estaba tomando represalias contra el PRD, que dominaba la política del estado desde hacía tiempo.

No cabía duda de que el PRD estaba librando su propia batalla. La derrota electoral de Andrés Manuel López Obrador en el verano de 2006 había lastimado el orgullo del partido. El PRD estaba preocupado por las demandas de fraude electoral y los conflictos internos.

El PRD "se fracturó", me dijo Cuauhtémoc Cárdenas —el gran hombre viejo del PRD, fundador del partido— durante una entrevista en la ciudad de México.

Al parecer, la Familia había aprovechado el debilitamiento del partido.

El congresista local Felipe Díaz Garibay, integrante también de la Comisión de Seguridad de la Cámara de Diputados, había recibido informes acerca de la Familia desde principios de 2006. Los más confiables sugerían que la Familia era un grupo de presión entrenado por los Zetas que operaban en el propio Michoacán. Díaz Garibay reconoció que ni él ni otros expertos habían tenido una verdadera oportunidad de estudiar al grupo.

Analistas del gobierno de Estados Unidos, a través de entrevistas con elementos de la Policía federal en activo en México, concluyeron que la Familia era sólo uno más de muchos grupos que buscaban el poder en Michoacán. Tres tiroteos entre el 21 y el 23 de julio de 2006 fueron atribuidos a miembros de la Familia. Apenas unos días después, el 28 de julio, un hombre sospechoso de pertenecer al cártel de Sinaloa recibió 100 disparos: una advertencia, según los analistas, de miembros de la Familia.

Pero nadie sabía realmente cuánto había crecido la Familia ni cuánto seguiría creciendo. Para 2007, la guerra contra el narco ya estaba apuntando hacia otros blancos. Sinaloa y Ciudad Juárez estaban cada vez más peligrosas y también se habían desplegado militares en Tijuana. Pero Michoacán seguiría siendo un epicentro silencioso. Se desplegarían más tropas, se realizarían más detenciones.

Y, sin embargo, la Familia lograría crecer, infiltrarse. Para 2008, se calculó que operaba en 77 municipios de Michoacán, cerca de 60% de los municipios del estado. Las autoridades irían entendiendo mejor qué era la Familia. La DEA llegó a la conclusión de que la Familia se había formado desde la década de 1980, posiblemente al principio como grupo vigilante para evitar delitos callejeros locales y corrupción judicial. Según la DEA, la Familia estuvo encabezada por Carlos Rosales-Mendoza hasta 2005 y había actuado principalmente como una organización de producción y distribución de marihuana.

Sí estaba organizada, de acuerdo con las autoridades, mucho más organizada que una simple banda de matones. De acuerdo con la DEA, la Familia operaba "mediante un consejo ejecutivo formado por dirigentes visibles (empresarios y funcionarios de gobierno) y otros clandestinos (narcotraficantes de distintos municipios)".

En 2008, Michoacán se convertiría en escenario del primer atentado terrorista en suelo mexicano: dos granadas lanzadas hacia una multitud de inocentes en Morelia durante los festejos de la Independencia. Después, el 26 de mayo de 2009, vendría el llamado Michoacanazo: soldados y policías federales detuvieron a los presidentes municipales de Apatzingán, Nueva Italia, Tepalcatepec, Arteaga, Uruapan, Coahuayana, Aquila, Buenavista, Ciudad Hidalgo, Tumbiscatio, Zitácuaro y Nuevo Urecho, junto con 16 funcionarios y un juez del estado. Todos fueron trasladados a las mazmorras de la Siedo en la ciudad de México para ser interrogados. Las acusaciones: nexos con el crimen organizado.

Un par de meses después, se desplegaron otros 2,500 efectivos en Michoacán. Al cabo de un año, todos los detenidos en el Michoacanazo habían sido liberados.

El atentado en Morelia y el Michoacanazo acecharían a la administración de Calderón como fantasmas. Pero las autoridades le ganarían terreno a la Familia. Cientos de presuntos miembros fueron detenidos. En Estados Unidos, la DEA se lanzó tras sus nuevos reclutas. El 21 y 22 de octubre, policías estadounidenses arrestaron a 303 personas en 19 estados, todos presuntos miembros de la Familia. Más de 3,000 agentes participaron en estas redadas, que también produjeron 62 kilos de cocaína, 729 libras de metanfetamina, 967 libras de marihuana, 144 armas, 109 vehículos y dos laboratorios clandestinos.

"El Proyecto Coronado, nuestro asalto masivo al cártel de la Familia, es parte de nuestra lucha continua contra todos los cárteles poderosos asentados en México", declaró Michele M. Leonhart, titular de la DEA. "Esta organización, la más reciente de los cárteles mexicanos, es directamente responsable de la mayor parte de la metanfetamina que inunda nuestro país por nuestra frontera sureste, y ha contribuido a atizar el ciclo de violencia que flagela a México actualmente. La DEA, junto con sus socios estadounidenses y mexicanos, está comprometida con atacar estratégicamente el narcotráfico internacional y nacional con todos los medios a nuestro alcance, y con derrotar a quienes prosperan con el sufrimiento ajeno".

Había iniciado la batalla contra la Familia.

# CAPÍTULO 2

## OPERACIÓN CONJUNTA MÉXICO

### *2 de enero de 2007*

MÁS DE 3,000 SOLDADOS, elementos de la Marina y agentes federales llegaron a Tijuana, la caótica ciudad fronteriza en Baja California donde vivían los hermanos Arellano Félix.

Tanto la DEA como las autoridades mexicanas llevaban alrededor de una década cazando a los prominentes hermanos Arellano Félix. Benjamín, Ramón y Francisco Javier, en particular, habían dominado Tijuana con terror y brutalidad. Las autoridades estadounidenses los describían como matones sedientos de sangre; pero también eran estratégicos. Las autoridades habían detenido a Benjamín en 2002, pero los demás capos del llamado cártel de Tijuana simplemente se realinearon con el cártel del Golfo. Fortalecidos con su nueva alianza, buscaron desafiar al cártel de Sinaloa directamente.

Este desafío resultaría en realidad una bendición para las autoridades. La confrontación de Sinaloa con Tijuana debilitó al clan Arellano Félix, lo volvió más vulnerable. Muy pronto, las autoridades encontraron los lados flacos de la organización con sede en Tijuana. Comenzaron a recibir buenas pistas de sus informantes. En 2006 se enteraron de que el 14 de agosto Francisco Javier y sus socios usarían el barco pesquero Doc Holiday, una embarcación con licencia estadounidense, cerca de la costa de Baja California Sur, a unos 24 kilómetros de La Paz.

La DEA actuó rápidamente y solicitó a la Guardia Costera de Estados Unidos que detuviera la embarcación. A bordo estaba Francisco Javier, "el último bastión de la debilitada familia Arellano Félix", como lo describió el entonces subadministrador de operaciones de la DEA, Michael Braun. El arresto "significó el principio del fin [del cártel]", dijo Braun.

Para Tijuana, la detención significó el principio del principio. Terminado el régimen de terror de los Arellano Félix y con el cártel hecho trizas, se abrió la oportunidad de un cambio de rumbo.

Sin embargo, las autoridades sabían que la plaza de Tijuana no desaparecería sin más. La demanda de drogas ilícitas en Estados Unidos no había disminuido de forma significativa, así que alguien tomaría el relevo. Las autoridades consideraron las posibilidades. Braun no creía que el nombre de los Arellano Félix llegaría lejos dadas las circunstancias: "Ramón está muerto. Benjamín está en el penal de La Palma... y lleva ahí bastante tiempo... Eduardo anda suelto en México, pero nuestra inteligencia más reciente no lo identifica como alguien capaz de encabezar la organización en este momento. Nos parece que decapitamos a la serpiente. Eso no significa que no haya en la organización uno o más miembros capaces de tomar el mando y encabezar las operaciones; eso está por verse. Pero les podemos decir que estamos —nosotros y nuestras autoridades mexicanas y otras agencias judiciales federales de nuestro país con las que trabajamos de cerca—, estamos nuevamente, en este momento, pisándoles los talones para provocar tanto daño como podamos contra esta organización. Ahora están extremadamente vulnerables".

"Vamos con todo", agregó.

Por supuesto, Braun y otros funcionarios reconocían que existía también la posibilidad de que el cártel de Sinaloa, que había estado compitiendo con los hermanos Arellano Félix, ahora hiciera un intento serio de controlar Tijuana. "Fíjense en el corredor Tijuana", dijo. "Hay un enfrentamiento territorial desde hace tiempo... Hay varios sindicatos que forman [el cártel de Sinaloa]. ¿Que si yo creo, personalmente, a partir de mi experiencia, y que si mis contrapartes mexicanas creen, a partir de su experiencia, que alguien va a ocupar el hueco en este corredor en algún momento? Definitivamente, sin ninguna duda...". La Policía de Tijuana necesitaría apoyo, desesperadamente. La corrupción era generalizada. La confianza en las fuerzas de seguridad era nula. La Policía no tenía forma de impedir o controlar las pugnas entre las organizaciones de narcotraficantes.

Se necesitaba el Ejército.

Calderón envió tropas. Como en Michoacán, los soldados llegaron apoyados por helicópteros (9), avionetas (21) y vehículos blindados (247).

La Policía municipal fue el primer blanco. En sus instalaciones, los soldados comenzaron a inspeccionar las armas, esperando rastrear alguna usada para cometer delitos y así destapar la corrupción y complicidad oficial con el narcotráfico. Se les realizaron pruebas *antidoping* a los policías locales; docenas de elementos fueron despedidos.

En la ciudad colocaron 15 retenes. Dos helicópteros de la Policía federal se dedicaron a la vigilancia aérea.

Al cabo de algunos días, ya habían detenido a 15 sospechosos con presuntos nexos con el crimen organizado, atrapado a 63 personas acusadas de delitos federales e incautado docenas de vehículos y armas. Las autoridades y empresarios locales declararon la Operación Tijuana un éxito; y uno que continuaría.

Los habitantes de Tijuana no estaban tan convencidos.

En sólo tres semanas de operativo, Tijuana había sufrido diez homicidios. El número en sí no era tan elevado —la tasa de homicidios de Tijuana siempre estuvo entre las más altas del mundo—, pero, ¿no se suponía que con el Ejército en la ciudad, tenían que acabar las matanzas?

Se les devolvieron sus armas a los policías. Se consideraba que Tijuana ya iba por el camino correcto. Por el momento.

Hacia finales de enero de 2007, la estrategia de la administración de Calderón comenzó a evolucionar. El Ejército no se usaría sólo en puntos rojos como Tijuana y Michoacán: en todo el país aumentarían las acciones antinarco encabezadas por el Ejército.

Ya había 6,734 soldados y agentes federales en Michoacán. Tijuana tenía 2,300. El 19 de enero se desplegaron 7,600 soldados y policías en Guerrero.

En todo México, ya había 19,072 soldados trabajando para combatir el narcotráfico.

Sin embargo, para gran confusión y decepción de los michoacanos, la violencia no estaba menguando. Tan sólo en las primeras tres semanas de enero habían ocurrido 17 ejecuciones en Michoacán, ¿y la decisión era reubicar a muchos soldados del estado en otras partes del país?

Para el 7 de enero, Sinaloa se había convertido discretamente en una nueva prioridad. El secretario de Defensa Guillermo Galván Galván había desplegado 9,054 soldados para patrullar el llamado "Triángulo Dorado", la zona montañosa que abarca las fronteras de Chihuahua, Durango y Sinaloa. Otros 500 soldados habían sido transferidos a Sinaloa desde Nayarit, su vecino hacia el Sur.

El general Rolando Eugenio Hidalgo Eddy ya estaba apostado en Culiacán, Sinaloa, a cargo de la Novena Zona Militar. Lo habían asignado ahí en enero de 2006, en el ocaso de la administración foxista. Ya había hecho intentos de atrapar a Joaquín *el Chapo* Guzmán Loera, el capo sinaloense que había evadido a las autoridades desde su fuga del penal de Puente Grande en enero de 2001. Las autoridades sabían que el Chapo contaba con mucha protección en la Sierra Madre Occidental. Sabían que atraparlo resultaría extremadamente difícil.

El general Eddy y sus hombres llegaron a un claro. Estacionaron sus Hummer junto a la última hilera de pinos y descendieron. A pocos kilómetros estaba el caserío de La Tuna, acunado entre dos laderas. Los soldados supervisaron el terreno. Habían recibido pistas confiables de que el Chapo andaba en la zona. Nacido en La Tuna, el Chapo regresaba cada tanto a visitar a su madre. No era fácil llegar a La Tuna —cuatro horas en Hummer sobre brechas empinadas y deslavadas— y siempre que el Ejército había intentado atraparlo ahí, había logrado huir mucho antes de su llegada.

Con los binoculares, los soldados detectaron algo sobre una de las colinas. Un mirador. El general se había enterado de su existencia por los equipos de reconocimiento: se llamaba El Cielo. Se decía que desde ahí se alcanzaba a ver a cientos de kilómetros en cualquier dirección. De la casucha montada sobre El Cielo comenzó a salir humo.

Habían detectado al general Eddy y sus hombres. Para cuando bajaron hasta La Tuna, el Chapo y los suyos ya se habían ido.

Los soldados entraron a La Tuna en sus vehículos. Este caserío tiene alrededor de 200 habitantes; casi todas las casas tienen pisos de tierra. No hay agua entubada ni escuela. Hay una iglesia pequeña y una pista de aterrizaje. El general Eddy y sus hombres caminaron entre las casas, hablando con los vecinos. ¿Ha estado aquí el Chapo? ¿Lo han visto? Los soldados inspeccionaron cada centímetro del poblado.

Hablaron con la madre del Chapo, María Consuelo Loera Pérez. Al general Eddy le dio la impresión de que era "una mujer simpática": muy respetada en la comunidad, y en la iglesia siempre sentada en primera fila. Había abogado por los derechos humanos en nombre de los residentes de su pueblo.

Ese caserío —y muchos otros de la región— seguirían del lado del Chapo. Pero la cacería del Chapo no acabaría ahí. Atrapar al Chapo —declaró el nuevo procurador general de la República, Eduardo Medina Mora, al lanzar la Operación Conjunta Sierra Madre— "continúa y continuará y seguirá siendo un objetivo importante para todas las entidades federales que tenemos competencia en esta materia".

Durante los primeros meses de la Operación Conjunta Sierra Madre, Sinaloa se volvería una zona de guerra altamente disputada. La Federación se estaba desbaratando.

La Federación, como se le conocía al cártel de Sinaloa, siempre había tenido una estructura laxa. Algunos funcionarios de la DEA creían que la Federación era en realidad un nombre paraguas para todas las organizaciones de narcotraficantes de México.

"Hoy en día, los grupos del crimen organizado que operan desde México logran meter cada día grandes cantidades de cocaína, metanfetamina, heroína y marihuana a Estados

Unidos. Conocidos colectivamente como 'la Federación', estos grupos con sede en México negocian con distintas drogas y ya no son simples transportistas para los colombianos", declaró el entonces miembro de la DEA Thomas Constantine en su testimonio ante el Congreso en 1996, poco después de que los cárteles colombianos establecieran con los narcotraficantes mexicanos un nuevo arreglo comercial en el que éstos obtuvieron mayor control. "Ahora tienen una posición independiente en el lucrativo mercado de cocaína al mayoreo en Estados Unidos. Se han convertido en adversarios formidables. He dicho en muchas ocasiones que comparados con la mafia de Cali [colombiana] y la Federación mexicana, los sindicatos del crimen organizado que operaban antes en Estados Unidos son unos niños de kínder".

La Federación, que otra titular de la DEA, Michele Leonhart, luego clasificaría "entre las organizaciones más violentas e insidiosas [del narcotráfico mexicano]", no era una estructura jerárquica en el sentido tradicional de un cártel. En la cima había tres capos: *el Chapo*, Ismael *el Mayo* Zambada y Juan José Esparragoza, alias el Azul.

Los hermanos Beltrán Leyva —principalmente Arturo y Alfredo— estaban a cargo de su propia organización bajo el paraguas de la Federación. También controlaban varias de las plazas de la frontera Norte, como Nogales, Sonora, y operaban relativamente independientes del Chapo.

Pero abajo de ellos había miles de narcos que trabajaban en un esquema tipo franquicia, a veces produciendo, vendiendo, distribuyendo o traficando, a veces pasando a otros negocios ilícitos como el robo de autos, o a crímenes más siniestros, como el secuestro o la extorsión.

La Federación también tenía lazos flexibles con el cártel de Juárez; de hecho, se había identificado al Azul como el segundo de esa organización, un enlace entre Sinaloa y Juárez.

Perseguir a los narcos —y a sus familias— en Sinaloa representaría un desafío para el general Hidalgo Eddy y los soldados apostados en la región. Sinaloa era la patria chica de casi todas las viejas familias de narcos de México. Miguel Ángel Félix Gallardo había nacido en Culiacán. Ernesto *don Neto* Fonseca era originario de Santiago de los Caballeros. Los hermanos Caro Quintero eran de La Noria, los Carrillo Fuentes de Guamuchilito, los Arellano Félix de Culiacán. Los hermanos Beltrán Leyva, como el Chapo, el Mayo y el Azul, eran de Badiraguato.

Existían antiguos acuerdos tácitos: mientras estuvieran en Sinaloa, las disputas quedaban a un lado. Los parientes de estos narcos seguían viviendo en la región y no se derramaba sangre en casa. Así que no era raro escuchar historias de que los hermanos Carrillo Fuentes regresaban a casa a visitar a su madre, por ejemplo. También se dice que los hermanos Arellano Félix regresaban a Culiacán en ciertas ocasiones sin mayor escándalo.

A veces se rompían las reglas. En 2002, los hermanos Arellano Félix habían tratado de matar al Mayo en Mazatlán; pero Ramón Arellano Félix fue quien acabó recibiendo las balas. No obstante, en general, las reglas se respetaban.

Sin embargo, cuando el general Hidalgo Eddy asumió el cargo de la Novena Zona Militar y la administración calderonista declaró que las familias de los narcos no serían intocables en esta guerra contra las drogas, cambiaron las reglas del juego. De repente, los antiguos acuerdos vigentes en Sinaloa se volvieron borrosos, peligrosos. Las pandillas, incluso en ciudades controladas como Culiacán, no podían estar cien por ciento seguras de para quién trabajaban. Para colmo, la Federación estaba avanzando hacia otras partes del país y enfrentando la oposición de los rivales.

El escenario perfecto para una guerra sangrienta.

Sinaloa sufriría 630 homicidios vinculados con el crimen organizado sólo en 2007, el primer año de la Operación Conjunta Sierra Madre. Casi todas las matanzas ocurrirían a plena luz del día. Más de 90% de las víctimas eran hombres. Sus edades oscilaban entre 21 y 50 años. Casi 50% de los asesinatos ocurrieron en Culiacán, Los Mochis, Mazatlán y Navolato, los principales centros urbanos del estado; 49 mujeres sufrieron muertes violentas en 2007; sólo 26 habían muerto de esa manera el año anterior. 80% de las muertes en Sinaloa involucraron armas de fuego; en 60% de ellas se usaron AK-47, AR-15 y nueve milímetros.

Crimen organizado.

⊛

Tras seis meses de administración calderonista se habían desplegado 27, 579 soldados en todo el país. Ya no eran sólo Michoacán, Sinaloa y Baja California. El 18 de febrero, cerca de 3,000 soldados habían sido enviados a Tamaulipas y Nuevo León para enfrentar al cártel del Golfo y a los Zetas. Guerrero tenía sus 7,600 tropas. El 22 de mayo se desplegaron 1,200 efectivos en Veracruz, también para combatir a los Zetas.

La guerra se estaba extendiendo.

Pero ahora también el Ejército recibía golpes.

El 3 de febrero, dos soldados fueron heridos en Chilpancingo, Guerrero. El 15 de abril, otros dos fueron secuestrados en Michoacán estando fuera de turno. Luego se hallaron sus cuerpos, junto con un mensaje: "ellos que se meten, mueren".

Otro grupo de cinco soldados había muerto en una emboscada en Carácuaro, también en Michoacán, a manos de presuntos Zetas.

Un ataque planeado contra un capitán de la Marina había cobrado la vida de un subalterno.

Aun así, pese a la oposición que enfrentaba el Ejército, la mayor parte de los soldados mexicanos seguía en sus cuarteles. Los desplegados representaban sólo 19% de los 190,000 hombres y mujeres que conformaban el Ejército.

La situación no estaba fuera de control. Se desplegarían más tropas, pero sólo según fuera necesario.

# CAPÍTULO 3

## EL GABINETE

> "Cuando comencé en 2006, era [evidente] que México necesitaba el compromiso total del Gobierno para recuperar la paz y la tranquilidad, que de muchas maneras habían sido secuestradas por los grupos del crimen organizado"
>
> EDUARDO MEDINA MORA, EX PROCURADOR GENERAL DE LA REPÚBLICA.

EDUARDO MEDINA MORA asumió el cargo de procurador general de la República el 1 de diciembre de 2006, el mismo día que Calderón asumió la presidencia. Abogado de formación, también había encabezado la Secretaría de Seguridad Pública (SSP) durante el último año de la administración de Fox; antes de eso había dirigido el Centro de Investigación y Seguridad Nacional (Cisen) durante cinco años, de 2000 a 2005.

Con 49 años en ese momento, ya había visto fracasar intentos anteriores de enfrentar las organizaciones de narcotraficantes mexicanas. Sabía que se tenían que aplicar estrategias nuevas; también sabía que la situación de ese momento era distinta de cualquier otra que hubiera vivido México.

Según lo veía Medina Mora, los elementos criminales se habían apoderado de ciertas partes de México, y de ciertas partes de la sociedad mexicana. Para él, en realidad no importaba si se trataba de narcos o de secuestradores. Eran delincuentes peligrosos, decididos a generar un entorno de inseguridad e ilegalidad que simplemente no se podía tolerar.

La Familia, los Zetas y otros grupos que sembraban el terror estaban tratando de "desafiar el destino y la normalidad de los ciudadanos comunes y de la vida" en algunas comunidades de México, según recuerda Medina Mora.

Pero el nuevo procurador era realista. Sabía que los objetivos de México contra el crimen organizado debían ser pragmáticos y viables. Por ejemplo, erradicar el crimen organizado por completo nunca sería una opción real. "No existe una sola sociedad o comunidad humana sin crimen, sin crimen organizado", dijo. "Nadie espera poner fin a la delincuencia. [Pero] el crimen organizado es una amenaza para la seguridad nacional. Necesitamos transformarlo de un problema de seguridad nacional a un problema de delincuencia local. Necesitamos impedir estas organizaciones".

En la SSP, Medina Mora se había pronunciado enérgicamente contra la corrupción, y luego involucraría a la PGR más que nunca en la lucha contra las drogas. Llevaría a la PGR a perseguir el lavado de dinero y a los funcionarios corruptos de la propia administración, a presionar en busca de un mejor control de armas en Estados Unidos y a trabajar más cerca que nunca con la DEA y con las autoridades estadounidenses.

Por primera vez en la historia de México, la PGR encabezaría la lucha contra el crimen organizado usando leyes en lugar de armas.

⊛

Al menos, así veían su misión los miembros leales de la PGR. Del otro lado de Calderón estaba Genaro García Luna, titular de la SSP.

Desde el primer día de la administración, García Luna quedó retratado como el malo, la versión mexicana del sherif de Nottingham. Aunque sólo tenía 38 años cuando fue nombrado jefe de la Policía de Calderón, García Luna ya tenía un currículum impresionante. Había trabajado en el Cisen como investigador al concluir su licenciatura en ingeniería mecánica en la Universidad Autónoma Metropolitana de la ciudad de México; poco después había ocupado un cargo de inteligencia en la Policía federal. Tenía experiencia en la investigación del terrorismo y había trabajado con contrapartes estadounidenses en varios asuntos de seguridad del Departamento de Justicia.

Pero quedó en la mira casi de inmediato. Mientras que Medina Mora había pasado el proceso de aprobación del Senado —el procurador general de la República es el único miembro del gabinete ejecutivo que necesita una aprobación formal— sin acusaciones de corrupción o malos manejos, García Luna recibiría una tras otra. Fue acusado de transportar sobornos del cártel de Sinaloa a Los Pinos (negada y sin pruebas); de malversación y enriquecimiento ilícito con fondos de la SSP (negada y sin pruebas); de nexos con los hermanos Beltrán Leyva (negada y sin pruebas); de construir una mansión en Tamaulipas con fondos públicos (negada y sin pruebas); de simular una guerra contra el narco (en disputa).

Sigue sin quedar claro por qué García Luna en particular se volvería semejante blanco de la virulencia pública, más allá del hecho de que fue el hombre a cargo de una Policía conocida más por su currupción y sus métodos a veces brutales para extraer información de los sospechosos, que por su mantenimiento de la paz.

Pero pocos de sus colegas, si es que alguno, llegaron a sostener que es corrupto o poco ético en forma alguna.

Nacido el 19 de enero de 1943 en la ciudad de México, Guillermo Galván Galván ascendió por la jerarquía militar de manera tradicional. Sirvió como oficial de artillería en el Colegio Militar, cursó una maestría en seguridad nacional y defensa en el Colegio de Defensa y sirvió en todo el país ocupando distintos cargos, a veces trabajando en la lucha lenta y fastidiosa contra el narcotráfico bajo el Partido Revolucionario Institucional (PRI). Para cuando fue nombrado secretario de Defensa en diciembre de 2006, había sido condecorado varias veces, cuatro de ellas por su "perseverancia".

Como la mayoría de los generales en México, Galván Galván no era conocido por sus apariciones públicas. Pero con Calderón sería mucho más abierto que cualquier secretario de Defensa anterior: al permitir a los periodistas indagar en el Ejército, por ejemplo. También firmaría numerosos acuerdos en favor de los derechos humanos, en un afán de volver al Ejército más transparente, responsable y, por supuesto, humano.

Pero la guerra contra el crimen organizado seguiría siendo su misión principal.

Galván Galván quedaría a cargo de 190,000 soldados, la mayoría más acostumbrados a tratar con huracanes y otros desastres naturales, o a quemar laboriosamente campos de amapola o marihuana, que a enfrentar narcos. Galván Galván tendría que convertir a su Ejército en una máquina bélica capaz de repeler los ataques de delincuentes bien armados. Sería responsable de construir una red de inteligencia robusta y de trabajar más cerca que nunca con la PGR y la SSP. Durante toda la presidencia de Calderón, también se volvería un rostro cada vez más visible de la guerra, al aparecer con el presidente en conferencias de prensa y actos públicos.

Galván Galván también se volvería algo así como la voz de la razón para el Ejército de un país que sigue temiendo la posibilidad de un golpe de Estado, al declarar repetidamente durante el sexenio que la guerra contra los narcos no debía prolongarse y que el Ejército no debía considerarse la única solución a la violencia. Estas palabras ofrecieron cierto alivio a los mexicanos, muchos de los cuales exigían el retiro de los soldados ante las crecientes demandas por violación de los derechos humanos y de violencia provocada por el Ejército.

Francisco Ramírez Acuña se unió al Partido Acción Nacional (PAN) a los 17 años en Guadalajara, su ciudad natal. Su interés como adulto siguió siendo la política local y en 2000 fue elegido gobernador de Jalisco.

Durante su gobernatura adquirió la reputación de ser un político pragmático e implacable. Después de que en 2004 varias protestas fueron reprimidas con mano dura policial, Ramírez Acuña hizo a un lado las quejas de la Comisión Nacional de Derechos Humanos (CNDH), con lo que distanció a sus seguidores más liberales, pero se ganó al sector privado, blanco de las protestas.

Cuando Calderón nombró a Ramírez Acuña secretario de Gobernación en diciembre de 2006, sus críticos reaccionaron de inmediato. Un político de izquierda alegó que Ramírez Acuña había tomado "decisiones que derivaron en tortura". Llamó "alarmante" el nombramiento de Ramírez Acuña al gabinete.

No obstante, fue designado secretario de Gobernación y durante las fases iniciales de la guerra de Calderón contra el crimen organizado quedó en primer plano. Hizo pronunciamientos en nombre del presidente, se volvió la voz de la guerra.

Ramírez Acuña también sería el primero de cinco secretarios de Gobernación del gabinete calderonista. Para 2011, quedaría claro que ese cargo, por su importancia, resultaba un punto débil de la administración. Juan Camilo Mouriño, un aliado y amigo cercano de Calderón, relevaría a Ramírez Acuña en enero de 2008, pero duraría en el puesto sólo hasta el 4 de noviembre de ese año, cuando falleció en un accidente de avión. Mouriño se había ganado el odio de la oposición —los críticos atacaron su ascendencia española e investigaron las acusaciones de abuso de poder mientras fue subsecretario de Energía— y había perdido incluso a los panistas, debido a su incapacidad para lograr que ciertas reformas clave pasaran las trabas del Congreso.

Fernando Gómez Mont sucedería a Mouriño y cumpliría un periodo sin mayores sobresaltos antes de renunciar en julio de 2010, sin revelar los motivos, con lo que dejó el camino abierto a Fransisco Blake Mora.

Blake Mora fallecería en un accidente de helicóptero en las afueras de la ciudad de México el 11 de noviembre de 2011, tres años después del accidente de Mouriño. Sería sucedido por Alejandro Poiré Romero, que había servido como vocero y asesor de seguridad nacional de Calderón, además de encabezar el Cisen por casi dos meses.

La agitación en el segundo cargo más importante de la administración calderonista no pasaría inadvertida. Mientras las autoridades seguían empeñadas en decapitar capos y en sembrar caos en las altas esferas del submundo, la administración parecía tener iguales dificultades en mantener intacta su propia estructura directiva. Esto provocaría una consternación creciente entre los ciudadanos, ya decepcionados por la aparente incapacidad de la administración para comunicar su agenda, su cohesión y su estrategia —o aparente falta de— en contra del crimen organizado.

⊛

> "Muchos países de América Latina han elegido regresar al pasado y entre sus decisiones más nocivas están la búsqueda de nacionalizaciones, expropiaciones, control estatal de la economía y autoritarismo. Los mexicanos decidieron mirar hacia el futuro y fortalecer la democracia, los mercados y la inversión".

El presidente Felipe Calderón se expresó así en Davos, Suiza, a finales de enero de 2007. Había hecho campaña como el "presidente del empleo", pero a dos meses de su mandato, las acusaciones de autoritarismo comenzaban a perseguirlo.

Después de todo, su guerra contra el crimen organizado acaparaba los titulares.

Calderón nació el 18 de agosto de 1962 en Morelia, a casi 50 kilómetros de Quiroga, el pueblo donde el PAN obtuvo su primera presidencia municipal en 1947. Su padre, Luis Calderón Vega, fue miembro fundador del partido, pero renunció en 1980, el mismo año en que su hijo Felipe cumplió los 18, y se afilió al PAN.

En 1987 comenzó el ascenso de Felipe. Tras estudiar la licenciatura en Derecho, una maestría en Economía en el ITAM y luego otra en administración pública en Harvard, sus aptitudes académicas lo catapultaron a la cima del escalafón. Se unió al Comité Ejecutivo Nacional del partido y poco después se convirtió en diputado federal. Fue nombrado secretario general del PAN y representó a su partido ante el Instituto Federal Electoral (IFE).

En 1995 contendió para la gubernatura de Michoacán. No tenía la menor posibilidad en ese estado dominado por el PRD, pero obtuvo más votos que nunca para el PAN. Esto fue notorio y Calderón fue nombrado secretario de Energía en el gabinete del presidente Fox, en 2003. Y en 2005 fue recompensado por sus esfuerzos y lealtad al partido al ser nominado candidato presidencial del PAN.

Los analistas lo consideraban un conservador moderado, alguien que en general seguiría la línea de la administración foxista. Su formación en Harvard le vendría bien en el terreno internacional. Tenía formación económica y era conocido por su sobriedad en la toma de decisiones. Nada drástico ocurriría bajo su mirada. No aplicaría mano dura.

Las acusaciones de fraude enturbiaron su toma de posesión, pero Calderón siguió adelante. Emprendió los operativos militares en Michoacán sin demasiadas críticas, ni siquiera de sus detractores de la izquierda.

## *3 de enero de 2007*

Alrededor de las ocho de la mañana, el presidente Felipe Calderón llegó al aeropuerto de Uruapan, el pueblo donde habían rodado cinco cabezas apenas unos meses antes. Había llegado a Michoacán a supervisar a las tropas involucradas en los operativos antidrogas y a ofrecerles apoyo moral.

Calderón llevaba una chaqueta militar verde olivo —adornada con cinco estrellas— y pantalones *beige*. Se había puesto un casquete militar. El presidente estaba vestido de soldado.

Algunos presidentes anteriores, Fox incluido, ya habían portado uniforme militar, pero sólo en ocasiones especiales, como las ceremonias militares. La vestimenta elegida por Calderón tenía a todos hablando y especulando. Iba flanqueado por Galván Galván y el titular de la Marina, el almirante Mariano Francisco Saynez Mendoza.

"Vengo hoy como comandante supremo" —dijo el presidente—, "para reconocer su trabajo, a exhortarlos a seguir adelante con firmeza, entrega y a decirles que estamos con ustedes".

De la noche a la mañana, el presidente "del empleo" se había convertido en el presidente "de la guerra".

# CAPÍTULO 4

## LA ESTRATEGIA

Al menos oficialmente, el general Galván Galván era el brazo derecho del presidente. Pero de acuerdo con fuentes militares, otro general ayudaba —más discretamente— a dirigir la ofensiva contra los cárteles: Mario Arturo Acosta Chaparro.

Acosta Chaparro tenía una historia enigmática. Según se dice, había sido miembro fundador de la Brigada Blanca, un grupo de soldados y policías de élite formado en 1972 para investigar y reprimir a los grupos rebeldes, que operaban durante el régimen altamente represivo de Luis Echeverría. La Brigada Blanca fue desplegada en Guerrero, Sinaloa, Chihuahua, Nuevo León, Jalisco, Puebla y Morelos. Tenía oficinas en el Campo Militar No. 1 en la ciudad de México, pero operaba con independencia del Ejército. Estaba equipada con armas, vehículos e incluso logística aérea. Entre sus efectivos había investigadores, interrogadores y otros especialistas. Todos los miembros recibían entrenamiento especial en armas, condicionamiento físico, combate mano a mano y, quizá lo más importante, cursos especiales para mejorar su capacidad para analizar y obtener inteligencia sobre la Liga Comunista 23 de Septiembre.

Este grupo en particular se había fortalecido desde la matanza de Tlatelolco en 1968. Y a diferencia de la mayoría de los grupos guerrilleros mexicanos, se había establecido en las principales ciudades del país, en lugar de confinarse en zonas rurales remotas.

Se dice que los miembros de la Brigada Blanca recibían 3,000 pesos al mes; se dice también que su presupuesto era "los que sean necesarios".

En 1976, la Brigada Blanca comenzó una campaña de mano dura para erradicar las guerrillas. Se ofrecieron recompensas de 100,000 pesos por cualquier información que condujera hasta los altos mandos de la Liga Comunista 23 de Septiembre; también se ofrecieron garantías de no dañar a los informantes.

Pero eran los años de la guerra sucia: los mexicanos no confiaban en la Brigada Blanca.

Después de su periodo con la Brigada Blanca, el general Acosta Chaparro fue nombrado jefe de la Policía en Guerrero. Ahí siguió redando guerrillas y aplicando mano dura contra el crimen; sus críticos y los activistas por los derechos humanos lo acusaron de crear un clima de terror en aquel estado durante sus 16 años de servicio. De acuerdo con algunos testimonios, sus hombres habían lanzado, al Océano Pacífico, sospechosos desde helicópteros; más adelante hubo rumores de que Acosta Chaparro tenía nexos con el narco, en particular con el cártel de Juárez y Amado Carrillo Fuentes.

En 2000, el general Acosta Chaparro fue detenido, acusado de participar en narcotráfico y de ordenar el asesinato de 22 campesinos en Guerrero durante la llamada guerra sucia. Fue sentenciado a 15 años en prisión.

Pero en junio de 2007, el general fue liberado. Los jueces declararon que no había suficientes pruebas para retenerlo más tiempo.

Calderón estaba en la mira; su gobierno está protegiendo criminales de guerra, denunció un grupo de antiguas guerrillas. Andrés Nájera, presidente del Comité Eureka en Guerrero, le recordó a los reporteros que el general Acosta Chaparro, según su opinión, había sido responsable de aproximadamente 30% de las desapariciones de personas a nivel nacional durante la guerra sucia.

Siguió más retórica acalorada: la liberación del general era prueba de que Calderón era un "aliado incondicional" de los cárteles; la administración calderonista estaba tratando de convertir a México en Chile o Argentina.

El general Acosta Chaparro estaba libre y ahora apoyaría al presidente en la guerra contra el crimen organizado.

Él y Galván Galván tendrían un grupo de veteranos al frente de sus filas. Los generales involucrados en la guerra contra el narco cubrirían periodos de dos o tres años en una zona particular y luego cambiarían de sitio. En su mayoría eran expertos en inteligencia y habían recibido entrenamiento en el extranjero. Casi todos ya habían encabezado operativos antidrogas durante administraciones anteriores. Tenían expedientes limpios y eran considerados incorruptibles.

Antes de la irrupción calderonista en el territorio de los cárteles, los esfuerzos por combatir el narcotráfico en México no habían hecho nada que importunara a los cárteles ni alterara sus estructuras, mucho menos sus operaciones o sus ganancias. La Operación Trizo y la Operación Cóndor en la década de 1970 simplemente habían desplazado la dirigencia del cártel de Sinaloa hacia Guadalajara; la muerte de Amado Carrillo Fuentes había resultado en un reacomodo de las cabezas y había dejado al cártel de Juárez vulnerable por un breve periodo, pero al cabo de unos meses sus hermanos habían restablecido el statu quo; incluso la detención de Osiel Cárdenas Guillén en 2003 había sido un logro menor: siguió dirigiendo el cártel del Golfo desde la cárcel.

Desde el arranque de la campaña de Calderón, los críticos cuestionaron si la ofensiva tendría simplemente el mismo efecto que la Operación Cóndor: mayor inestabilidad —y, posiblemente, mayor violencia— y extensión de los cárteles y sus operaciones, en lugar de su contención y destrucción. Como lo planteó un historiador, la Operación Cóndor había "transformado a los gomeros en narcos".

En general, los mexicanos confiaban en el Ejército cuando se trataba de operativos antidrogas. Los habitantes de ciudades como Culiacán recuerdan que durante la Operación Cóndor, los soldados eran recibidos con grandes fanfarrias cuando desfilaban por las calles, pese a los informes de las atrocidades que estaban cometiendo en la sierra. Pero incluso entonces abundaban los informes de la complicidad entre el Ejército y los narcotraficantes; por ejemplo, todo un batallón de Guamúchil fue reubicado tras los rumores de que había estado trabajando para el narco.

La administración calderonista tendría que enfrentar el problema de otra manera. Su éxito dependería en ciertos sentidos de la manera en que los propios soldados percibieran a los narcos.

De acuerdo con un antiguo agente antidrogas, el general Joaquín Morales Ojeda, los soldados nunca habían pensado realmente quién era su enemigo en los operativos contra el narco. Simplemente habían obedecido órdenes y atacado al objetivo: "No nos enseñan a detener al enemigo, nos enseñan a destruirlo. Cuando un soldado dispara, disparan todos los demás".

Esta estrategia no funcionaría con Calderón y su secretario de Defensa Galván Galván. Sabían que debían derribar a los sospechosos, pero en la campaña de Calderón otra piedra angular eran las reformas judiciales. Las comisiones de Derechos Humanos, creadas durante la administración anterior, estaban atentas a todo. Calderón y su gabinete esperaban detener a los delincuentes y, cuando fuera posible, extraditarlos a Estados Unidos. No bastaría tirar a matar.

Tampoco hacerse de la vista gorda. De acuerdo con el general Morales Ojeda, sus soldados habían realizado alguna vez operativos antidrogas en Laredo: sólo que fueron puro teatro. "Teníamos órdenes de patrullar la frontera" —dice—, "pero no teníamos permitido detener vehículos en las carreteras ni en los cruces".

Le da risa la ironía.

De acuerdo con una fuente militar, el general Acosta Chaparro introduciría una nueva manera de percibir al narco, parecida a la manera en que el Ejército enfrentó a los rebeldes y las guerrillas en la década de 1970. Los narcos no serían considerados empobrecidos y desprovistos de derechos, sino enemigos del Estado. Después de todo, se trataba de hombres y mujeres que presuntamente participaban en decapitaciones, quema de cuerpos y otros actos criminales horrendos. Quizá los halcones en las calles no cometían las atrocidades ellos mismos, pero protegían a quienes lo hacían. De acuerdo con el general Morales Ojeda, por este efecto acumulativo, miles de personas quedaban atrapadas por los pecados de unos pocos.

La Sedena calculó que ya había 500,000 personas trabajando en el narcotráfico.

La ofensiva de Calderón se apoyaría fuertemente en la inteligencia, así como en la cooperación con las autoridades estadounidenses. Desde el 11 de septiembre de 2001, la DEA había estado más activa que nunca fuera de sus fronteras, trabajando en Afganistán y en África Occidental para tratar de combatir lo que consideraba la amenaza de las conexiones entre tráfico y terrorismo. La presencia exterior más fuerte de la DEA era en México, como siempre había sido, con oficinas en la ciudad de México, Tijuana, Hermosillo, Ciudad Juárez, Guadalajara, Mazatlán, Mérida, Monterrey, Matamoros y Nuevo Laredo.

Pero seguía habiendo tensiones entre la DEA y las agencias mexicanas, arrastradas desde el asesinato del agente de la DEA Enrique *Kiki* Camarena en 1985. "Fue un bajón" en las relaciones entre la DEA y sus contrapartes mexicanas, recuerda su ex jefe de inteligencia Anthony Placido. Hubo "complicidad del Gobierno mexicano al menos en el encubrimiento", se lamenta. Sin embargo, Félix Gallardo, Don Neto y Rafael Caro Quintero fueron detenidos por el secuestro y asesinato de este hombre de la DEA, y la relación había continuado. Los agentes mexicanos considerados suficientemente fiables recibían entrenamiento en Quantico, Virginia; estos *vetted units* o "unidades aprobadas", como se les llamaba, luego regresaban a casa para formar la columna vertebral de las operaciones foráneas. A cada unidad de policías aprobada se le asignaba un agente de la DEA que gozaba de los llamados "derechos ilimitados de entrada": podía supervisar a los oficiales mexicanos en cualquier momento del día y sin previo aviso, o incluso vigilarlos las veinticuatro horas.

No se toleraría ninguna forma de corrupción.

A Estados Unidos también le complacieron los logros de la presidencia de Fox. La intervención telefónica, por ejemplo, se volvió un medio legal para obtener información. Estas tácticas, antes ilegales, les darían a los agentes mexicanos una ventaja tanto en la persecución como en los procesos judiciales. La administración calderonista introduciría luego un panel de "jueces sin rostro" facultados para librar órdenes de aprehensión a cualquier hora del día o de la noche desde la seguridad de un búnker en algún punto no identificado de la ciudad de México. Sus identidades quedarían protegidas y serían menos propensos a la corrupción. Con sus agentes aprobados distribuidos en México, la DEA podría enviar y recibir información —"ping-pong", como lo describió un oficial— y moverse más rápido que nunca. En cuanto a los capos, las autoridades no estaban tan interesadas en el contenido de las conversaciones como en la ubicación de los hablantes. Podrían moverse rápido y detener al capo.

La DEA y sus unidades aprobadas tenían informantes repartidos por todo México. Algunos, según Placido, eran "mercenarios": antiguos narcos o consumidores de drogas que cambiaban de bando simplemente por la posibilidad de ganar más dinero. A veces los informantes eran la competencia: por ejemplo, cuando el cártel de Sinaloa se pasara a Ciudad Juárez, habría sin duda muertos, antiguos empleados inconformes y sicarios que querrían tumbar al enemigo. La DEA y sus contrapartes mexicanas podrían capitalizar esto. A menudo, ante la posibilidad de ser encarcelados, los narcos traicionaban a sus propios aliados. A veces, ante una condena, traicionaban a su propia familia. En ciertas ocasiones, las novias delataban a sus novios narcos tras una pelea doméstica. Incluso algunos padres delataban a sus hijos.

La red estaba tendida. Las autoridades sólo tenían que aprovecharla al máximo y no desperdiciar ninguna oportunidad.

En el núcleo de la estrategia de guerra yacía la necesidad urgente de reforma judicial y construcción institucional, en particular de los cuerpos policiacos municipales, considerados endémicamente corruptos y sub entrenados, de modo que su reforma sería determinante para cualquier éxito en la batalla a largo plazo para generar estabilidad y seguridad.

En su libro de 2006, *Contra el crimen: ¿por qué 1,661 corporaciones de Policía no bastan?*, el secretario de seguridad pública, García Luna había expuesto su visión de México. Buscaría construir una Policía única que combinara las Policías municipales y estatales y las pusiera a todas bajo mando federal. Atraería gente con formación universitaria hacia un cuerpo policiaco considerado tradicionalmente como el último recurso laboral. Instituiría exámenes para los policías, crearía bases de datos para rastrear la corrupción y elevaría el nivel de las fuerzas armadas.

Era más fácil decirlo que hacerlo. Los policías de todo México conocen la realidad: plata o plomo.

Pero al menos las autoridades estadounidenses se entusiasmaron con las propuestas de García Luna. "Miren los nuevos reclutas que tienen ahora, es increíble", dijo un funcionario judicial estadounidense radicado en la ciudad de México. "Están creando toda una nueva raza de policías: universitarios, con distintos tipos de entrenamiento, sometidos al polígrafo, cosas que nunca habían pasado antes. Es realmente otra generación".

Sin embargo, reclutar jóvenes tenía sus riesgos, por muchos estudios que tuvieran. Para empezar, no necesariamente conocían el juego en el que estaban entrando, las realidades y riesgos de la guerra contra el crimen organizado. La presencia de policías jóvenes y verdes en puestos de supervisión preocupaba a los veteranos. Algunos decían que era como si un grupo de reclutas recién salidos del entrenamiento básico, sin un sargento de pelotón como guía, entrara directamente en combate. Para muchos de los reclutas jóvenes de García Luna, la guerra contra el crimen organizado sería una prueba de fuego.

La esperanza, claro, era que al cabo de algunos meses o, al menos algunos años, comenzaría a caerles el veinte.

La administración presentó sus planes claramente: el objetivo sería crear un "Nuevo Modelo Policial". Esta nueva generación de policías generaría "estrategias coordinadas de prevención y combate al delito". Sería "profesional y objetivo".

No sería una tarea fácil. Al principio de la administración calderonista, los inspectores de la Policía visitaron 180 municipios para observar a los oficiales locales en acción; poco después, unos 160 jefes de Policía de todo el país se reunieron para discutir las propuestas gubernamentales y los planes para el futuro. Se redactó un manual básico para policías que se distribuyó por todo el país. Hacían mucha falta ciertos elementos básicos de una Policía institucional, como una base de datos federal de todos los efectivos en México. Se consideraba insuficiente la teoría y educación institucional en temas como la corrupción.

Por último, pero quizá más importante, existía un abismo entre la población y los cuerpos policiacos. No había confianza. ¿Cómo harían su trabajo los policías si nadie confiaba en ellos? ¿Cómo harían su trabajo si no confiaban en sus propios superiores y subordinados?

Cada funcionario tenía objetivos propios. Para García Luna, el objetivo era establecer el orden y la legalidad a nivel nacional, para que sus fuerzas de seguridad se volvieran robustas, honestas y eficientes. Para Galván Galván, la tarea sería ofrecer a la Policía un suelo lo suficientemente firme —por no decir una red de apoyo a través del Ejército— para que pudiera encargarse de la seguridad por sí sola. Para las autoridades antidrogas estadounidenses, la idea era ofrecer suficiente confianza a los policías mexicanos para operar y actuar en función de la inteligencia de Estados Unidos de manera confiable, alcanzando los objetivos y realizando redadas eficientes. Para otras autoridades estadounidenses, como John D. Feeley de la Embajada de Estados Unidos, lo más importante eran las relaciones entre la población y la Policía: "Tendremos éxito cuando un niñito mexicano, aquí en el Paseo de la Reforma o allá en Laredo, al separarse de su mamá en una multitud, tenga la confianza para acercarse a un oficial de Policía y decirle: 'Oiga, no encuentro a mi mamá'. Hoy en día, ningún niño mexicano haría eso. Para mí, eso representa un cambio social. Es mucho menos tangible, es cursi, pero en eso consiste tener éxito".

También el procurador general Medina Mora reconocía la importancia de la reforma judicial: "La pieza más duradera [de la lucha contra el crimen organizado] será la construcción institucional de las fuerzas armadas".

Desde el principio, los altos funcionarios de la administración calderonista supieron que erradicar el narcotráfico y el crimen organizado era una imposibilidad. No sería ésa su misión.

Establecieron sus prioridades.

El primer objetivo debía ser contener el problema delictivo y de violencia, reducir la amenaza a la seguridad nacional. No podían rodar cabezas en pueblos de Michoacán: eso era inadmisible.

Tal como estaban, los cuerpos policiacos no podían con esas amenazas. Había que llamar al Ejército.

Desde el principio, los funcionarios mexicanos estuvieron reacios a usar la palabra "guerra". El presidente estadounidense Richard Nixon había sido el primero en usarla con relación a la lucha contra el uso de drogas y el narcotráfico, pero los funcionarios mexicanos nunca la habían usado en ese sentido y no querían empezar a hacerlo. "Va en contra del Derecho internacional usar la palabra 'guerra' para conflictos que no son entre países", explicó un ex asesor de Medina Mora. "El uso del término 'guerra' es muy peligroso, porque la gente esperará ganadores y perdedores, esperará un desenlace. La gente esperará violencia y reglas".

Efectivamente, lo que México experimentaría durante las primeras etapas de la administración de Calderón, no sería una guerra. El Ejército se desplegaría en distintas partes del país para procurar seguridad, como cuando la Guardia Nacional de Estados Unidos se despliega en emergencias graves.

No habría soluciones inmediatas. Al menos Medina Mora sabía que la lucha sería a largo plazo y requeriría recursos importantes.

También requeriría mucha fuerza política. Estados Unidos, por ejemplo, debía asumir su responsabilidad en la generación de violencia asociada con las drogas. Cada día entraban armas a México ilegalmente: hasta 2,000 diarias, según algunos cálculos. "La segunda enmienda [de la constitución estadounidense] nunca tuvo la intención de armar grupos extranjeros", se lamentó el ex asesor de Medina Mora. Durante la administración de Clinton en la década de 1990, México había tenido una fuerte disminución en la tasa de homicidios. Y no porque los cárteles hubieran dejado de competir por territorios, sino simplemente porque Clinton había prohibido las armas de asalto. En 2004, el presidente George W. Bush eligió no extender la prohibición, sino dejarla morir en silencio.

Las autoridades mexicanas querían ejercer presión sobre el Gobierno de Estados Unidos para que creara un registro nacional de armas —"Eso es algo básico, por Dios", dijo el asesor de Medina Mora— y establecieran mejores controles sobre la frontera. Durante décadas, la frontera se había considerado un problema mexicano —los migrantes que buscan entrar ilegalmente a Estados Unidos, las drogas que viajan hacia el Norte escondidas dentro y entre los miles de camiones que cruzan cada día— y se había prestado muy poca atención a los productos ilegales que cruzan hacia México: armas y dinero obtenido de la venta de drogas.

Pese a los esfuerzos judiciales al Norte de la frontera, tampoco el consumo de drogas en Estados Unidos mostraba señales de disminuir. Las autoridades mexicanas se fijaron como prioridad exhortar a sus contrapartes estadounidenses a que actuaran en relación con el consumo de marihuana. Los mexicanos calculaban que un 50% de las ganancias de los cárteles provenían de la marihuana. Los consumidores estadounidenses no sólo estaban promoviendo la producción en México, sino que estaban "promoviendo la violencia", aseguraban las autoridades.

Desde el comienzo de la administración de Calderón, los críticos alegaron que la estrategia de perseguir a los capos no bastaría. Pero ése no era realmente el objetivo. Efectivamente, como dijo Medina Mora, "era muy importante llevar a las figuras emblemáticas ante la justicia, pero no podíamos olvidar de qué se trataba todo el asunto".

Figuras como el Chapo se volverían blancos, pero las autoridades también buscarían hacer algo que nunca antes habían intentado: horadar las estructuras jerárquicas de los cárteles. Cada vez que perseguían a un capo, perseguían también a un lugarteniente. En lugar de buscar sólo al cabeza de familia, buscaban también a los primos, sobrinos, hermanas, sobrinas. Derribarían las estructuras pieza por pieza. Esto les permitiría desmantelar las redes que sostenían la operación de los cárteles.

La segunda etapa de la lucha consistiría en perseguir el lavado de dinero. Antes de la elección de Calderón, la DEA había redoblado sus esfuerzos contra el lavado de dinero, sobre todo tratando de rastrear los dólares sucios que pasaban de Estados Unidos a México. En 2005, un estudio de la DEA descubrió que durante los dos años anteriores habían entrado a México casi 20, 000 millones que no se podían atribuir a fuentes legales. Los cálculos de la DEA también ubicaban las ganancias por drogas ilegales (marihuana, heroína, cocaína y metanfetamina) en unos 22,000 millones anuales. La DEA identificó las que consideraba las amenazas clave e inmediatas asociadas con el lavado de dinero: contrabando de enormes cantidades de efectivo directamente a manos de las organizaciones de narcotraficantes (a veces, el dinero simplemente se amontonaba en camiones comerciales; otras veces se ocultaba mejor, en las llantas de los automóviles, por ejemplo); las casas de cambio mexicanas, que se creía lavaban tanto dinero y a tal velocidad que las autoridades simplemente no podían seguirles el paso; las remesas usadas por algunos mexicanos en Estados Unidos, que sumaban alrededor de 20,000 millones al año, para disfrazar las ganancias de la droga.

La DEA sabía que debía seguir las huellas del dinero. Estableció redes de inteligencia —con la ayuda de sus contrapartes mexicanas— para rastrear el movimiento de "dinero a granel", con el fin último de identificar, poner en la mira y "finalmente someter a proceso los ejes de mando y control a ambos lados de la frontera". La DEA también trabajaba de cerca con el Treasury Department (el equivalente estadounidense de Hacienda), la Financial Crimes Enforcement Network (red para perseguir delitos financieros) y la Office of Foreign Assets Control (OFAC: oficina para el control de activos extranjeros), que estaban facultados para imponer sanciones y librar las llamadas "órdenes de congelación" contra organizaciones de narcotráfico y cualquier empresa sospechosa de ayudarlas.

Había habido ciertos avances importantes. En julio de 2006, por ejemplo, la Operación Choque había resultado en la identificación y detención de Óscar, Miguel y Luis Arriola-Márquez, tres presuntos narcotraficantes mexicanos considerados responsables de introducir unos 14,000 kilos de cocaína a Estados Unidos y de canalizar 240 millones de dólares en efectivo de regreso a México.

Las autoridades mexicanas estaban al tanto de las iniciativas de la DEA; ellas mismas habían incautado unos 18 millones de los hermanos Arriola-Márquez en México. Pero aún había preocupación del lado de la DEA: "Dada la falta de transparencia en su sistema financiero, la industria financiera mexicana sigue facilitando el movimiento del dinero de las drogas. Aunque es un sector financiero muy desarrollado, conseguir información de los servicios financieros mexicanos sigue siendo difícil", afirmaba una declaración de la DEA sobre la percepción estadounidense de la situación mexicana. "La combinación de una corrupción generalizada dentro de México con una ineficiencia judicial hace que resulte relativamente fácil y seguro ocultar y mover las ganancias de las drogas dentro del país".

Sin embargo, al principio de la administración calderonista, los mexicanos estaban claramente dispuestos.

"Esto no tiene que ver con ideología, como el terrorismo", dijo Medina Mora refiriéndose a la lucha contra los cárteles. "Si tomas su dinero, los cárteles se caen".

La voluntad existía; encontrar el camino correcto era completamente otro asunto.

⊛

La tercera etapa de la estrategia sería presionar firmemente a Estados Unidos para que hiciera algo respecto de su propio problema con las drogas, desde las armas hasta el consumo y la distribución. Las autoridades extranjeras siempre habían lamentado que no se hablara del grave problema del narcotráfico en Estados Unidos. Los traficantes mexicanos y colombianos no se limitaban a dejar la droga en la frontera y luego desentenderse. Alguien —sin importar su nacionalidad— la distribuía del lado Norte de la frontera. Según ciertos cálculos, en Estados Unidos hay alrededor de un millón de pandilleros. Algunos funcionarios querían que las fuerzas de seguridad estadounidenses se ocuparan de ellos como Calderón estaba enfrentando a los cárteles mexicanos. Hasta entonces, el estilo norteamericano había consistido en tratar el narcotráfico dentro de sus fronteras como un asunto administrativo: asegurarse de que no estallara la violencia y aplicar mano dura cuando fuera necesario, pero hacer escasos esfuerzos serios por erradicar el problema o enfrentar sus orígenes subyacentes.

Esto sería más difícil. Desde la administración de Nixon, Estados Unidos ha gastado alrededor de un billón de dólares en la llamada "guerra contra las drogas". El consumo no ha disminuido de manera significativa, ni los arrestos ni las acusaciones. En Estados Unidos, los políticos y los ciudadanos por igual siguen culpando a instancias extranjeras de "envenenar a la sociedad", cuando en realidad son los estadounidenses quienes de motu propio consumen drogas.

En relación con Estados Unidos, explicó el asesor de Medina Mora, "necesitamos pasar de las palabras a la acción: una acción que debería venir del lado estadounidense".

Presionar a Washington no sería fácil. Las administraciones anteriores lo habían intentado y, en general, habían fracasado. Haría falta fuerza política, sobre todo en un clima en el que Estados Unidos temía las amenazas extranjeras como nunca antes, dada la guerra contra el terrorismo y los conflictos constantes en Irak y Afganistán.

La última etapa de la estrategia antinarco de la administración calderonista consistiría en perseguir la corrupción oficial. No era ningún secreto que la corrupción era quizá la principal razón de que el crimen organizado hubiera podido prosperar tan ampliamente e infectar casi todos los rincones de la sociedad. Ninguna institución en México podía presumir de que no la hubiera tocado el crimen organizado, o de que no se le hubiera acercado al menos.

Ya se habían hecho esfuerzos por erradicar la corrupción. El caso del general José Gutiérrez Rebollo pesaba en las conciencias de las autoridades: la opinión pública no olvidaría al zar antidrogas, sentenciado a 71 años de prisión por nexos con el cártel de Juárez.

La administración de Calderón tendría que hacer algo mejor.

La última tarea de la administración sería poner a todos en el mismo canal. Si bien el gabinete apoyaba firmemente a

Calderón, cada institución y sus titulares tenían sus propias agendas, sus propias visiones e incluso sus propias estrategias para combatir al crimen organizado.

Estaba por un lado Medina Mora, cuyos intereses eran jurídicos. Su manera abierta y muy humana de acercarse a la administración pública le había asegurado muchos aliados dentro de la PGR y en otras partes; se le consideraba a la vez inteligente y decente. Su experiencia en el Cisen, la SSP y la PGR lo dotaban de antecedentes únicos para un alto funcionario.

Medina Mora era prudente, pensaba siempre las acciones antes de emprenderlas. Sus colegas lo conocían como un hombre que siempre mantenía la calma y nunca perdía el control de las decisiones ni de su pensamiento. Tenía una buena mente estratégica, que resultaría determinante para la guerra contra el crimen organizado. También delegaba bien, señal de que era buen administrador.

No era particularmente bueno ante los medios de comunicación; prefería enfocar su entusiasmo en el trabajo que en montar un buen espectáculo para los reporteros.

Estaba convencido de que el objetivo en la lucha contra el crimen organizado no era destruir a los delincuentes, sino llevarlos ante la justicia.

García Luna, en cambio, era conocido por abordar los asuntos de manera frontal. Como jefe de la Policía, no podía detenerse a debatir sobre minucias jurídicas; debía actuar, y esperaba acciones de sus subordinados. Los rumores lo rodeaban a donde fuera. Algunos de sus oficiales abogaban abiertamente por la tortura, incluso se enorgullecían de ello. Bien podría ser que sus mayores desafíos durante el sexenio acabaran siendo esquivar las acusaciones de corrupción y presentar un rostro más aceptable ante los medios y, a través de ellos, ante la opinión pública. Claro que tras bambalinas tendría que trabajar infatigablemente para modernizar las fuerzas de seguridad, poner las Policías municipales a la altura de las circunstancias y conservar la fe y apoyo de sus colegas estadounidenses.

Galván Galván tendría que entrenar a sus soldados para asumir un nuevo papel en la sociedad. El Ejército estaría enfrentando algo muy parecido a una guerra —dejando de lado la semántica—, pero al mismo tiempo adaptándose constantemente a nuevas exigencias y presiones, a veces de la población y otras del Gobierno. No se podía simplemente derribar a los narcos a balazos; los soldados tendrían que obtener información y operar también como protectores de la paz.

Se seguía especulando si las tres principales fuerzas de seguridad podrían cooperar lo suficiente para lograr los objetivos de la administración calderonista. Los altos funcionarios veían a los narcos como empresarios: inteligentes, astutos, carentes de ideología. Los soldados, policías e investigadores de menor rango tendían a verlos más como delincuentes, buenos para nada que convenía mantener fuera de la sociedad.

Un antiguo investigador de la Siedo, Samuel González Ruiz, lamentó el hecho de que los oficiales vieran a los narcos como actores "racionales", alegando que los niveles de violencia nunca bajarían si estos criminales seguían percibiéndose así.

También habría problemas si el Ejército percibía a los narcos como guerrillas del siglo XXI. La PGR, por su parte, veía el problema de manera completamente distinta: "La guerra contra el crimen organizado se basa en la premisa de que los narcos son criminales y hay que meterlos a la cárcel", dice el ex asesor de Medina Mora. "Qué ocurriría si, para lograrlo, adoptáramos un nuevo paradigma: ver al crimen organizado como un negocio. En lugar de encarcelarlos, nos concentramos en dejar su negocio en bancarrota. Lícitos o ilícitos, son nuestros competidores, saquémoslos de la jugada. Llevamos la ventaja: somos el Gobierno. Es diez veces más fácil para nosotros sacarlos del negocio".

Enfrentar la violencia con violencia no sería la respuesta, según la PGR. "Ellos tienen armas, dinero. Podríamos llevar la violencia a nuevos niveles de crueldad, pero no funcionaría", dijo el asesor.

También los funcionarios del nivel local tenían sus propias opiniones acerca de cómo enfrentar al narco. Una provenía del miedo: cualquiera que pudiera sospecharse vinculado al crimen organizado debía ser entregado a las autoridades federales. Otra, nítidamente explicada por un joven policía de Culiacán, tenía que ver con la educación y la percepción: "Tenemos que trabajar con los jóvenes", dijo el oficial. "Tienen que darse cuenta de que el delito acaba en la cárcel. Tenemos que convencer a las muchachas guapas de que no pierdan la cabeza por tipos con camionetas y armas: no tienen que ser reinas de belleza, ya lo son. Estos jóvenes son listos y conocen las leyendas del Chapo. Pero no tienen información y se exponen al peligro. En todo el mundo, la gente piensa que somos hijos del Chapo, que estamos emparentados. Pero hay mucha gente que trabaja duro en Culiacán, no puedes decir que todos y todo tenga que ver con el narcotráfico".

Este problema de la percepción se volvería quizá el mayor desafío de la administración durante todo el sexenio.

La clave de la contrainsurgencia, según el experto británico en guerras modernas David Kilcullen en su revelador e influyente libro *Contrainsurgencia*, son "los programas de la sociedad civil de base centrados en la construcción de la paz, la reconciliación y la conexión de estructuras de gobierno locales y no gubernamentales con las instituciones nacionales más grandes. En entornos conflictivos y post-conflictivos, esto puede tener más posibilidades de éxito que los programas verticales tradicionales centrados en construir las instituciones nacionales del Estado central".

Para Kilcullen son igual de importantes "la política local, la acción civil y el trabajo de los policías de a pie".

"Para que gane tu bando, la gente no tiene que quererte, pero deben respetarte, aceptar que tus acciones los benefician y confiar en tu integridad y habilidad para cumplir promesas, sobre todo las que tienen que ver con su seguridad. En este campo de batalla, las percepciones populares y los rumores influyen más que los hechos y son más poderosos que 100 tanques".

La administración de Calderón estaba emprendiendo la primera guerra, en suelo mexicano, en que las autoridades eran "los buenos". Las autoridades tenían que transmitirle esto a los que sembraban opio en Sinaloa y a los traficantes de metanfetamina de Michoacán. Tenían que comunicárselo a los habitantes de ciudades como Matamoros, donde las pandillas —y no los policías— se ocupaban de lo más parecido a una ley local.

Calderón continuaría la política iniciada por Fox, su predecesor: subrayar los peligros que el narcotráfico representaba para México como país. Durante las décadas de gobierno priísta, una de las razones por las que muchas autoridades se habían hecho de la vista gorda ante el narcotráfico es que veían el consumo como un problema de los gringos y el narcotráfico como algo que realmente no tenía efectos negativos sobre los mexicanos ni sobre los valores mexicanos tradicionales. Pero eso estaba cambiando.

El excedente en los ingresos llevaba a que más mexicanos consumieran drogas. Los cárteles colombianos, al negociar la transferencia de poder a los cárteles mexicanos, también abrieron la puerta al consumo de drogas en México. Cuando trabajaban para los colombianos, los traficantes mexicanos, conocidos como mulas, nunca se hubieran atrevido a abrir una bolsa de cocaína para sacar un poco y hacer su negocio de camino a Estados Unidos. Pero ahora obtenían pleno control al recibir el producto y podían vender las drogas por todo México. Era una buena manera de comprar lealtades y reclutar sus propias mulas.

También provocó un aumento en la adicción, para tristeza de muchas comunidades. Las autoridades aprovecharon la situación para difundir la idea bastante novedosa de que los capos de México —protectores de muchas comunidades, sin duda— eran en realidad quienes estaban envenenando a la sociedad. La administración de Calderón usaría esta táctica una y otra vez: el narcotráfico se comparó con un "cáncer", por ejemplo; los narcos fueron etiquetados de "malvados". Estas palabras entraron en sintonía con la opinión pública durante todo el sexenio, al grado que las encuestas arrojarían que 70% de la población pedía la pena de muerte para los narcotraficantes.

Sin embargo, la administración también tendría que convencer a los medios de comunicación y a la oposición de sus objetivos e incluso de su honestidad. Estaba la cuestión del fraude —Andrés Manuel López Obrador, el candidato derrotado en las elecciones de 2006, nunca abandonó su reclamo de que le robaron la presidencia y de que varias "mafias" controlan el país— y siempre ha estado presente el tema espinoso de los derechos humanos.

La beligerante activista por los derechos humanos, Mercedes Murillo Monge, originaria de Culiacán, fue sólo una de las voces escépticas desde el principio. Creía que los "generales" de Calderón —la PGR, la AFI, el Ejército y la Siedo— no estaban en el mismo canal. "¿Cómo van a ganar una guerra con generales divididos?", preguntaba. "El crimen está organizado, el Gobierno no".

Otros escépticos, en cambio, aplaudían a Calderón. Aunque el PRI no había hecho casi nada por combatir el narcotráfico, Fox tampoco había sido exactamente un pionero. "Fox estaba ebrio de democracia", dice Manuel Clouthier Carrillo, un antiguo panista de Culiacán e hijo de uno de los fundadores del partido. "No lo vio [al problema tan arraigado del crimen organizado]; creía que la democracia traería automáticamente legalidad y libertad, y crearía un país de leyes e instituciones". Según Clouthier, Calderón al menos se dio cuenta de que durante su presidencia tendría que hacer más —mucho más— para mantener a México en el camino correcto hacia el progreso.

"El pasado no ha terminado de morir y el futuro no ha terminado de nacer".

# Capítulo 5

## LA GUERRA POR CIUDAD JUÁREZ, PARTE I

El cártel de Juárez fue creado por un comandante de la Policía.

Rafael Aguilar Guajardo era comandante de la Dirección Federal de Seguridad (DFS), la agencia creada durante el sexenio de Miguel Alemán para encargarse de la seguridad interna a nivel nacional. Aguilar Guajardo tenía vínculos con la comunidad empresarial, las fuerzas de seguridad y los capos de Juárez, como Miguel Ángel Félix Gallardo, El Padrino. Vivía en El Paso, Texas.

Ciudad Juárez es la mina de oro del narcotráfico mexicano. Esta ciudad en crecimiento desmesurado, de más o menos un millón y medio de habitantes, presume cuatro garitas internacionales para cruzar a Estados Unidos. Cada año, casi 10 millones de vehículos cruzan el Puente Internacional Paso del Norte; unos ocho millones de vehículos el Córdova de las Américas; unos cuatro millones el Zaragoza-Ysleta; mientras que el Reforma (que se une con Stanton Street) recibe un poco más de un millón de vehículos.

Anualmente, más de 20 millones de vehículos cruzan por Ciudad Juárez-El Paso.

El 7 de febrero de 2003, oficiales en El Paso, Texas, incautaron más de seis toneladas de marihuana de un tráiler que había entrado por el Puente Internacional de las Américas. La marihuana estaba escondida en cajas de cartón detrás de una pila de tarimas en el remolque.

Ciudad Juárez es la plaza de contrabando más lucrativa de México.

Docenas de bandas, a ambos lados de la frontera, proveen de reclutas a los capos de Ciudad Juárez. De acuerdo con funcionarios de Estados Unidos, los reclutas con nacionalidad estadounidense son particularmente valiosos: pueden cruzar la frontera sin atraer la atención de las autoridades.

El Barrio Azteca es la principal banda empleada por el cártel de Juárez. De acuerdo con el Centro de Inteligencia Nacional Anti Pandillas del FBI, "Barrio Azteca es una de las pandillas carcelarias más violentas de Estados Unidos. [Está] muy estructurada y cuenta con aproximadamente 2,000 miembros".

Aunque se fundó en El Paso, la mayoría de los miembros de Barrio Azteca son mexicanos o mexicoamericanos. Las autoridades estadounidenses dicen que Barrio Azteca obtiene la mayor parte de sus ingresos del tráfico de heroína, cocaína, marihuana y metanfetamina, aunque sus miembros también participan en "tráfico de migrantes, incendios intencionales, asalto a mano armada, robo de autos, robo en casas, extorsión, intimidación, acoso, secuestro y tráfico de armas".

Cruzando la frontera de Ciudad Juárez, la autopista 10 lleva hacia el Oeste; la 25 hacia el Norte por las praderas del Midwest; la 54 lleva al Norte y luego hacia el Noreste, y las 70 y 380 llevan hacia el Este. Desde Ciudad Juárez, se puede llegar a cualquier punto de Estados Unidos por carretera.

El jefe de la plaza de Ciudad Juárez, el hombre encargado de toda esta red ilícita, gana un millón de dólares a la semana.

Cuando Aguilar Guajardo fue baleado en Cancún en 1993, el cártel de Juárez pasó a manos de los hermanos Carrillo Fuentes: Amado, Vicente y Rodolfo. Pero de acuerdo con la PGR, dos miembros del cártel de Sinaloa, el Azul y el Mayo, también formarían parte de su dirigencia. El Chapo estaba en la cárcel en ese momento; no participaría en la alianza, conocida como la Federación.

Amado Carrillo Fuentes dirigió el cártel de Juárez con diplomacia, aunque era propenso a los despliegues ostentosos y las fiestas lujosas. En general pasó inadvertido, igual que las avionetas que usaba para meter grandes cantidades de cocaína a Estados Unidos. Cuando murió en 1997, tras una cirugía plástica mal realizada, sus hermanos Rodolfo y Vicente, el Azul y el Mayo fueron nombrados los capos del cártel, en una acusación general emitida por la PGR.

En 2001, el Chapo se fugó del penal de Puente Grande. Salió más ambicioso que nunca. Quería quedarse con la plaza de Ciudad Juárez. El antiguo acuerdo establecido por el Azul y el Mayo, simplemente no era suficiente.

Según testimonios de un presunto teniente al servicio de los hermanos Beltrán Leyva, el Chapo se reunió en Monterrey con sus socios, entre ellos el Mayo y el Azul; discutieron la posibilidad de sacar a Rodolfo Carrillo Fuentes.

El 11 de septiembre de 2004, Rodolfo Carrillo Fuentes fue baleado en Ciudad Juárez.

Había comenzado oficialmente la guerra por Ciudad Juárez.

Algunas autoridades mexicanas creen que en realidad la guerra ya había ocurrido.

De acuerdo con una declaración de la PGR emitida el 22 de abril de 2004, el cártel de Juárez ya estaba encabezado por el Azul y el Mayo. En mayo de 2005, las autoridades allanaron varias casas en Ciudad Juárez. Todas estaban ubicadas en calles privadas de la colonia Quintas de San José, del lado Este de la ciudad. Las autoridades creían que todas pertenecían a las organizaciones de los Carrillo Fuentes y del Chapo Guzmán: que quizá eran en realidad una y la misma.

¿Había establecido el Chapo una alianza con los hermanos Carrillo Fuentes? No exactamente. Al morir Rodolfo, el cártel de Juárez simplemente pasó por una "reestructuración". Un teniente llamado Ricardo García Urquiza, alias el Doctor, asumió el control de las operaciones financieras y de tráfico de la organización. Puso en marcha nuevos procedimientos operativos: ahora miembros del cártel de Juárez trabajarían como células empresariales semi-independientes, en un esfuerzo por mantener relaciones cercanas con las contrapartes colombianas y atraer menos atención. De acuerdo con la PGR, el Doctor aseguró que permaneciera intacta la red de corrupción que había permitido el éxito de sus predecesores.

Encabezado por el Doctor, el cártel de Juárez se convirtió principalmente en una red de contrabando, más que un gremio de producción y tráfico de drogas por derecho propio. La cocaína colombiana se embarcaba a las Islas Galápagos y luego se llevaba a las costas de Panamá, Costa Rica, Nicaragua, El Salvador, Honduras o Guatemala. Luego cruzaba México vía terrestre hasta Ciudad Juárez.

El Doctor heredó también las rutas atlánticas del cártel de Juárez: la cocaína se podía embarcar de Barranquilla o Santa Marta hasta Quintana Roo.

Sin embargo, el nuevo cártel de Juárez sería detectado. Las autoridades lanzaron la Operación Nueva Generación e inmediatamente fueron tras el Doctor.

Lo detuvieron el 21 de noviembre de 2005.

La plaza de Juárez quedó oficialmente vacante y disponible. Pero se establecería una alianza flexible, porque el Chapo centró sus esfuerzos en otra parte: principalmente, en el desarrollo del próspero negocio de la metanfetamina.

De acuerdo con el testimonio de un colaborador cercano y presunto ex sicario, Édgar Valdéz Villareal, alias la Barbie, el Chapo no le quitó el ojo a la plaza de Juárez. Los capos sinaloenses se volverían a reunir para discutir la posibilidad de apoderarse de ella, esta vez en Cuernavaca en 2007.

El Chapo y su equipo, según la Barbie, no querían que Juan Pablo Ledezma, alias el JL, encabezara la plaza de Juárez bajo la dirigencia de Vicente Carrillo. El JL era conocido por impulsivo, mientras que las autoridades consideraban débil a Vicente Carrillo. La Barbie dijo que en Cuernavaca se habló de llegar a un acuerdo con Carrillo Fuentes. (También se habló de un pacto de no agresión con los Zetas en Tamaulipas; al parecer, se comunicarían directamente con Arturo Beltrán Leyva).

"[El Chapo] no respetó el pacto", dijo la Barbie.

## *Martes, 13 de febrero de 2007*

En la madrugada, una serie de tiroteos dejó cuatro muertos en Ciudad Juárez. Una de las víctimas, un hombre de 50 años, presentaba huellas de tortura en el cuerpo. Otra víctima, un joven de 17 años de nombre Irvin Armando Andrade Ávila, recibió disparos en el pecho y murió después en el Hospital General.

Uno de los tiroteos, considerado consecuencia de un enfrentamiento entre bandas que competían por un territorio de narcomenudeo, ocurrió en el ejido Tres Jacales, en la periferia oriental de la ciudad. Otra matanza ocurrió en el sector poniente, cerca del Rancho Anapra, una zona conocida por la presencia de Barrio Azteca.

El total de homicidios en la ciudad ya sumaba 29.

El 26 de mayo apareció muerta una mujer joven, de unos 25 años, en una zanja en la Colonia Insurgentes. Estaba desnuda, la habían violado. La habían golpeado con una pistola. Ninguno de los vecinos interrogados por la Policía había escuchado disparos.

A principios de esa misma semana y en la misma colonia, una muchacha de 14 años estaba parada afuera de su casa platicando con unos vecinos cuando pasó un grupo de pandilleros en un vehículo y abrieron fuego.

Isabel López Unzueta recibió una bala en el corazón.

El 28 de mayo, las autoridades en colaboración con la Iglesia católica impusieron un toque de queda para los menores de edad en Ciudad Juárez. El objetivo: tomar medidas serias contra las pandillas locales.

La cabeza fue encontrada en un terreno a unos kilómetros del aeropuerto. Los dueños habían ido a ver qué obras se tenían que hacer. Las autoridades llevaron un perro entrenado para encontrar el resto del cuerpo.

Era a mediados de julio. El 18.

Ese mismo día, un matrimonio joven, Gabriel Aguilar Contreras y Carmen Guadalupe Macías Cervantes conducían por la colonia Tierra y Libertad cuando fueron detenidos por un grupo de pandilleros a bordo de una camioneta. Se suscitó una discusión; los pandilleros sacaron armas militares y balearon a la pareja.

Por el tipo de armas, las autoridades sospecharon que era crimen organizado.

A principios de septiembre, otros dos: un joven asesinado en una discoteca a las cuatro de la mañana por un grupo de matones armados con AK-47; otro hallado muerto a las tres de la mañana cerca del aeropuerto.

Ya iban 223 homicidios en Ciudad Juárez, en 2007; se creía que 83 estaban vinculados con el crimen organizado o con enfrentamientos territoriales entre bandas rivales.

Pero las confrontaciones empezarían a entrar en calor apenas en octubre. El día 11 de ese mes, miembros del Ejército arrestaron a seis presuntos elementos del cártel de Juárez acusados de almacenar y distribuir drogas desde una bodega —protegida con el logo de una empresa legítima— en la Colonia Nuevo Hipódromo, al Sur de la ciudad. Ese mismo día, un hombre que se cree había sido informante fue asesinado en Ojinaga, unos 300 kilómetros al Sureste de Ciudad Juárez. Guadalupe Humberto González Rojas, de 32 años, fue hallado con las manos y pies atados con cinta industrial; le habían cortado el dedo meñique y lo habían torturado antes de rematarlo con un machete.

Su camioneta, que se había quedado ahí, tenía placas de California, pero el asesinato tenía por todas partes las señales del cártel de Juárez. El meñique faltante era un mensaje: sus asesinos sabían que había sido un soplón.

Hasta ahí, las autoridades no habían encontrado mucha resistencia de los narcos, fueran de la Línea o del grupo de sicarios del Chapo, conocido como los Negros. La mayoría de los asesinatos estaban ocurriendo de noche o en las horas de la madrugada; era poco probable que los patrulleros atraparan a algún sospechoso in fraganti. No se habían ordenado redadas grandes; habían ocurrido pocos tiroteos.

El 7 de diciembre, un equipo de policías estatales se acercó a una caravana de 12 camiones que se dirigía a Ciudad Juárez desde el Oeste.

Los oficiales se alinearon con la caravana y ordenaron a los conductores que se orillaran.

Salieron disparos de los camiones; los policías se cubrieron y llamaron al Ejército.

Los gatilleros se amontonaron en algunos camiones, dejaron los otros y huyeron del sitio. Uno de ellos no logró subirse a tiempo y los policías lo pescaron; estaba armado con una AK-47.

Se creía que los gatilleros trabajaban para Fernando Arámbula, que encabezaba la caravana.

Arámbula era uno de los elementos clave del Chapo. El cártel de Sinaloa ya iba por Ciudad Juárez.

El total de homicidios en la ciudad sumaría 300 en 2007.

El 19 de diciembre de 2007, una mujer fue hallada muerta en la colonia 6 de Enero. La habían bañado en gasolina y quemado viva. Las autoridades no dudaban que se tratara del crimen organizado.

El número de muertes de este tipo era un motivo serio de preocupación, incluso en una ciudad acostumbrada a la muerte y la tragedia. Todos sabían que la Policía municipal no podía hacer mucho por prevenir o investigar las muertes.

Se creía que el JL y la Línea estaban completamente infiltrados en la Policía local.

En general, habían fracasado los esfuerzos previos por arrancar de raíz la corrupción y complicidad de la Policía con los narcos. A veces sólo habían complicado las cosas.

Guillermo Ramírez Peyro nació en 1971. Poco después de salir de la Policía federal de Caminos en 1995, se involucró con el narcotráfico. De acuerdo con su propio testimonio, lo pusieron a cargo del almacenamiento y distribución de grandes envíos de cocaína en Guadalajara.

En 2000, el Bureau of Immigration and Customs Enforcement (ICE, la agencia estadounidense a cargo de inmigración y aduanas), recurrió a Ramírez Peyro: serviría como informante confidencial; se infiltraría en la Policía y en el cártel de Juárez en beneficio del Gobierno de Estados Unidos.

Funcionó durante un tiempo. La información de Ramírez Peyro contribuyó al arresto de varios miembros del cártel de Juárez. Estaban listos para ir tras Heriberto Santillán, un teniente de alto rango de la organización de Juárez.

A principios de 2002 se lanzó la operación Sky High. En conjunto con autoridades mexicanas, la DEA, el FBI y la ICE buscarían desmantelar el cártel de Juárez. Se reunieron en El Paso para discutir la estrategia.

Hubo desconfianza desde el inicio, según acusaciones posteriores. Al parecer, el personal de la ICE creía que sus contrapartes de la DEA estaban demasiado cerca de los mexicanos y que compartían demasiada información en su propio beneficio. Además, estaba la cuestión del papel del informante.

Lalo luego declararía que se había reunido con Miguel Loya Gallegos, un comandante de la Policía estatal de Chihuahua que las autoridades federales creían estaba traficando drogas y matando para el cártel de Juárez. En esa ocasión, Lalo fue enviado a una casa de huéspedes en Ciudad Juárez que el cártel local usaba para secuestros y torturas. Una casa de la muerte.

El plan era encontrarse con un abogado, Fernando Reyes Aguado. Se suponía que también Reyes Aguado, originario de Durango, había estado traficando para el cártel de Juárez. El comandante de Chihuahua, Loya Gallegos, lo quería muerto.

Lalo iba cableado.

Había otros policías en la casa. Luego Lalo testificaría: algunos eran miembros de la Policía federal. Tiraron al abogado al piso. "Comenzó a forcejear con los policías y me pidieron que les ayudara a bajarlo al piso", dijo Lalo. "Trataron de ahorcarlo con una extensión, pero se rompió y les di una bolsa de plástico y se la pusieron en la cabeza y lo asfixiaron. Le pregunté al policía judicial si estaba seguro de que Fernando estaba muerto, y entonces [un policía] tomó una pala y le pegó muchas veces en la cabeza hasta estar seguro de que estaba muerto".

Lalo luego declararía ante un tribunal estadounidense que Santillán le pagó 2,000 dólares por enterrar 12 cuerpos, a lo largo de su relación. En cambio, el Gobierno estadounidense le pagó 220,000 dólares por sus servicios como informante.

Finalmente, las autoridades agarraron a Santillán, quien se declaró culpable de los cargos de narcotráfico después de que Ramírez Peyro testificó en su contra en Texas. Posteriormente hubo más arrestos, hasta 50. Santillán nunca fue juzgado por ninguno de los asesinatos presuntamente cometidos en México.

El caso provocó complicaciones entre las agencias estadounidenses y sus contrapartes mexicanas; también dejaría a Lalo en el limbo.

En 2004, Lalo quedó bajo protección en Estados Unidos, donde había gozado temporalmente de libertad condicional gracias a los servicios prestados a las autoridades. Pero su libertad condicional se venció el 14 de enero de 2005, y ha estado peleando contra la deportación a México, alegando que lo van a matar o a torturar sus antiguos compañeros en la Policía de Ciudad Juárez que siguieron trabajando para el cártel de Juárez.

De acuerdo con una fuente policiaca de Ciudad Juárez, prácticamente todos los policías locales han participado en el narcotráfico en un momento u otro. "Como en todas las Policías [de México], hay buenos y malos", reconoció Jaime Alberto Torres Valadez, vocero del departamento. Pero al menos reconocían el problema: algunos años antes, según Torres Valadez, había ocurrido una "descomposición" de las fuerzas, una "crisis". Pero ahora el Departamento de Policía estaba haciendo esfuerzos extras para fomentar la integridad, dijo. Efectivamente, a finales de 2007 se habían hecho nuevos esfuerzos por limpiar la Policía. Se les ofrecieron paquetes de prestaciones y becas educativas para contrarrestar sus bajos salarios. Mientras que un comandante podía ganar hasta 35,000 pesos al mes, la mayoría de los oficiales apenas alcanzaban un poco menos de 10,000 pesos mensuales.

Torres Valadez consideraba que los nuevos esfuerzos habían logrado "un proceso de depuración de malos elementos". Unos 70 oficiales perdieron su puesto a finales de 2007 por infringir la ley, dijo, mientras que otros renunciaron. También los colegas corruptos fueron señalados. Sin embargo, Torres Valadez reconoció que limpiar una Policía tan visiblemente corrupta no sería tarea fácil: "No es un truco de magia, es un proceso".

El Departamento de Policía también lanzó una campaña de reclutamiento que incluía anuncios espectaculares que se elevaban sobre las calles de Juárez mostrando a un policía enmascarado y lo que parecía un llamado de auxilio:

"Alístate y forma parte de la Policía municipal... ¡Juárez te necesita!"

⍟

## *1 de enero de 2008*

Mía Alvarado Rodríguez ya estaba acomodada en su cama, dormida. Pasaban cinco minutos de la medianoche.

Su padre escuchó un grito. Corrió hacia la recámara que Mía compartía con sus tres hermanos. Estaba de pie, o al menos intentándolo. Por su frente escurría sangre.

La había alcanzado una bala perdida de una AK-47. Mía Alvarado Rodríguez moriría seis días después.

Sólo tenía tres años.

La teoría predominante en Ciudad Juárez a principios de 2008 era que la dirigencia del cártel de Sinaloa había roto completamente sus relaciones con el cártel de Juárez. Aparentemente, el Mayo se había empeñado en negarse a pagar la cuota estándar a la organización de Juárez a cambio del permiso para cruzar drogas por su plaza.

El JL lo interpretó como un acto de guerra.

Sin embargo, los oficiales a cargo de monitorear los hechos reconocían que no estaban cien por ciento seguros de lo que ocurría. Algunos agentes de inteligencia creían que el JL y el cártel de Juárez habían hecho algún tipo de alianza con el cártel del Golfo ante los esfuerzos del cártel de Sinaloa por entrar a Tamaulipas; otros especulaban que las batallas en Ciudad Juárez eran simplemente la continuación de antiguas disputas entre Sinaloa y la organización de los

Carrillo Fuentes, y que la negativa del Mayo a acatar las reglas de Juárez simplemente había inflado las cosas. Todo estaba cambiando, según John Riley, el agente especial de la DEA a cargo de la oficina en El Paso, que vigilaba de cerca las acciones a lo largo de la frontera: "muchas de estas líneas se volvieron borrosas desde el primer día del año. Es extremadamente confuso".

El 28 de enero apareció una lista de nombres pegada al Monumento al Policía Caído. A un lado habían puesto una corona de flores.

> "Para los que no creyeron"
> Cháirez
> Romo
> Baca
> Ledezma
>
> "Para los que siguen sin creer"
> Roman Z1
> Martínez Casas Z4 Aldama
> Adan Prieto Z3 Babícora
> Eduardo Acosta Z4 Chihuahua
> Arvizu Z6 Aldama
> Riojas Z5 Benito Juárez
> Rojas Cuauhtémoc
> Originales Z4 Cuauhtémoc
> Balderas Z3 Aldama
> Villegas Z3 Delicias
> Casimiro Meléndez Chihuahua

Eran oficiales de la Policía municipal de Ciudad Juárez, con sus nombres en clave y sus distritos. Los primeros ya habían sido asesinados. Los otros once estaban en la mira.

Juan Antonio Román García, director de la Policía municipal, encabezaba la lista: Z-1. Se creía que la amenaza era obra de la Línea; al parecer, miembros de las fuerzas policiacas se estaban pasando del lado de la legalidad o los estaba comprando el cártel de Sinaloa. En cualquier caso, a la Línea no le gustaba.

En enero de 2007 hubo 46 homicidios en Ciudad Juárez; en febrero hubo 49.

La guerra entre los cárteles de Sinaloa y de Juárez estaba ocurriendo en las calles. La mayoría de las matanzas eran dirigidas, no tiroteos al azar. Participaban unas 500 bandas, algunas empleadas por el Chapo, otras por Carrillo Fuentes y otras por el JL.

A finales de marzo, Ciudad Juárez estalló. En el lapso de tres días, 21 personas habían sido asesinadas. Otros 45 cuerpos fueron descubiertos en fosas clandestinas detrás de dos casas en la ciudad; se creía que estaban vinculados con el crimen organizado.

Hubo 117 homicidios tan sólo en marzo. La Policía municipal había recibido 600 nuevos agentes y 300 patrullas nuevas, pero no sería suficiente.

"Han llegado".

Un camión con unos 20 soldados conducía por las afueras de Ciudad Juárez. El taxista sonrió al verlos pasar. Estaba agradecido por su presencia.

A finales de marzo, el gabinete de seguridad pública se había reunido en la ciudad de México. Estaba a cargo Juan Camilo Mouriño, el secretario de Gobernación; también estaban presentes el gobernador de Chihuahua José Reyes

Báez Terrazas, así como los presidentes municipales de Juárez y Chihuahua: José Reyes Ferriz y Carlos Marcelino Borruel Baquera.

Se tomó la decisión: la violencia en Ciudad Juárez estaba fuera de control. La ciudad necesitaba apoyo. Todos coincidieron en que se necesitaba el Ejército. Ya había 539 soldados en Ciudad Juárez, pero no era suficiente.

El primer despliegue ocurrió el 27 de marzo: 330 soldados volaron a la ciudad fronteriza en tres aviones Hércules. El sábado, 28 de marzo, cuatro aviones trajeron otros 392. Esos mismos dos días, 977 soldados llegaron a Ciudad Juárez en 173 vehículos.

El 28 de marzo, Mouriño hizo el anuncio oficial. El Ejército enviaría un total de 2,026 hombres; la Policía federal enviaría otros 425; la PGR desplegaría 63 agentes. La Siedo enviaría ocho de sus investigadores; también habría 23 expertos forenses.

El Ejército establecería diez bases móviles alrededor de la ciudad. Al mando del general Felipe de Jesús Espitia Hernández —que en ese momento ya estaba a cargo de la Quinta Zona Militar—, los soldados de estas bases emprenderían misiones de reconocimiento y operaciones de inteligencia en toda la ciudad.

Medina Mora habló en la conferencia de prensa. Dijo que Chihuahua estaba viviendo niveles inusuales de violencia y que el responsable era el crimen organizado: el desafío sería recuperar lo que los criminales habían arrebatado y devolver el territorio a la gente de Chihuahua.

Al cabo de días, los soldados se habían distribuido por la ciudad para restablecer la seguridad. Los residentes, en general, estaban complacidos: "Los delincuentes y la Policía tienen miedo. Nadie está vendiendo drogas en la calle ahora", dijo el residente Julio Bernardo Washington. "Le temen al poder del Estado".

Pero también la Policía le temía al poder del Estado; algunos resentían la presencia del Ejército. Al cabo de algunos días, los soldados ya estaban confiscando armas y realizando exámenes antidopaje a los policías.

Felipe, quien pidió que sólo se publicara su primer nombre, había sido policía por once años. Cada noche, encabezaba el patrullaje de un montón de calles que llevaban hasta las casetas de inmigración del Puente Internacional, una de las principales entradas hacia El Paso, Texas.

Como padre de cuatro, se enorgullecía de su trabajo. No le gustaba que el Ejército se estuviera metiendo en su territorio: "Somos capaces de hacer nuestro trabajo", dijo con aspereza.

Felipe definitivamente no sentía que el Ejército estuviera ayudando: "Tenemos que cuidarnos. Nuestras familias se preocupan a causa del Ejército y el crimen organizado. [Los soldados] nos ponen en riesgo", dijo, explicando que temía que la presencia militar simplemente intensificaría el empeño de los cárteles.

Los soldados y la Policía no estaban trabajando bien juntos, lo cual sólo acrecentaba la animadversión.

"No hay coordinación, sólo fricción", dijo Felipe. "Si hubieran venido a trabajar en coordinación, como dijeron, sería otra cosa".

Felipe y otros policías insistían en que estaban haciendo bien su trabajo y que no necesitaban al Ejército en la ciudad para ayudarles. "Cuando se vaya el Ejército, seguiremos haciendo nuestro trabajo", dijo Felipe mientras terminaba de revisar y acomodar las identificaciones de un grupo de jóvenes que no habían hecho nada, pero que según él estaban gritando y haciendo escándalo en la calle cerca del Puente Internacional.

"[El Ejército] supuestamente vino a apoyarnos, pero no lo parece. Deberían dejar que nos ocupemos de nuestros problemas", dijo otro policía. "Deberían soltar a nuestros compañeros, para que sirvamos a la comunidad... No nos respetan... He estado en las fuerzas por 15 años. Si no hiciera bien mi trabajo, no estaría aquí".

Las quejas acerca del Ejército llegaban un poco más lejos.

Desde el principio de la Operación Conjunta Chihuahua, varios miembros de la Policía municipal de Juárez hicieron eco de las quejas de otros residentes: los soldados estaban abusando de su autoridad.

La Comisión Nacional de los Derechos Humanos (CNDH) comenzó inmediatamente a presionar a la Sedena para que investigara las acusaciones de abuso de civiles por parte del Ejército en Ciudad Juárez. También había acusaciones de que el Ejército había cometido abusos contra la Policía.

## *1 de abril de 2008*

Justo después del amanecer, una patrulla se lanzó por la avenida Manuel Gómez Morín, en el Sureste de Ciudad Juárez, en respuesta a una llamada de emergencia. Se había activado una alarma en una empresa local; el vehículo 513 partió a ver de qué se trataba.

Dos camionetas *pick-up* blancas y un vehículo militar se orillaron.

Los soldados le hicieron señas a los policías para que se orillaran también.

Los policías siguieron conduciendo. Más adelante, un semáforo.

Los soldados abrieron fuego.

Unas 40 rondas de disparos entraron en la patrulla. El oficial de la Policía recibió una bala en la nuca. Fue trasladado a un hospital; sobrevivió.

El Ejército emitió una declaración: los policías llevaban drogas y armas prohibidas; había habido un "enfrentamiento". La Policía municipal respondió: les habían disparado a sus hombres; no había habido provocación.

Al parecer, los dos testigos, los oficiales Arturo Sotelo y Raúl Palacios Campos, se habían fugado; no fue posible encontrarlos ese día.

A las 19:30 del 1 de abril, el Ejército envió helicópteros, tanques y otros vehículos para tomar las instalaciones de la Policía estatal, ubicadas en el Norte de Ciudad Juárez.

Al día siguiente, miembros de la Policía municipal realizaron una manifestación contra la presencia militar y las acusaciones de corrupción policiaca (que los policías consideraban falsas). La tensión estaba por los cielos.

"No somos narcotraficantes, investiguen todo lo que quieran", decían las pancartas de los policías. "No nos oponemos a que nos investiguen", les dijo un grupo de policías a los reporteros reunidos en el lugar, afuera de las instalaciones de Babícora. También estaban presentes sus familias, para exigir que los jefes de Policía apoyaran a sus empleados y no cedieran a lo que percibían como agresión militar.

Hasta entonces, el Ejército había detenido a 14 elementos. No se había revelado información sobre su detención ni sobre las averiguaciones posteriores. Para las familias de los policías, simplemente los habían desaparecido.

Los soldados también enfrentaban desafíos al transitar por las calles de Ciudad Juárez: después de todo, era terreno desconocido. Los residentes se quejaban de que habían hecho llamadas anónimas a la línea militar especial creada desde la llegada del Ejército, pero los soldados no sabían cómo llegar al sitio en cuestión.

Para cuando lo encontraban en sus mapas, era demasiado tarde.

"Tengo su número, y si tengo que llamar, lo haré", dijo otro residente, César Contreras. "Pero si les llamas, no saben dónde ir".

Los soldados también enfrentaban serios peligros por parte de los narcos, que ahora estaban ataviando a sus propios elementos con uniformes militares como medida para humillar al Ejército.

Aun así, pese a las tensiones y percances, la mayoría de los habitantes de Ciudad Juárez seguía agradecida por la presencia militar.

Antes de la llegada del Ejército, denunciar un crimen ponía tu vida en peligro, según el residente Bernardo Washington: "La gente denunciaba a las mafias, narcomenudistas, delincuentes, pero la policía sólo venía a matar a gente por denunciar a otros. Algo pasó cuando llegó el Ejército".

"Siempre hay ocasiones cuando un soldado te extorsiona, pero es raro", dijo Washington, agregando que los soldados lo habían cateado varias veces, pero que no le importaba, porque no tenía nada que ocultar. "En cualquier parte del mundo, el Ejército es un símbolo del poder. La gente aquí tiene confianza en el Ejército, en la institución que es el Ejército", dijo. "Quiero mandar una carta al Presidente Calderón para decirle 'gracias'".

Los tres cuerpos fueron hallados en la colonia Melchor Ocampo, en el centro de Ciudad Juárez, la mañana del

1 de abril. Habían sido torturados. Las cabezas estaban envueltas en bolsas de plástico.

Los dos jóvenes, de 19 y 23 años, iban conduciendo frente a una casa ubicada en la esquina de las calles Simona Barba y Montes de Oca, el 7 de abril, cuando salió un grupo de pistoleros y dispararon. Los dos hombres, supuestos narcotraficantes, murieron al instante.

"Solicitamos estudiantes con pasaporte y visa vigentes para la temporada de vacaciones. Ofrecemos empleo bien pagado".

El anuncio, publicado en varios periódicos locales, incluía un número telefónico. El cártel de Juárez estaba desesperado o estaba alardeando.

No obstante, las autoridades estaban preocupadas. Un policía federal explicó que los narcos ahora buscaban mulas que pudieran desechar fácilmente si las atrapaban; el plan era que cruzaran la frontera con las drogas, y si los agarraban... pues nadie los conocía. Parecía más una medida de desesperación que de alarde.

El Ejército progresaba en Ciudad Juárez. En las primeras dos semanas de abril, los soldados habían arrestado a 148 personas sospechosas de tener nexos con el crimen organizado. Casi todos estaban armados en el momento del arresto. Los soldados habían incautado 6.5 toneladas de marihuana, 109 armas (y casi 9,500 rondas de munición) y 60 vehículos.

Pero Ciudad Juárez no era el único blanco del Ejército. Los soldados se habían desplegado en pueblos vecinos y realizaban redadas en los ranchos aledaños. Se creía que pueblos como Janos, más de 100 kilómetros al suroeste de Ciudad Juárez, estaban en manos del JL y la Línea. Janos apenas tenía unos 2,000 habitantes, pero su ubicación era invaluable: estaba en la intersección entre la carretera a Agua Prieta, la carretera a Ciudad Juárez y la autopista 10, el principal camino hacia el Norte, que alcanzaba y cruzaba Chihuahua.

Los soldados entraron a otros pueblos con ubicaciones estratégicas: Ascensión, Nuevo Casas Grandes y Casas Grandes. Con el reforzamiento de su presencia en Ciudad Juárez sabían que los capos podrían dispersarse por la región y buscar refugios seguros en otras partes.

Así, la pregunta para los narcos era si debían concentrarse —y presionar— en Ciudad Juárez, o responder a la dispersión. Centrarse en Ciudad Juárez tenía sus ventajas: el Ejército podría tratar de desmantelar la plaza —una tarea difícil, pero que rendiría frutos evidentes—, o podría tratar de contener la expansión del cártel de Juárez y la incursión del cártel de Sinaloa atrapando sospechosos e interceptando cargamentos por todo el estado de Chihuahua.

Los generales a cargo llegaron a un acuerdo: buscarían contener la oleada de violencia que había asolado Chihuahua. Ciudad Juárez seguiría siendo una prioridad, pero no sería el único objetivo.

Los generales sabían otra cosa. Habían recibido información de que el cártel de Juárez buscaba una alianza con el cártel del Golfo para repeler la ofensiva sinaloense en Ciudad Juárez. Eso significaba que la violencia en Chihuahua aumentaría en lugar de disminuir.

El Ejército pondría a Ciudad Juárez en cuarentena, con 46 retenes alrededor de la ciudad para vigilar el tráfico de entrada y de salida.

"Estamos preparados para enfrentar cualquier situación", dijo Edgar Isaac Ramírez, el capitán primero de infantería diplomado de Estado Mayor. "Sabemos que en esta lucha no estamos solos, nos respaldan las autoridades federales y eso nos da confianza y seguridad para lograr el objetivo de acabar con la violencia en esta entidad".

"La batalla será dura, pero saldremos adelante".

# Capítulo 6

## LA GUERRA EN SINALOA

EL 13 DE MAYO DE 2007, autoridades estadounidenses incautaron aproximadamente nueve kilos de heroína en Berwyn, Illinois. Berwyn es pequeño —tiene unos 50,000 habitantes—, pero forma parte de los suburbios de Chicago, a sólo 12 kilómetros del centro de esta ciudad.

Además de la heroína, las autoridades incautaron alrededor de 1.1 millones de dólares en efectivo.

Las autoridades creían que dos hermanos residentes en Chicago, Pedro y Margarito Flores, le habían comprado la heroína a Arturo y Alfredo Beltrán Leyva, los capos del cártel de los Beltrán Leyva, que operaba bajo el paraguas de la Federación y bajo las órdenes del Chapo.

El arreglo entre los hermanos Flores —también conocidos por las autoridades como el equipo Flores— y los Beltrán Leyva parecía ser diferente a la mayoría de los que habían encontrado las autoridades recientemente. En lugar de intercambiar dinero por sus servicios en el momento en que las drogas estaban en sus manos, los hermanos Beltrán Leyva querían asegurar una distribución ágil de su producto. Como resultado, los hermanos Flores al parecer sólo recibirían su pago cuando hubieran logrado vender la mercancía en Chicago.

Era un arreglo parecido al de los colombianos con sus contrapartes mexicanas en la década de 1980; los hermanos Beltrán Leyva no confiaban particularmente en el equipo Flores.

Aparentemente, los hermanos Flores estaban muy bien conectados, mejor que la mayoría de los narcotraficantes en Estados Unidos. Su red se extendía por todo el Midwest hasta Milwaukee, y se dice que tenían contactos en Los Ángeles y Nueva York.

Los analistas del National Drug Intelligence Center (Centro Nacional de Inteligencia sobre Narcóticos de Estados Unidos) calculan que miembros o afiliados al cártel de Sinaloa operan en al menos 75 ciudades de Estados Unidos, el cártel del Golfo/los Zetas en al menos 37 ciudades, el cártel de Juárez en al menos 33 ciudades, la organización de los Beltrán Leyva en al menos 30 ciudades, la Familia en al menos 27 ciudades y el cártel de Tijuana por lo menos en 21 ciudades.

Pero Chicago es única.

El negocio de las drogas en Chicago arrancó en la década de 1950 al mando de Larry Hoover y sus Gangster Disciples: 30,000 seguidores leales, de corte militar y a menudo armados.

Hoover instaba a sus seguidores a que no recurrieran a la violencia: "Es tiempo de que vayamos a la escuela, aprendamos oficios y desarrollemos todos nuestros talentos y habilidades, para que nos volvamos más fuertes en la sociedad. No podemos esperar a que el sistema nos enseñe, debemos encargarnos nosotros mismos de aprender todo lo que podamos acerca de este mundo. No debemos tener miedo de cambiar y crecer. Nosotros, como Organización, no nos vamos a quedar quietos y a dejarnos morir".

La retórica de Hoover, considerando que él y su organización estaban comerciando con cocaína, era parecida a la de la Familia. Finalmente, Hoover fue declarado culpable de narcotráfico; está cumpliendo seis cadenas perpetuas en Terre Haute, Indiana.

Alguien tenía que relevarlo.

Durante las décadas de 1920 y 1930, los inmigrantes mexicanos habían llegado en bandadas a Chicago; crearon barrios como Pilsen y La Villita.

Las autoridades creen que Chicago, con su gran comunidad hispana, que incluye cerca de un millón de latinos, es la única ciudad de Estados Unidos con representantes de todas las organizaciones narcotraficantes de México: el cártel de Sinaloa, el cártel del Golfo, el cártel de Juárez, la Familia, los Zetas y la organización de los Arellano Félix. De la ciudad salen autopistas en todas direcciones: acceso fácil y rápido hacia otros nichos de distribución, por no mencionar los mercados de consumo en las costas Este y Oeste y en todo el Midwest. "Lo mismo que muchas corporaciones legítimas, las organizaciones narcotraficantes usan Chicago como punto tanto de distribución como de transferencia para sus productos", dice Stephen A. Luzinski, agente especial interino de la DEA en Chicago. "El acceso ilimitado a distintos medios de transporte, así como la enorme y diversa población con una base consumidora ya establecida, hace de Chicago una ubicación ideal como centro de negocios".

Se dice que los hermanos Flores entraron al negocio por un encargo oficial del cártel de Sinaloa en 2005. Según las autoridades, eran responsables de recibir y distribuir entre 1,500 y 2,000 kilos de cocaína al mes; supuestamente, también se encargaban de distribuir heroína en cantidades de varios kilos.

Los hermanos Flores crecieron rápido: se dice que al cabo de meses, ya se encargaban de grandes cargamentos que entraban a Los Ángeles y a Chicago. También se supone que transportaban drogas desde su origen —en este caso, Sinaloa— en camiones propiedad de sus propios empleados.

De acuerdo con las autoridades, los hermanos Flores trabajaban para los hermanos Beltrán Leyva. Pero hasta finales de 2007, los hermanos Beltrán Leyva aún estaban al servicio de los capos del cártel de Sinaloa: el Chapo, el Mayo y el Azul.

Los capos de Sinaloa tenían sus dudas acerca de la lealtad de los hermanos Flores. ¿Se les podían confiar cantidades tan grandes de drogas? ¿Se podía confiar en ellos sin estar vigilándolos? ¿Se podía confiar en ellos lo suficiente para establecer un nuevo acuerdo, uno que no requiriera vigilancia ni garantía de distribución antes del pago?

Al parecer, el Chapo consideraba que se podía confiar en los hermanos Flores. Siempre había hecho buenos cálculos, siempre había sido bueno para leer a los posibles aliados y adversarios. Podía confiar en los hermanos Flores.

Pero los hermanos Beltrán Leyva no parecían estar de acuerdo. Habían trabajado más de cerca con los hermanos Flores. No estaba claro que fueran de fiar.

Hacia finales de 2007 comenzaron a bullir las tensiones entre los hermanos Beltrán Leyva y su jefe, el Chapo. La cosa estaba que ardía: el general Noé Sandoval Alcázar había asumido el mando de la Novena Zona Militar en Culiacán y había jurado ir tras el Chapo y su familia, tal como lo había jurado en su momento el general Hidalgo Eddy.

La violencia vinculada con el narco se había ido saliendo de control imperceptiblemente. Octubre de 2007 había sido el mes más sangriento en la historia de Sinaloa, con 76 homicidios. Los panteones estaban a reventar: en los siete cementerios públicos de Culiacán ya había 27,013 tumbas. "Son los mismos panteones, nada más que tienen más cuerpos", dijo Gildardo Rubén Báez, el funcionario a cargo de los cementerios.

La gente de Sinaloa comenzaba a preguntarse si había algo en su naturaleza que los volvía más violentos que a los demás mexicanos.

El 1 de enero de 2007, una niña de dos años llamada Idania Veysabebh López estaba jugando con sus hermanos y primos en el patio de su abuela, en la colonia Buenos Aires —conocida por la presencia de narcos—, en el Sur de la ciudad.

Cuando sus padres los llamaron, los niños entraron corriendo a la casa. La pequeña Idania se quedó atrás. Una bala perdida le había dado en la cabeza. Moriría en el hospital.

Durante todo 2007 quedaría claro que nadie era intocable en Sinaloa. Las mujeres fueron blanco como nunca antes; a finales de ese año, el guardaespaldas del gobernador fue hallado muerto en un lote baldío de Culiacán.

El crimen organizado fue responsable de la mayor parte de los asesinatos de 2007, pero seguía sin quedar claro exactamente por qué había tanto derramamiento de sangre. Algunos locales lo atribuían a las diferencias entre el Chapo y los hermanos Beltrán Leyva. Al parecer, la Federación no estaba trabajando como unidad; mientras que el Chapo, el Mayo y el Azul estaban siendo precavidos, manteniéndose en la sierra en medio de la presión militar, Alfredo y Arturo Beltrán Leyva estaban llamando la atención. El Mochomo y el Barbas, como los apodaban respectivamente, organizaban reventones en Culiacán. A menudo estaban drogados o borrachos, según testimonios posteriores de testigos fiables. Con frecuencia se veía a policías corruptos salir de sus distintas casas en Culiacán, lo cual despertaba sospechas.

El Chapo había estado montando su propia ofensiva contra la presencia militar. Según las autoridades, el Chapo y Víctor Cázares Gastelum —un supuesto lavador de dinero para el cártel de Sinaloa e influyente empresario en Culiacán— le habían pagado a 3,000 habitantes de la Sierra Madre Occidental para que bajaran en masa a Culiacán a finales de noviembre de 2007; les pagarían entre 500 y 2,000 pesos por protestar contra la presencia del Ejército.

Al parecer, el Chapo ya no confiaba en los hermanos Beltrán Leyva, al menos no como en el pasado. Y no estaban llegando a ningún lado con su pleito por los hermanos Flores. Los Beltrán Leyva seguían sin confiar en su equipo de Chicago; el Chapo, aparentemente, sí. Ambas partes estaban haciendo tratos con los hermanos Flores, directamente pero por separado.

En ciudades como Culiacán, Los Mochis y Navolato, las bandas de base que trabajaban afiliadas a los Beltrán Leyva estaban peleándose el territorio con las que operaban en nombre del Chapo. La Federación se estaba desmoronando.

El 21 de enero de 2008 se hizo oficial la división. A las tres de la madrugada, 300 soldados rodearon una casa ubicada en Avenida Juan de la Barrera 1978, entre Burócratas y Abogados, en la colonia Burócratas, en la zona noroeste de Culiacán.

Habían recibido el pitazo de que adentro había un sospechoso importante. Allanaron la casa. No hubo informes de que se respondieran los disparos. Ya tenían bajo custodia a Alfredo Beltrán Leyva, alias el Mochomo.

Todo Culiacán estaba agitado por la noticia. El consenso: el Chapo se había volteado contra su antiguo aliado porque sus jueguitos se habían salido de control. Algunas autoridades calculaban que los hermanos Flores también estaban en la raíz del conflicto.

Las autoridades aclamaron la captura del Mochomo como prueba de la cooperación entre las fuerzas municipales, estatales y federales.

Pero la captura del capo pronto provocaría la erupción de la plaza de Culiacán. Hubo 48 homicidios en enero, 39 en febrero, 78 en marzo y 61 en abril.

## *8 de mayo de 2008*

Dos *Édgares* muertos.

Édgar Millán Gómez, el comandante de la Policía federal que había perseguido a los hermanos Beltrán Leyva, fue baleado en uno de los apartamentos que usaba en la ciudad de México. Casi había atrapado a Arturo Beltrán Leyva ese mismo día, cerca de Cuernavaca. El Barbas había huido tras una balacera.

Édgar Guzmán López, el hijo de 22 años del Chapo, estaba caminando hacia su vehículo en el estacionamiento del centro comercial City Club en Culiacán. Eran las 20:30, tres vehículos se le acercaron; más de una docena de hombres le apuntó a Édgar. Dispararon. El hijo del Chapo estaba muerto.

Ambos asesinatos rompían el código de los cárteles. Rara vez mataban a un comandante de la Policía; el modus operandi de los cárteles mexicanos siempre había sido comprar a los policías cuando fuera posible. Millán Gómez simplemente se había acercado demasiado a atrapar a un Beltrán Leyva; incluso había rumores de que en realidad había recibido dinero y luego había roto su promesa de concederle inmunidad a la organización de los Beltrán Leyva.

El asesinato de Édgar Guzmán López, en cambio, sólo podía significar una cosa: los hermanos Beltrán Leyva le habían declarado oficialmente la guerra al Chapo. Ya no era un simple desacuerdo: habían asesinado a un miembro de la Familia, al heredero del imperio.

Hubo 116 homicidios en Sinaloa en mayo de 2008. En la semana del 8 de mayo, 14 policías fueron asesinados en el estado. Aparecieron narcomantas que acusaban al Mayo de ordenar el asesinato de Édgar Guzmán López, pero fueron descalificadas como ardides de los aliados de los Beltrán Leyva para confundir la responsabilidad.

Se calculaba que el Chapo estaba reevaluando sus operaciones. Con los hermanos Beltrán Leyva fuera de la jugada, había perdido aliados clave: se habían encargado de gran parte de la corrupción burocrática, de seleccionar y preparar a los informantes y de contratar elementos extranjeros, como los hermanos Flores.

El Chapo necesitaba fortalecer su red, a riesgo de perderlo todo. De acuerdo con el Department of Justice Indictments (el Departamento de Procesos Penales de Estados Unidos), Margarito Flores fue convocado a la sierra de Sinaloa en octubre de 2008 para reunirse con el Chapo, Ismael Zambada García (el hijo del Mayo) y otros miembros de alto rango del cártel de Sinaloa.

Las autoridades creen que ambos hermanos Flores ya habían estado en Sinaloa y que también se habían reunido con la dirigencia del cártel.

Según los registros estadounidenses de procesos penales, antes de mayo de 2005 "los hermanos Flores recibían cocaína y heroína del cártel de Sinaloa, pero de miembros de menor rango y de asociados al cártel". Quizá de los hermanos Beltrán Leyva, que en ese momento no estaban a la misma altura de jefes como el Chapo.

Las autoridades creen que en mayo de 2005, los hermanos Flores ya habían sido invitados a Culiacán, donde se reunieron con el Mayo Zambada García, Juan Guzmán Rocha (un pariente del Chapo), Germán Olivares, Vicente Zambada Niebla, Tomás Arévalo Rentería y varios guardaespaldas y otros miembros del cártel de Sinaloa.

Al parecer, los hermanos Flores estaban en deuda con el Mayo por tratos previos con miembros del cártel. Acordaron saldar la deuda.

Tuvieron más reuniones durante su estancia en Culiacán, y se dice que los hermanos Flores negociaron un nuevo arreglo para distribuir la cocaína y heroína del Mayo y de su "facción" del cártel de Sinaloa.

Según las autoridades, el Chapo no había estado presente en esa reunión; ahora quería conocer a los hermanos de Chicago.

Según testimonios, los hermanos Flores volaron desde una pista cerca de Culiacán hasta un complejo en la sierra para reunirse con el Chapo. Se dice que en el complejo, el Chapo les dijo que respetaría el mismo acuerdo que su colega, el Mayo. Uno de sus lugartenientes se encargaría de la logística de enviar la cocaína hasta Chicago; también se encargaría de recoger el pago tras la venta de la mercancía.

De acuerdo con las autoridades, poco después de esas reuniones en Sinaloa, los hermanos Flores comenzaron a recibir envíos regulares del Chapo, el Mayo y su hijo Vicente. Los envíos contenían cientos de kilos de cocaína y llegaban una vez a la semana, según los testimonios. Las autoridades afirman que el cártel de Sinaloa se encargaba de que el producto llegara sin problemas hasta Chicago; a partir de ahí, los hermanos Flores se encargaban de su distribución.

Ocasionalmente, según las autoridades, los hermanos Flores se encargaban del producto en Los Ángeles, un punto de transferencia para la mercancía.

Parece ser que el arreglo cambió entre 2005 y 2007, cuando comenzaron a surgir dudas sobre la fiabilidad de los hermanos Flores. A veces, Zambada Niebla confiaba a los trabajadores de los hermanos Flores la tarea de descargar tráileres completos de cocaína y heroína; se supone que en junio de 2005 incluso les informó directamente de ese hecho.

Sin embargo, la desconfianza siguió siendo profunda. Cuando policías estatales de Illinois incautaron 398 kilos de cocaína tras una inspección de rutina de un camión cerca de la ciudad de Bloomington, se dice que Zambada Niebla les pidió a los hermanos Flores que le mostraran los registros judiciales para probar que la carga había sido incautada. Los mostraron y Zambada Niebla los dejó en paz.

La relación continuó.

Según las autoridades estadounidenses, los hermanos Flores recolectaban en dólares las ganancias por la venta de la droga y las enviaban "a granel" a México. Escondían el dinero en compartimientos ocultos en vehículos y en los techos de tráileres, hasta llegar a casas de seguridad en Los Ángeles y Chicago. Mensajeros del cártel de Sinaloa establecidos en ambas ciudades luego llevaban el dinero a las sedes del cártel en México. Al parecer, confiaban en los hermanos Flores lo suficiente como para encargarles que supervisaran a los mensajeros y las casas de seguridad para garantizar que las cuentas estuvieran bien y que no se perdiera dinero camino a México.

Se supone que el Chapo y sus aliados también aceptaban venderles a los hermanos Flores cantidades importantes de drogas "mucho antes de que los envíos llegaran a México", según registros judiciales. Al parecer, se estaba gestando con los hermanos Flores un arreglo equivalente al que habían hecho los colombianos con sus contrapartes mexicanas en la década de 1990. En cuanto los hermanos Flores hicieran su compra, se les informaría cómo avanzaba su envío a medida que se acercaba a las costas de México. Se dice que los hermanos Flores recibían información clave: fechas y horarios de los envíos marítimos e incluso los medios usados para traer la mercancía desde Colombia, que según las autoridades incluían "lanchas rápidas, submarinos y semisumergibles, barcos de pesca y carga, y otros medios". Y al menos en algunas ocasiones, el propio Chapo invitó a los hermanos Flores a inspeccionar los envíos a su llegada a México, según las autoridades.

Se dice que los hermanos Flores fueron conociendo todos los recovecos del narcotráfico latinoamericano. Supieron cómo se estaban usando 747 aviones de carga para importar grandes cantidades de cocaína a México; conocieron los detalles de cómo se utilizaban vehículos terrestres para desplazar las drogas por México; conocieron la historia de los túneles en la frontera entre México y Estados Unidos, iniciados por el Chapo y su equipo a principios de la década de 1990.

Al parecer, tras el rompimiento con los hermanos Beltrán Leyva, el Chapo consideró que su relación con los hermanos Flores había alcanzado un nivel suficiente para mantenerla.

Supuestamente volvió a invitar a Margarito Flores a Sinaloa a finales de octubre de 2008.

Llevaron al hermano Flores en avioneta desde una pista en las afueras de Culiacán hasta la sierra de Sinaloa; se dirigían al mismo complejo donde Margarito había conocido por primera vez al Chapo.

El capo mayor no estaba presente. Se dice que Margarito Flores habló en cambio con el Mayo y su hijo y que discutieron los futuros envíos de droga. Negociaron el precio por kilo al que los hermanos Flores podían vender la heroína. Luego se supone que el Mayo preguntó si el equipo Flores estaría dispuesto a trabajar con un socio en Estados

Unidos, identificado por las autoridades como Felipe LNU (Last Name Unknown —apellido desconocido).

Al parecer, Margarito dijo que sí y acordó comprar 13 kilos de heroína por 715,000 dólares. También discutieron la venta de marihuana; Zambada Niebla quería venderles a los hermanos Flores entre diez y 15 toneladas al mes, incluso a pesar de que el equipo con sede en Chicago no tenía una base establecida de compradores.

Podían seguir confiando en los hermanos Flores.

El último día de la reunión, según las autoridades, se le informó a Flores que el Chapo quería verlo. El jefe mayor había llegado al complejo.

El Chapo, el Mayo y Vicente Zambada Niebla participaron en la reunión con Margarito Flores, según muestran los documentos judiciales. Al parecer, hablaron sobre la detención de Jesús Zambada García, el hermano del Mayo, también conocido como el Rey Zambada.

El Rey había sido arrestado tras una balacera con agentes federales en el Norte de la ciudad de México el 20 de octubre de 2008. Habían caído otros quince junto con él, entre ellos el hermano del Rey, su sobrino, dos oficiales de policía en activo y tres ex policías.

Las autoridades creían que el Rey era uno de los cerebros detrás del cártel de Sinaloa: suponían que había participado en el asesinato de Édgar Millán Gómez, actuando en colusión con los hermanos Beltrán Leyva. Se le consideraba uno de los cuatro miembros principales del cártel de Sinaloa (junto con el Chapo, el Mayo e Ignacio Coronel Villareal), a cargo de las operaciones en la ciudad de México y en los estados del Centro y Sur del país; también se creía que había planeado y operado el 15 de febrero de 2008 un atentado con bomba para matar al jefe de Policía Julio César Sánchez Amaya.

Las autoridades sostenían que a principios de ese año, el Rey, bajo el nombre falso de Jossac, se había refugiado en la habitación 2002 del Hotel Aranjuez de Calzada de Tlalpan, en el Sur de la ciudad de México. Sostenían que ahí, junto con varios cómplices, habían elaborado el plan para matar al comandante de la Policía.

La detención del Rey había sido un duro golpe de realidad para el Chapo y su círculo cercano.

"Este Gobierno está dejando que los gringos hagan lo que quieran", se supone que dijo el Mayo en el complejo de la sierra. "Sólo falta que traten de extraditarlo".

Al parecer el Chapo intervino: "Es demasiado pronto para eso, va a tomar mucho tiempo".

Y agregó: "Nos están chingando por todos lados, ¿qué vamos a hacer?"

El Mayo, según los registros judiciales, respondió: "Estaría bueno mandarles a los gringos un mensaje. Lo que sea que hagamos, hay que hacerlo en el territorio de alguien más, en el humo [la ciudad de México, que en ese momento estaba bajo el control de la organización de los Beltrán Leyva]".

"Sí, estaría bien echar mucho humo", dijo el Chapo, según el testimonio. "Al menos vamos a sacar algo bueno de eso y Arturo [Beltrán Leyva] las va a pagar. Que sea un edificio de gobierno, no importa de quién. Una embajada o un consulado, algún medio de comunicación, o un canal de tele".

Se cree que los capos sinaloenses estaban tramando un ataque en suelo mexicano; también entró en el panorama la posibilidad de un ataque a intereses extranjeros.

Zambada Niebla, el más joven de los capos presentes, con sólo 32 años en ese momento, le dijo a Flores: "Tú conoces a algunos que vienen regresando de la guerra. Consíguete a alguien que te dé armas potentes, chingaderas gringas. No queremos armas de Medio Oriente ni asiáticas, queremos armas gringas grandes o RPGS [lanzagranadas con cohete propulsor]".

"Ya sabes de qué estoy hablando. No necesitamos una, necesitamos muchas, 20, 30, muchas".

Supuestamente, Flores respondió: "Veré qué puedo hacer".

El Chapo volteó y le dijo: "Encárgate de eso".

Flores se preparó para irse, pero al parecer el Mayo quiso asegurarse de que había entendido el mensaje: "Asegúrate que se haga todo lo que hablamos, los cohetes..."

El mensaje no podía haber quedado más claro, pero aparentemente Zambada Niebla quería quedar completamente seguro. Todavía en la pista, ya para partir, le insistió: "No necesitamos pendejaditas, quiero volar edificios. Tenemos muchas granadas, tenemos muchas calibre 50, estamos hartos de las *akas*. Tú te portas bien conmigo. Si quieres portarte muy bien conmigo, consígueme mis chingaderas, mis armas. A la chingada el dinero, a la chingada las drogas, quiero volar algunas madres. Quiero unas bazucas, unas lanzagranadas".

El cártel de Sinaloa sabía que podía contar con que Flores cumpliría.

⍟

Aun así, cuando Margarito regresó a Chicago, siguieron presionándolo.

El 15 de noviembre, Pedro Flores habló por teléfono con Juan Guzmán Rocha, que las autoridades creían era hijo o sobrino del Chapo. También se creía que Guzmán Rocha era jefe de la plaza de Culiacán, a cargo del flujo de drogas por Culiacán. Se creía además que Juancho, como se le conocía también, se encargaba de pasar a Estados Unidos cantidades grandes, de muchos kilos, de cocaína y heroína, así como de llevarle al Chapo y a su círculo interno lo que se conocía como "cantidades a granel" de dólares.

Hablaron sobre los envíos recientes de heroína que habían recibido los hermanos Flores: uno de Zambada García, Zambada Niebla y Felipe LNU, y el otro del Chapo y Guzmán Salazar. Flores le dijo a Guzmán Rocha que la heroína de los Zambada era de mala calidad. "¿Cuánto te dio mi tío [el Mayo]?", preguntó Guzmán Rocha. "Creo que me dio diez… No, trece [kilos]. La cosa es que, la verdad, la verdad entre nos, es que no era muy buena. Mejor la de tu jefe".

Guzmán Rocha pareció sorprenderse: "Oh, ¿mejor la de mi jefe?"

Guzmán Rocha insistió en que Flores le dijera al Mayo sobre la mala calidad de la heroína; si Flores no decía nada, se la seguirían enviando así. Sería un mal negocio. Guzmán Rocha insistió en que Flores le dijera la verdad al Mayo: "La señora se enoja [si] no le dicen la verdad [en el] momento. Si van y se quejan después, eso es [lo que le molesta]… mientras sea en el momento".

Guzmán Rocha le dijo a Flores que iba a llamar a Zambada Niebla de inmediato para decirle que la heroína no era lo suficientemente buena. Flores estuvo de acuerdo y luego le preguntó a Guzmán Rocha si podía ver con su papá para que bajaran a 5,000 dólares el precio de su heroína. Entonces Guzmán Rocha quiso saber sobre las conexiones de Flores: ¿quién del círculo interno le había dado la información para contactar al Chapo directamente? Flores respondió que había hablado con Alfredillo (Alfredo Guzmán Salazar, uno de los hijos del Chapo); él le había dado a Alfredillo un número para que el Chapo se pusiera en contacto con el equipo Flores. Flores estaba ansioso por llegar a un nuevo trato con el Chapo.

Guzmán Rocha le dijo que tuviera paciencia: "[El Chapo] no te va a llamar ahorita… no hasta mañana".

El Chapo hizo lo que prometió Guzmán Rocha: llamó a Pedro Flores el día siguiente.

Chapo: Hola.
Pedro Flores: Hola.
Chapo: ¡Mi amigo!
Flores: ¿Quihubo, cómo estás?
Chapo: Bien, bien. Qué bueno hablar contigo. ¿Cómo está tu hermano?
Flores: Todos bien. Lástima que no pude verte el otro día [en la reunión en la sierra].
Chapo: Oh….
Flores: Fue mi hermano.
Chapo: Ah, pero aquí estoy a tu servicio, ya lo sabes.
Flores: Sí, todo está bien. Qué bueno hablar contigo. Oye, mira, te molesto por lo que supe el otro día de por allá. Tengo el cheque listo. No estoy seguro si… Quiero pedirte un favor.
Chapo: Dime.
Flores: ¿Crees que podríamos arreglar algo para que me deduzcas cinco pesos [bajarle $5,000 al precio por kilo de heroína]?
Chapo: ¿En cuánto quedamos?
Flores: Me la están dando en 55 [$55,000 por kilo de heroína].
Chapo: ¿De a cómo la vas a pagar?
Flores: Bueno, si me haces favor, pago 50, tengo el cheque listo [si se baja el precio a $50,000 por kilo, los hermanos Flores pueden hacer el pago de inmediato].
Chapo: ¿Tienes el dinero?
Flores: Si me los das con la diferencia de 5, te puedo pagar luego, luego. Y si quieres mandarme más, bueno…
Chapo: Sale, pues. ¿Cuánto te dieron?
Flores: Me dieron 20 [20 kilos de heroína].

Chapo: ¿Cuánto?
Flores: 20.
Chapo: Sale, pues, recojo el dinero mañana, sale.
Flores: ¿Sí?
Chapo: Ese precio está bien.
Flores: Okey, pues, de veras te lo agradezco. Es que... el otro hombre me dio algo que no resultó muy bueno y tengo que emparejarlo.
Chapo: ¡Oye! ¿Tienes manera de traerte el dinero para acá?
Flores: ¿Para acá? Sí, claro.
Chapo: Sale, entonces, ¿me lo vas a dar aquí?
Flores: Sí, dame... Si me das un par de días y... lo tengo aquí. O mejor, tengo un cheque que está en camino. Si quieres en cuanto lo tenga te adelanto algo... cuando lo tenga. Tenía como 400 [$400,000].
Chapo: Mira, mira, aguántame. Voy a hablar con alguien ahorita. A lo mejor alguien pueda recoger el dinero por allá.
Flores: Sí.
Chapo: Te vuelvo a llamar. Aguántame.
Flores: Okey, okey.
Chapo: Te llamo.

Otra llamada, un poco después.

Chapo: Mi amigo.
Flores: Disculpa, pero sólo quería preguntarte. Sólo me quedan 3 [3 kilos de heroína del envío de 20 kilos]. ¿Cuándo crees que podríamos volver a recibir?
Chapo: ¿Ah, chingados? Creí que sólo se podían deshacer de un poquito.
Flores: La neta es que éstas salieron muy pinche buenas, para qué mentir.
Chapo: ¿Cuánto puedes sacar por mes?

> Flores: Si... si quieres... si salen igual, unos 40 [los hermanos Flores pueden distribuir 40 kilos de heroína al mes].
> Chapo: Ah, muy bien. Oye, ¿alguien más te ha mandado? Porque este tipo me dijo que te iba a mandar.
> Flores: Sí, pero lo que mandaron no era bueno. No se compara con lo que tú tenías.
> Chapo: Sale, lo mando, pues. Entonces...
> Flores: Pero, ¿crees que tengan por ahí otros siete que me puedan dar [otros siete kilos disponibles para recoger inmediatamente en Chicago]?
> Chapo: Mmmm... Te lo mando de esta semana a la otra.
> Flores: Okey, de favor. Muchas gracias.
> Chapo: Sale.
> Flores: Ya es algo. Okey, sale.

Siguió otra conversación, esta vez entre Pedro Flores y Alfredo Guzmán Salazar, el hijo del Chapo.

> Flores: Los [la heroína] de ayer salieron muy buenos.
> Guzmán Salazar: ¿Cuáles dices?
> Flores: Los veinte [20 kilos de heroína]... Justo ahorita le estaba diciendo a tu jefe [el Chapo] que... para ver si tendrían chance de mandarme otros cinco [5 kilos adicionales de heroína]. No sé si los tengan. Es que voy a depositar el cheque de ésos mañana... Fíjate si tienen otros cinco y avísame.

El 22 de noviembre, Margarito Flores llamó a Felipe LNU, aparentemente para arreglar el pago de los 13 kilos de heroína. Poco después de hacer el pago hubo otra conversación. El mensajero de Felipe, encargado de recibir el pago ($715,000) creía que lo habían seguido, quizá agentes judiciales.

Flores: Nomás estoy checando a tu hombre. Me tenían preocupado. ¿Todo bien?
Felipe LNU: Sí, dicen que están bien por ahora… Dijo que ya está en su casa y dice que vio cosas que no le gustaron para nada… Iban atrás de él dos vehículos que no parecían normales… Esos dos vehículos no se apartaban del otro, hasta que tuvo que perderlos en chinga… ¿Tu hombre está bien?
Flores: Sí, ya lo mandé a hacer otros mandados.
Felipe LNU: Sale, esperemos que todo esté bien.

El 28 de noviembre, Margarito Flores hizo otra llamada a Sinaloa; esta vez habló con Vicente Zambada Niebla y con Juan Guzmán Rocha.

Guzmán Rocha: ¡Hey!
Flores: ¿Quihubo? ¿Está contigo ese tipo [Zambada Niebla] o no? Déjame hablar con él.
Guzmán Rocha: Sí.
Zambada Niebla: ¡Hey!
Flores: ¿Quihubo? ¿Ya no me quieres hablar, o qué?
Zambada Niebla: Bueno, sí, pero, ¿qué pasa?
Flores: Nada. Te hablo nomás para avisarte de tu amigo.
Zambada Niebla: ¿Qué amigo?
Flores: El tipo que me presentaste.
Zambada Niebla: Ah, chingados… ¿Cuál, güey?
Flores: Ya sabes. Ese día que estábamos allá [en el complejo en la sierra]. El que me pediste que le hiciera un favor.
Zambada Niebla: Hmm… ¿Cuál, cuál, güey?
Flores: ¿Te acuerdas de Felipe?
Zambada Niebla: Felipe. ¿Qué pasó con Felipe?
Flores: Como que se enfadó porque le dije que no eran nada buenos [los 13 kilos de heroína eran de mala calidad]. Sólo

dile que estoy al pendiente. No quiero quedar mal contigo o con "la señora" [el apodo del Mayo].
Zambada Niebla: ¿Cuándo hablaste con él?
Flores: La otra vez que… que yo…
Zambada Niebla: ¿No has hablado con él?
Flores: … que le di el cheque [por la heroína]. Traté de hablarle pero tenía los aparatos [teléfono/radio] apagados.
Zambada Niebla: Ha de andar fuera.
Flores: Sólo quería avisarte.
Zambada Niebla: Pero… pero… ¿le pagaste?
Flores: Sí, pero no es que… bueno… no es que quisiera… pero le dije…
Zambada Niebla: ¿Ajá?
Flores: Que en cuanto estuviera arreglado y que me llamara en cuanto tuviera algo. Pero estaba preocupado de que te enfadaras o algo, ¿ya sabes?
Zambada Niebla: No, yo no.
Flores: Okey.
Zambada Niebla: No hay problema.

Otra conversación, poco después.

Margarito Flores: Oye, ¿te acuerdas de lo que platicamos, de los juguetes [lanzagranadas con cohete]?
Zambada Niebla: Sí.
Flores: Está bien. Tengo a alguien que acaba de salir del servicio [militar de Estados Unidos] y dijo que me puede conectar [proveer las armas], pero van a costar el doble, ¿sale?
Zambada Niebla: Sale, tú avísame.
Flores: Okey, son de las que me dijiste. Me dijo: te puedo conseguir 20, 30 seguro [el soldado puede conseguir entre 20 y 30 de las armas que pidió Zambada Niebla].
Zambada Niebla: Sale.

Flores: Son exactamente de las que me dijiste, él me las puede fabricar. Porque de todos modos se va a venir para acá [el soldado se va a mudar a México, de modo que está dispuesto a vender armas]. Así que lo que consiga, va a ser el doble [va a costar el doble].
Zambada Niebla: Sale.
Flores: Sólo dile a este tipo [Zambada García] que de favor me acepte la entrega ahí [que el cártel de Sinaloa reciba las armas en Estados Unidos].
Zambada Niebla: Sí, le digo y las recibe [Zambada García aceptará la entrega de las armas en Estados Unidos].
Flores: Okey, entonces ya estamos.
Zambada Niebla: Sale.
Flores: Okey, nos hablamos cualquier cosa. Saludos a todos.
Zambada Niebla: Sale, pues.
Flores: Sale.

Ese mes, noviembre de 2008, los hermanos Flores presuntamente acordaron comprar alrededor de 574 kilos de cocaína del cártel de Sinaloa; su principal contacto era Guzmán Rocha. Al recibir la cocaína, Guzmán Rocha les ordenó a los hermanos Flores que le pagaran $5, 850, 000 al cártel de Sinaloa. Hacia finales del mes, Pedro Flores y Guzmán Rocha intercambiaron mensajes de texto, discutiendo la deuda pendiente de los hermanos. Flores escribió en un mensaje que los $5, 850, 000 iban en camino, en 212 paquetes individuales con dólares en distintas denominaciones hacia Guzmán Rocha y el cártel de Sinaloa. Guzmán Rocha respondió que dejaran de enviar billetes de uno y de cinco dólares al cártel, porque eran extremadamente difíciles de cambiar en México.

Los $5, 850, 000 nunca llegaron a Sinaloa.

El 13 de noviembre, autoridades estadounidenses habían incautado unos 20 kilos de heroína en Northlake, Illinois. El día siguiente habían incautado otros 20 kilos en Chicago; otra redada en Ontario, California, había producido unos 77 kilos de cocaína que iban camino a Chicago. Durante los siguientes días, las autoridades habían incautado más de 160 kilos de cocaína, nuevamente en Ontario, California. Luego, el 30 de noviembre, los federales le pegaron al gordo en Ontario e incautaron unos 322 kilos de cocaína.

Todo pertenecía al cártel de Sinaloa.

En el verano de 2008, poco después de que el distanciamiento entre el Chapo y los hermanos Beltrán Leyva alcanzara su clímax, Pedro y Margarito Flores se habían acercado a oficiales estadounidenses en Chicago. Querían cooperar con el Gobierno. Querían ofrecerle al Gobierno información acerca del cártel de Sinaloa.

Las autoridades los tomaron bajo su ala. Después de la reunión en la sierra sinaloense en octubre, Margarito aparentemente llamó a uno de sus contactos en la DEA. De acuerdo con los informes judiciales, le contó al agente acerca de las armas militares solicitadas por Zambada Niebla y le pidió precios de cohetes y lanzagranadas en el mercado negro. Flores quería mostrar que sabía de qué estaba hablando cuando volviera a conversar con Zambada Niebla.

Inmediatamente después de acordar la compra de los 574 kilos de cocaína al cártel de Sinaloa, los hermanos Flores volvieron a contactar a la DEA; les proporcionaron las fechas y horas de los envíos.

Además, los hermanos Flores habían grabado múltiples conversaciones con los capos del cártel de Sinaloa, conversaciones que resultarían comprometedoras, por decir lo menos.

Habían engañado al Chapo.

⊛

Resultaba que los hermanos Beltrán Leyva habían acertado con sus sospechas respecto a los hermanos Flores. Según las autoridades estadounidenses, siguieron trabajando con el equipo de Chicago, pero independientemente del Chapo y al parecer en menor escala.

Durante todo este periodo, Sinaloa estuvo vacante y disponible. Culiacán se había vuelto una zona de guerra. En mayo de 2008, 116 personas fueron asesinadas tan sólo en Culiacán, 26 de ellas policías. El Ejército recibió 2,000 soldados adicionales y las 24 horas patrullaba las calles. Limpiaron y purgaron los cuerpos policiacos, como habían hecho ya en Ciudad Juárez y en Tijuana.

⊛

La estación de Policía, ubicada en las afueras de Culiacán, estaba completamente desierta. Un empleado sentado junto al teléfono se veía aburrido. Docenas de patrullas en el estacionamiento parecían estar acumulando polvo. Los oficiales asignados a esa jurisdicción habían sido despedidos, suspendidos o se habían dado a la fuga, según el empleado; no sabía que le deparaba el destino a su jurisdicción.

Pasó una patrulla militar.

"Los plebeyos se quejaban, pues mandaron a los jefes para decir calma", bromeó Roque Barraza, un habitante de Culiacán.

Pero la cosa era mucho más seria. La ruptura de la Federación había generado un estado de ansiedad y temor en Sinaloa. Nadie sabía quién estaba del lado de quién. Los narcomenudistas de la plaza de Culiacán procuraron asegurar lo suyo; empezaron a aparecer narcomantas. Una decía:

> Soy el jefe de la plaza y este es el comienzo esto y mas por el mochomo atte Arturo beltrán [sic].

Otra decía:

> soldaditos de plomo federales de paja, aquí es territorio de arturo beltrán.

Algunas hacían referencia al Mochomo, que para entonces estaba bajo custodia federal en la ciudad de México:

> policías-soldados para que les quede claro el mochomo sigue pesando atte arturo beltrán.

Otras narcomantas acusaban al Ejército y a la Policía de complicidad con el narcotráfico:

> General roberto miranda, secretario, que vende entrega a sus policías; genero garcia luna, en su memoria y conciencia, si es que la tienen, llevarían la muerte de tantos polis y gente inocente, y todo por ser fiel servidor de los narcotraficantes Arturo beltran leyva y Vicente carrillo [sic].

> General miranda, solo faltaba que los delincuentes matapolicias les diera asilo y resguardo en el cuartel militar. ¿Que no tienes un grupo de inteligencia? ¿por que no lo habías detectado si estaban a dos cuadras del cuartel?... general vendido [sic].

Los policías municipales que quedaban en las fuerzas le entraron a la dinámica. Una manta colgada de un puente en Culiacán decía:

> Soy un policía como tu y merezco respecto. ¿por que no nos unimos y le ponemos un alto a los asesinos de nuestros compañeros de la Policía federal, preventiva y municipales desaparecidos? No nos hagamos tontos, uds, como yo sabemos que los perros asesinos son mandados por Arturo beltran leyva y comandados por el milky, el osama y el amado. ¡Ya basta compañeros! [sic].

Y una respuesta:

> Voy con todo, sepanlo. Policias, soldados, para que les quede claro el mochomo sigue pesando. Atte. Arturo beltran leyva [sic].

Los policías la devolvieron:

> Tu tendras mucho dinero y seras muy amigo de genera garcia luna, Vicente carrillo y del general miranda, pero nosotros los policías somos mas y te vamos a ganar [sic].

Los pronunciamientos de los policías, si bien valientes, llegarían a oídos sordos. Hubo 128 homicidios en Sinaloa, en junio de 2008. Después 143, en julio. La violencia bajó en agosto y septiembre, con 91 y 92 asesinatos, respectivamente. Pero en octubre las cosas volvieron a calentarse: 102 muertos. Hubo 127 homicidios en noviembre y el año acabó con 142 asesinatos en diciembre.

Muchos de los homicidios parecían más ostentosos que nunca. En un caso a principios de julio, un grupo de unos 60 gatilleros entró en el taller de un pintor en la colonia Ejidal de Culiacán y mató a nueve personas. La Policía los alcanzó, pero recibió a su vez disparos. Tres oficiales murieron en el tiroteo.

Para empeorar las cosas, los elementos de las fuerzas de seguridad estaban también en la mira, y como nunca antes.

La mañana del 20 de octubre, el principal investigador de homicidios de Sinaloa estaba almorzando en el restaurante La Taquiza, en la colonia Almada de Culiacán, cuando un grupo de hombres armados con AK-47 irrumpió en el lugar. Lo acribillaron y en el proceso hirieron también a dos meseras.

Incluido el investigador de homicidios, 90 oficiales de Policía, entre municipales, estatales y federales, fueron asesinados en Sinaloa, en 2008.

La plaza de Culiacán, que siempre se había mantenido entera mediante los arreglos flexibles de la Federación, estaba claramente en pleito. Las facciones leales a los hermanos Beltrán Leyva querían sangre; las bandas dominadas por el Chapo y el Mayo querían asegurar su parte en la acción.

La guerra por Sinaloa, a diferencia de la de Ciudad Juárez, no estaba confinada a una sola área. Dada la enorme zona de influencia del cártel de Sinaloa, la ruptura entre el Chapo y los hermanos Beltrán Leyva afectó toda la costa del Pacífico, y en particular Guerrero y Morelos.

Guerrero había sido territorio principalmente de los Beltrán Leyva. Pero el Chapo tenía sus propios contactos ahí, sujetos al código de la Federación. En cuanto llegó al Sur la noticia de la ruptura, entraron en guerra las bandas en Acapulco y otras ciudades. Tan sólo en diciembre de 2008, hubo 138 homicidios en Guerrero.

En todo el estado habían aparecido narcomantas; muchas se parecían a las de Culiacán y declaraban que los hermanos Beltrán Leyva estaban a cargo. Pero algunas eran nuevas y amenazaban tanto al Ejército como al cártel de Sinaloa.

La Familia, según las fuentes de inteligencia de las autoridades, estaba aprovechando el vacío de poder y tratando de entrar a Guerrero.

Las fuerzas de seguridad de Guerrero estaban abrumadas. A finales de octubre, el procurador general del estado, Eduardo Murueta Urrutia, declaró incluso ante algunos reporteros que no consideraba que las narcomantas —que para entonces ya habían aparecido en Acapulco, Zihuatanejo, Petatlán, Arcelia y La Unión— fueran dignas de investigación: "No tienen un significado especial. No pretendamos invadir áreas que no nos corresponden... van dirigidas a otras personas, no a nosotros".

Para Murueta Urrutia, las narcomantas eran "una libre manifestación de las ideas".

Quizá sí, pero ofrecían pistas, por pequeñas que fueran, acerca de quién estaba ganando la guerra por el territorio en Guerrero. Aunque en general las colgaban narcos de bajo rango —pendejos, como los llamó un oficial—, las narcomantas revelaban cómo los de arriba estaban usando su autoridad y controlando los operativos en las bases. La proliferación de narcomantas generalmente indicaba que el poder estaba disputado o, al menos, que los jefes llevaban un rato sin comunicarse ni emitir órdenes. Las narcomantas indicaban que las cosas no seguían su curso normal.

A principios de diciembre de 2008, el Ejército descubrió otras tres narcomantas en Guerrero: todas acusaban al general Enrique Jorge Alonso Garrido, a cargo de la Onceava Zona Militar con base en Cumbres de Llano Largo, de proteger a Rogaciano Alba Álvarez, un cacique de la vieja guardia que según las autoridades tenía nexos antiguos con el Chapo y el cártel de Sinaloa.

Esas narcomantas las había colocado gente ya sea de los hermanos Beltrán Leyva o de la Familia.

El 21 de diciembre, ocho soldados salieron de su cuartel militar en Chilpancingo por un periodo de descanso. Nunca regresaron a las barracas. Sus cabezas aparecieron en un centro comercial, junto con una nota: "Por cada uno que me maten yo les voy a matar a diez".

El Ejército estaba bajo presión en Guerrero. También el Chapo.

⍟

Según algunos oficiales, a raíz de la ruptura entre el Chapo y los hermanos Beltrán Leyva se había formado una nueva alianza antes poco probable: entre los hermanos y los Zetas.

Se dice que antes de la detención del Mochomo, los Beltrán Leyva se habían reunido en Cuernavaca con Heriberto Lazcano, alias el Lazca, y otro jefe de los Zetas, Miguel Ángel Treviño Morales, el 40. Habían acordado una alianza: harían equipo en estados del Sur, como Guerrero, Oaxaca,

Quintana Roo y Yucatán; también mantendrían el control en Morelos e Hidalgo.

Tras el rompimiento con el Chapo, los hermanos Beltrán Leyva, encabezados por Arturo, se volvieron oficialmente un cártel por derecho propio. En mayo de 2008, poco después del asesinato del hijo del Chapo, Édgar, funcionarios de la DEA confirmaron la ruptura de la Federación. El 30 de mayo, el Gobierno de Estados Unidos reconoció formalmente el cártel de los Beltrán Leyva: "El presidente Bush ha designado... a Marcos Arturo Beltrán Leyva y a la Organización Beltrán Leyva... como sujetos a las sanciones establecidas en la Ley de Designación de Jefes Narcotraficantes Extranjeros ('Ley Kingpin')", declaró el entonces embajador Tony Garza. "Beltrán Leyva y su organización representan una parte importante del cártel de Sinaloa, con operaciones en ambas costas mexicanas y a lo largo de sus fronteras Norte y Sur, y que introduce grandes cantidades de cocaína a Estados Unidos. Sus matones han sido responsables de incontables muertes y actos de violencia atroz. Marcos Arturo Beltrán Leyva y miembros de su familia han sido acusados tanto en Estados Unidos como en México de traficar con cocaína. ...La decisión de designar a Marcos Arturo Beltrán Leyva y a su organización le ofrecerá a Estados Unidos armas adicionales para desmantelar sus operaciones, privarlos de recursos a él y a sus seguidores, y enjuiciarlo en Estados Unidos".

Aparentemente, también los Zetas se habían apartado del cártel del Golfo, al menos semioficialmente. Osiel Cárdenas Guillén había sido extraditado el 20 de enero de 2007, junto con otros 14 narcos de alto rango, ya fueran sospechosos o condenados. Sería la primera de cientos de extradiciones realizadas durante la administración de Calderón, y los funcionarios de la DEA estaban extasiados.

"Estas extradiciones no tienen precedentes en la historia de México", dijo la entonces administradora de la DEA, Karen P. Tandy. "Fue una limpieza a fondo: entre los extraditados hay jefes de los cuatro principales cárteles mexicanos".

Y continuó: "¿Que si atrapamos a todos los principales narcotraficantes de México? Aún no. Pero el pasado fin de semana, Estados Unidos y México dieron un enorme salto al frente. ...Durante los últimos ocho años, [Cárdenas Guillén] estuvo al mando de uno de los cárteles más poderosos del mundo. Durante los últimos cuatro años, ejerció ese mando desde el interior de una cárcel mexicana. Hoy le ponemos punto final a su reinado del terror. ...En nombre de la DEA, tengo una última cosa que decirles a estos 15 criminales: Bienvenidos al primer día del resto de sus vidas".

Como resultado de la extradición de Cárdenas Guillén, los Zetas se volvieron una entidad autónoma, según al menos un oficial de la DEA. Al parecer, sus jefes —el Lazca y Miguel Treviño Morales— se habían reunido en Torreón, Nuevo León, el 18 de mayo de 2008. Su principal enemigo, según un oficial de la DEA que habló con *El Universal* bajo la condición del anonimato, sería el cártel de Sinaloa.

La estructura de los cárteles mexicanos se estaba reinventando.

# Capítulo 7

## LAS PERSPECTIVAS

### *30 de enero de 2008*

"El nuevo esquema para combatir el crimen —le dijo el jefe de Policía García Luna a sus contrapartes estadounidenses— requiere cooperación en todas la vertientes... Ambas partes asumen su responsabilidad".

Necesitamos "potenciar" y "escalar" nuestros esfuerzos actuales, agregó García Luna.

El secretario de Seguridad Pública había ido a Washington; eran los últimos días de la administración de Bush. García Luna se reunió con legisladores, altos funcionarios y altos mandos de las agencias de seguridad de Estados Unidos. Observó que había mucha disposición para ayudar a México en su lucha contra los cárteles.

"Corresponsabilidad" fue el mantra de García Luna durante todo el viaje. Insistía en que la corresponsabilidad sería la única manera de combatir "la contracultura que genera el narco".

García Luna llevaba un sobre lleno de fotos. Eran tomas de armas y cadáveres. Víctimas de las drogas, policías muertos, inocentes muertos. Un reportero de la revista del *New York Times* las llamó "el arma secreta" de García Luna.

También iba armado con una presentación en Power Point. Expresó su ira por las leyes estadounidenses que permitían el flujo de armas hacia México. Aunque García Luna observó que hubo mucha "indiferencia" a sus argumentos, algunos de los presentes sí tomaron nota. Davy Aguilera, el agregado para México de la Bureau of Alcohol, Tobacco and Firearms (la Oficina Estadounidense encargada de Alcohol, Tabaco y Armas de fuego) aparentemente dijo que las imágenes "provocaron una impresión fuerte en el Beltway [las agencias federales agrupadas en Washington, D.C.]". Otros funcionarios expresaron frustraciones similares a las de García Luna. Un ex miembro del Senado que había trabajado en la Iniciativa Mérida le dijo a un reportero: "Saca las armas y ganas. Pero si no puedes resolver el asunto de las armas, no vas a lograr mucho. Están encontrando cajas aún cerradas llenas de AK-47".

Pese a las acusaciones de corrupción que lo rodeaban en casa, García Luna se ganó una buena reputación entre sus contrapartes estadounidenses. La mayoría de los funcionarios vieron con buenos ojos al jefe de la Policía mexicana. "Me parece increíble lo que ha logrado [en relación con la reforma de los cuerpos policiacos]", dijo un agente judicial estadounidense apostado en la ciudad de México. "Miren los nuevos reclutas que tienen ahora, es increíble. Están creando toda una nueva raza de policías: universitarios, con distintos tipos de entrenamiento, sometidos al polígrafo, cosas que nunca habían pasado antes. Es realmente otra generación".

El funcionario también reconocía los riesgos de reclutar jóvenes, por muchos estudios que trajeran; no necesariamente conocían el juego en el que estaban entrando, las realidades y riesgos de la guerra contra el crimen organizado. "Tienes a estos policías muy jóvenes, verdes, algunos en puestos de supervisión. Lo equiparo a un grupo de reclutas recién salidos del entrenamiento básico, sin un sargento de pelotón como guía. Tienes a un montón de jóvenes sin esa experiencia madura, como que van aprendiendo sobre la marcha".

La esperanza, según este funcionario, era que "si les das unos meses, empezará a caerles el veinte".

Otro funcionario alabó a García Luna por "arriesgar su vida" en la lucha contra el narco.

Quizá no había cumplido su misión, pero el jefe de la Policía ya tenía una probadita de Washington, y Washington tenía una probadita de él.

⍟

Aunque de afuera, y sobre todo desde el extranjero, Washington se perciba como una entidad monolítica y hegemónica donde todos buscan una sola cosa —poder—, en realidad está compuesta capa tras capa de poder, intereses, negociaciones y leyes.

La Casa Blanca, el Congreso, el FBI, la CIA, la DEA, el Departamento de Seguridad Nacional: todas en Washington.

El Pentágono.

Poco después de la elección de Barack Obama el 4 de noviembre de 2008 —la noche que murió Juan Camilo Mouriño— el general jubilado Barry McCaffrey hizo un viaje a México. Como ex zar de las drogas, McCaffrey conocía México. Conocía los cárteles. Conocía la situación. Conocía las trampas de primera mano. El propio McCaffrey había felicitado a José Gutiérrez Rebollo, nombrado zar antidrogas durante la administración de Zedillo; el propio McCaffrey se había decepcionado cuando, tras seis meses en su cargo, Gutiérrez Rebollo fue detenido por nexos con el cártel de Juárez.

En México, a finales de 2008, McCaffrey se reunió con varios miembros del equipo de seguridad de Calderón, entre ellos García Luna y el ex director del Cisen, Jorge Enrique Tello Peón. Antes de este viaje a México, McCaffrey también se había reunido con funcionarios en Washington, entre ellos el embajador mexicano Arturo Sarukhán; la subsecretaria adjunta del Departamento de Asuntos del Hemisferio Occidental, Roberta Jacobson; el ex embajador de Estados Unidos en México, Jeffrey Davidow; el ex director asociado de la CIA, Jack Devine, y la ex directora de la DEA, Karen Tandy.

En México hubo representantes de Canadá, Gran Bretaña, España, India Alemania. Todos eran expertos en cuestiones de seguridad o investigaciones penales.

McCaffrey llegó a varias conclusiones, que esbozó en un memorando para los coroneles Michael Meese y Cindy Jebb, ambos de la Academia Militar de Estados Unidos:

> "México está al borde de un abismo: podría volverse un narco-estado en la siguiente década".
>
> "La lucha por el poder entre los cárteles del narco ha resultado en un caos en las ciudades y estados mexicanos ubicados sobre la frontera con Estados Unidos".
>
> "A la fecha, Estados Unidos ha ofrecido un apoyo escaso al Gobierno de México. ...El presupuesto sugerido por el Gobierno de Estados Unidos para apoyar al Gobierno de México es una gota en una cubeta comparado con lo que hemos gastado en Irak y Afganistán (estas guerras extranjeras han consumido 700 mil millones de dólares y costado 36,000 soldados estadounidenses, entre muertos y heridos). Sin embargo, lo que está en juego en México

es enorme. No podemos permitirnos tener un narco-estado como vecino".

"Antes de que transcurran los siguientes ocho años, esta guerra violenta entre una colección de cárteles criminales y narcotraficantes podría rebasar a las instituciones del Estado y establecer el control de facto en grandes regiones del norte de México".

"Si el sistema político mexicano no logra frenar la ilegalidad y la violencia, podría producirse una oleada de millones de refugiados que crucen la frontera con Estados Unidos para escapar de la miseria nacional de violencia, políticas económicas fallidas, pobreza, hambre, desempleo y la crueldad e injusticia brutas de un Estado criminal".

"México no está enfrentando su peligrosa criminalidad; está luchando por sobrevivir contra el narcoterrorismo".

"Miles son asesinados cada año. La producción, consumo y tráfico de drogas están generalizados. La lucha por el poder entre los cárteles ha resultado en un caos en las ciudades y estados sobre la frontera entre México y Estados Unidos. Los asesinatos y secuestros vinculados con el narco ya son cotidianos en todo el país".

"Una terrible tragedia ocurrirá durante la siguiente década si no nos aliamos de cerca con la valiente dirigencia de la administración de Calderón, y si no desarrollamos una estrategia y recursos adecuados a los peligros que enfrentamos".

Para McCaffrey, no se podía hacer caso omiso de la guerra de la administración calderonista contra el crimen organizado; Estados Unidos debía entrar al ruedo para ayudar al que consideraba su "socio extranjero más importante". Señaló la transición democrática de México, pero subrayó que el país seguía "bastante inestable". El Gobierno mexicano tardaría otros 25 años en consolidar un Estado democrático, advirtió McCaffrey. El país sigue plagado de "recursos inadecuados e instituciones débiles", por no mencionar "una sensación generalizada de impunidad desde la ley y una corrupción omnipresente".

El ex zar antidrogas expresó una preocupación seria por la artillería y recursos de los cárteles. Enlistó la enorme variedad de equipo que tenían a su disposición: lentes de visión nocturna, equipo de intercepción electrónica, comunicación encriptada, operaciones de información bastante complejas, sumergibles marítimos, helicópteros y transporte aéreo moderno, armas automáticas, RPGS, cohetes antitanques de 66 mm, minas y trampas explosivas, artillería pesada, rifles calibre 50, granadas militares al por mayor y los modelos más modernos de ametralladoras 40 mm.

McCaffrey reconoció abiertamente que había problemas en el extremo estadounidense de la lucha en México: "La corrupción es omnipresente y arruina la confianza entre las instituciones de seguridad mexicanas en todos los niveles: municipal, estatal y federal. ...La corrupción llega hasta la Embajada de Estados Unidos: un empleado mexicano de la DEA fue detenido recientemente por ser agente del cártel de Sinaloa. Lo corrompieron con un soborno de $450,000. Hace poco fueron detenidos seis oficiales judiciales de alto rango, y fue acusado el actual y antiguo director de la Interpol en México".

Mencionó el incidente de Gutiérrez Rebollo y describió las detenciones recientes como "un doloroso recordatorio personal".

McCaffrey luego exigió mayor atención estadounidense a los problemas que ocurrían al Sur de la frontera, como un eco de las quejas de García Luna: "Es difícil entender la aparente indiferencia e incompetencia de las autoridades de

Estados Unidos en los niveles estatal y federal ante una despreocupación tan insensible por la amenaza a la seguridad nacional que vive un país democrático vecino. Lo consideraríamos un asunto de guerra de un país refugio si nosotros fuéramos la víctima. Básicamente, Estados Unidos es ineficiente e insensible ante la preocupación de México por las armas, dinero a granel y químicos precursores que entran a su territorio desde Estados Unidos y que tienen el efecto de un lanzallamas sobre la seguridad del pueblo mexicano".

Los comentarios finales de McCaffrey no dejaban lugar a malentendidos: "El desafío es tan complejo, que requerirá compromiso y atención sostenidos en los más altos niveles de nuestros dos gobiernos. No podemos darnos el lujo de fracasar".

Eran palabras fuertes para alguien que había peleado en Vietnam, encabezado tropas en la primera guerra del Golfo y que había dirigido el Comando Sur de Estados Unidos.

Eran palabras fuertes para alguien que había asesorado las guerras en Afganistán e Irak.

Eran palabras fuertes para alguien que conocía y entendía el narcotráfico en México.

En Foggy Bottom, donde se ubica el Departamento de Estado de Estados Unidos, las declaraciones oficiales eran más cautelosas, incluso reticentes.

Los funcionarios del Departamento de Estado habían observado "muertes ilegales a manos de fuerzas de seguridad, condiciones penitenciarias pobres y hacinadas, arrestos y detenciones arbitrarias, corrupción, ineficiencia y falta de transparencia en el sistema judicial; confesiones forzadas mediante tortura; intimidación penal a periodistas resultante en autocensura; impunidad y corrupción en todos los niveles del Gobierno", entre otras cuestiones.

Estos hallazgos debían tomarse en cuenta durante el proceso de aprobación de la Iniciativa Mérida, un programa de apoyo de 1.6 mil millones de dólares para ayudar a México y sus vecinos a combatir el narcotráfico y el crimen organizado.

Había otras cuestiones. Para empezar, la soberanía. Tenía que verse que México estaba encabezando la guerra contra los cárteles de la droga, y que Estados Unidos cumplía una función de apoyo. Calderón había emprendido la batalla contra los cárteles por iniciativa propia, sin presión estadounidense, y no podía quedar como un títere de Estados Unidos, o como algo peor. La Iniciativa Mérida no podía ser otro Plan Colombia, el programa antidrogas puesto en marcha en el país sudamericano; debía diseñarse específicamente para México, un país más grande, con más organizaciones narcotraficantes, con una mayor corrupción endémica, sin levantamientos guerrilleros importantes, sin un sistema judicial confiable y sin una seguridad pública institucionalizada con la que se pudiera contar.

Mérida pasó sin problemas por el Congreso, gracias a una excelente cooperación bipartita. El Gobierno mexicano armó su lista de necesidades, que incluía helicópteros Bell, dispositivos de inspección de rayos x y tecnología de comunicación, y las autoridades estadounidenses llevaron la propuesta de vuelta a la mesa de negociaciones. Era como una carta a los Reyes Magos que iba y venía: te podemos dar el PlayStation 2, pero primero tienes que leer el instructivo. Eran determinantes el entrenamiento y la consolidación institucional: no podía ser sólo *hard-*

*ware*. La Iniciativa Mérida debía verse como un proyecto a largo plazo para ayudar a los mexicanos a construir su capacidad institucional. No podía ser un parche, ni siquiera una solución a corto plazo.

Y si las autoridades estadounidenses iban a trabajar en campo con contrapartes mexicanas, necesitaban gente en la que pudieran confiar.

La DEA, por supuesto, tenía sus reservas, que se remontaban al incidente de *Kiki* Camarena en 1985. Otras agencias fronterizas —desde las más nuevas, como Immigrations and Customs Enforcement (ICE), hasta los brazos del Gobierno federal, como el Department of Homeland Security (DHS, el Departamento de Seguridad Nacional)— desconfiaban aún más de sus contrapartes mexicanas. Tenían menos experiencia trabajando al Sur de la frontera, y aún menos experiencia combatiendo al crimen organizado.

Tampoco la CIA estaba precisamente en el mismo barco, según funcionarios de la DEA. Decían que, por alguna razón, la CIA nunca había considerado que el crimen organizado fuera una amenaza para la seguridad nacional, ni siquiera para la seguridad internacional.

El terrorismo, como era de esperarse, era la prioridad número uno para la CIA.

Aún así, en 1996 la CIA había cambiado el nombre de su DCI Counternarcotics Center (Centro Antinarcóticos) a DCI Crime and Narcotics Center (CNC, Centro de Crimen y Narcóticos), y había centrado su análisis en el crimen organizado. El objetivo, según el director del centro, David Carey, sería convertir el CNC en "el punto focal de la Comunidad de Inteligencia para la interacción con las agencias estadounidenses de impartición de justicia, con el objetivo de ofrecer información operativa sobre organizaciones criminales extranjeras específicas".

Algunos funcionarios de la DEA habían tratado de combinar sus funciones para abarcar el terrorismo: "Dada la presencia global de la DEA y su relación con las instancias judiciales locales a través de su Task Force Program (Programa de Brigadas Especiales), lo más natural es que la DEA, en el curso de las investigaciones sobre narcotráfico y de la recolección de información, vaya desarrollando inteligencia y reuniendo datos sobre organizaciones terroristas", dijo Steven W. Casteel, el administrador de Inteligencia de la DEA ante la comisión de asuntos judiciales del Senado, el 20 de mayo de 2003.

La DEA había definido históricamente el "narcoterrorismo" teniendo en mente al colombiano Pablo Escobar: narcotraficantes empeñados en causar estragos en el aparato estatal. Pero ahora la inteligencia revelaba que los Gobiernos enfrentaban cada vez más "grupos terroristas tradicionales que participan en, o bien reciben fondos del narcotráfico para concretar sus agendas", explicó Casteel.

Y continuó: "En consecuencia, el sistema judicial podría distinguir entre narcoterroristas que son propiamente narcotraficantes que usan el terrorismo contra civiles para cumplir sus agendas, y terroristas simplemente que por conveniencia o necesidad usan el dinero de la droga para promover su causa. Nuestro análisis sugiere que la etiqueta de narcoterrorista se puede aplicar a ambos grupos por igual".

Casteel planteó una nueva definición para los narcoterroristas: "un grupo organizado que entra en complicidad con las actividades del narcotráfico para realizar o financiar actos de violencia premeditados y políticamente motivados contra blancos no combatientes con la intención de influir [en un Gobierno o un grupo de personas]".

El senador estadounidense Joseph Biden fue uno de los congresistas que entendió lo que estaba en juego: "Nos hemos enterado de que los narcotraficantes usan vehículos tipo submarino para traficar bajo el agua y así evitar ser detectados y entregar las drogas a distancias de 3,500 millas (o 5,500 kilómetros). Si los narcotraficantes pueden meter toneladas de drogas en estas naves silenciosas, queda bastante claro que los terroristas pueden usar los mismos medios para meter armas de destrucción masiva y otras amenazas a nuestro país. La ley [la Drug Trafficking Interdiction Act o Ley Antinarcotráfico] nos ayudará a clausurar esta modalidad de tráfico".

Algunos funcionarios de la DEA seguían sintiendo que no era suficiente. Los altos mandos del Ejército estadounidense habían tardado varios años en convencer a la alta jerarquía del Pentágono de que la guerra en Afganistán no se trataba sólo de terrorismo, sino también de narcotráfico, y que ambos problemas debían enfrentarse con el mismo vigor. También preocupaba el problema de África occidental. Los agentes y autoridades tenían pruebas de que los narcotraficantes colombianos y mexicanos estaban "todos ocupando el mismo espacio al mismo tiempo", como lo expresó Michael Braun, ex jefe de operaciones de la DEA: "Nuestro Gobierno tiene que usar todos los recursos disponibles para meter una cuña entre estos cabezahuecas".

La DEA y otras agencias habían descubierto algunas pistas que vinculaban el narcotráfico con el terrorismo. Expresaron sus advertencias.

Algunas eran alarmistas. Por ejemplo, el almirante Jim Stavridis, al frente del Comando Sur de Estados Unidos, exhortó al Congreso a tomar en cuenta la creciente actividad iraní y de Hezbolá en toda América Latina: "En Colombia hemos observado una conexión directa entre la actividad de Hezbolá y las actividades del narcotráfico". Sus advertencias vagas recordaban las de los funcionarios de la administración de Bush que habían querido bombardear Paraguay poco después del 11 de septiembre de 2001: habían escuchado rumores de la presencia de Hezbolá y Al Qaeda en la región, aunque nunca se verificó de manera independiente.

Otros casos parecían tener más peso.

Oumar Issa, Harouna Toure e Idriss Abelrahman, todos de Malí, se reunieron con agentes de la DEA encubiertos como miembros de las FARC colombianas en varias ocasiones en África occidental. Elaboraron un plan: Issa, Toure y Abelrahman transportarían cientos de kilos de cocaína de Ghana por el norte de África hasta España. Toure, al parecer el líder del trío, reconoció tener una relación fuerte con grupos afiliados a Al Qaeda que controlaban zonas del Norte de África. Dijo que ya había transportado drogas con el apoyo de Al Qaeda e insistió en que el grupo terrorista le ayudaría en sus envíos. La cocaína podría pasar por Malí hacia Marruecos, o bien por Argelia o Libia. Supuestamente, Toure dijo que si se necesitaba efectivo adicional para completar el recorrido, podrían secuestrar ciudadanos extranjeros.

Abelrahman era el cabecilla de una "milicia" de hombres armados; quedaría a cargo de ofrecer seguridad durante el recorrido. Al parecer, le dijo a los agentes encubiertos que su organización y las FARC tenían objetivos similares: estaban comprometidos con la misma causa antiestadounidense.

Los tres hombres fueron detenidos en Ghana y llevados a juicio en Nueva York. Según la DEA, era la primera vez que "socios de Al Qaeda fueron acusados de narcoterrorismo".

"Estos arrestos son una prueba más del nexo directo entre organizaciones terroristas peligrosas como Al Qaeda y el narcotráfico que alimenta sus actividades violentas", dijo la administradora interina de la DEA, Michele Leonhart. "Estos narcoterroristas no respetan fronteras y no les importa a quién dañan con sus conspiraciones. Los argumentos expuestos hoy reflejan el surgimiento de una alianza preocupante entre Al Qaeda y narcotraficantes trasnacionales. Sin embargo, a medida que los terroristas extienden sus actividades hacia las drogas, nos ofrecen más oportunidades para frenarlos y cortarles el financiamiento para futuros actos de terror. Seguiremos trabajando con nuestros colegas de la DEA en Ghana y en todo el mundo para enfrentar la amenaza que representa el narcoterrorismo para nuestra seguridad nacional".

Una prueba adicional fue la declaración de culpabilidad de Issa ante la acusación de "conspirar para ofrecer apoyo material a Organizaciones Terroristas Extranjeras Designadas, en particular las FARC, AQIM y Al Qaeda, en violación del Título 18 del Código de Estados Unidos, Sección 2339 B".

Desde el punto de vista de Washington, la percepción de México era determinante para la manera en que se desarrollarían las cosas durante el resto del sexenio calderonista. Con guerras en Afganistán e Irak, Estados Unidos realmente no podía ofrecer apoyo militar serio a México. Pero tampoco podía aceptar la idea de que el país se colapsara.

La construcción del muro fronterizo había comenzado tras la aprobación como ley de la Secure Fence Act de 2006, la llamada "Ley del Muro". Su objetivo era "conseguir control operativo sobre las fronteras internacionales terrestres y marítimas de Estados Unidos, incluida… una vigilancia fronteriza mediante un uso más efectivo del personal y la tecnología, como los vehículos aéreos automáticos, detectores en tierra, satélites, cobertura de radar y cámaras, así como… fortalecimiento de la infraestructura física para impedir entradas ilegales y facilitar el acceso fronterizo al departamento de Customs and Border Protection (Protección Fronteriza y Aduanas), en forma de garitas adicionales, caminos de acceso ininterrumpido y barreras vehiculares".

El "control operativo" se definía como "la prevención de todas las entradas ilegales a Estados Unidos, incluidas las de terroristas, otros extranjeros ilegales, instrumentos para el terrorismo, narcóticos y otras formas de contrabando".

Al ganar las elecciones presidenciales del 4 de noviembre de 2008, el presidente Barack Obama prometió revisar los efectos del muro fronterizo y sopesar si estaba provocando más daños que beneficios. Ya se habían construido casi mil kilómetros de valla. Pero quizás lo más grave era que el muro había atizado la animosidad entre Estados Unidos y México. Si bien las relaciones entre Washington y la ciudad de México —las cosas vistas a diez mil metros sobre el nivel del mar, como le llamaban algunos diplomáticos— caminaban sin contratiempos, las tensiones en la frontera, a nivel del suelo, estaban al rojo vivo.

Cinco mexicanos habían sido asesinados o heridos por agentes de la guardia fronteriza tan sólo en 2008, según la asociación Human Rights Watch. (El total en 2009 sería de 12, y de 17 en 2010).

Y no eran sólo migrantes. En 2006, un grupo de hombres armados vestidos con uniformes de estilo militar había cruzado el río Bravo hacia Texas y se había desatado un enfrentamiento con oficiales migratorios de Estados Unidos. El Gobierno mexicano rechazó firmemente la posibilidad de que los hombres fueran miembros de su Ejército. "No son soldados mexicanos", dijo Aguilar, el entonces vocero de Fox. "Se sabe que son narcotraficantes portando uniformes militares, y ni siquiera eran los uniformes reglamentarios". Sin embargo, no sirvió de mucho para tranquilizar los ánimos del lado estadounidense. Si bien los altos funcionarios mexicanos y estadounidenses ubicados en las respectivas capitales se consideraban mutuamente firmes aliados, y si bien las agencias judiciales trabajaban en tándem pese a las sacudidas esporádicas, los residentes fronterizos comenzaban a verse como enemigos potenciales.

"No hay otro lugar en el mundo como estas tierras fronterizas", me dijo un habitante de Brownsville, Texas. Leía regularmente los informes de Tamaulipas, al otro lado de la frontera; estaba seguro de que cualquier día, un grupo de narcos armados irrumpiría en su ciudad y volaría todo en pedazos, "sólo por provocar a las autoridades".

A principios de 2009, poco después de la toma de posesión de Obama, el gobernador de Texas, Rick Perry, pidió que se desplegaran en su estado otras mil tropas federales, ante la preocupación de que se desbordara la violencia vinculada al narcotráfico. "Es un estado de guerra", coreó el congresista Michael McCaul, también republicano y también texano. Un congresista republicano de Indiana, Mark Souder, expresó su preocupación de que la retórica no era lo suficientemente fuerte: "dar marcha atrás con el foco del terrorismo" no debía convertir la postura ante el narcotráfico en "una retirada en bloque".

Los agentes de la DEA, el FBI y Seguridad Nacional forcejeaban en busca de un consenso sobre la amenaza de un "desbordamiento" de la violencia. Si bien la mayoría de los agentes coincidía en que era mínima la amenaza de ataques planeados y deliberados en suelo estadounidense, tampoco sabían realmente de qué era capaz esta nueva generación de narcos (considerados menos racionales y centrados en el dinero que sus predecesores).

En Washington, el nuevo procurador general, Eric Holder, se reunió con su contraparte mexicana, Medina

Mora. "Son una amenaza para la seguridad nacional", dijo Holder sobre los cárteles. "Simplemente no podemos darnos el lujo de bajar la guardia".

A lo largo de ese año habría más reuniones a puerta cerrada, una de ellas en Cuernavaca, en la que se volvería a hablar de la Iniciativa Mérida.

Sin embargo, quizá más importantes que las reuniones a puerta cerrada serían los mensajes emitidos abiertamente a la población.

⊛

> "La guerra... es un acto de violencia cuya intención es obligar a nuestro oponente a cumplir nuestra voluntad"
>
> CARL VON CLAUSEWITZ

Desde el inicio de su campaña contra el narcotráfico y el crimen organizado, el presidente Calderón quiso evitar el uso de la palabra "guerra".

El zar antidrogas Kerkowski trató de hacer lo mismo en Estados Unidos, alegando que "sin importar cuánto trates de explicar que es una 'guerra contra las drogas' o una 'guerra contra un producto', la gente la ve como una guerra contra ellos. No estamos en guerra con la gente de este país".

Sin embargo, así es como lo percibía mucha gente en México. Cuando el Ejército llegó a Michoacán el 11 de diciembre de 2006, el alivio se tiñó rápidamente de escepticismo y luego, inevitablemente, de terror. Al parecer, ahora mandaría el Ejército.

No era así, pero en ninguna parte del instructivo calderonista había un capítulo acerca de ganarse las mentes y los corazones. Se emitían pocos informes, si es que alguno, sobre los soldados que ayudaban a reconstruir casas en Michoacán, cosa que estaban haciendo de manera regular. Pocos informes, si es que alguno, sobre los soldados que reparaban gaseoductos y oleoductos destruidos por los narcos. Pocos informes, si es que alguno, de los soldados que ofrecían todo tipo de ayuda humanitaria en un país que pronto quedaría paralizado por el miedo. Los capos mexicanos siempre habían sabido cómo manipular la opinión pública; las autoridades, al parecer, no tenían ni idea.

Un funcionario mexicano lamentó discretamente su tragedia: por primera vez en la historia de México, los del Gobierno eran los buenos. Las guerras anteriores (la Independencia y la Revolución) las habían ganado los malos y luego se habían vuelto héroes; ¿cómo podía el Gobierno convencer al mexicano promedio de que las autoridades estaban de su lado?

Los medios de comunicación cooperaban, hasta cierto punto. Los reporteros nacionales y extranjeros recibían con entusiasmo fotos de grandes cantidades de cocaína incineradas en Manzanillo; las fotos de sospechosos de alto rango transferidos desde la ciudad de México con escoltas militares y helicópteros eran ideales para hacer propaganda; a los reporteros rara vez les extrañaba que los sospechosos parecían recibir las golpizas antes de ser arrastrados fuera de la vista de las cámaras; el Ejército comenzó a permitirle a los reporteros acceder a los patrullajes, permitió conversaciones abiertas con los soldados e invitó a los reporteros a las bases. Los reporteros comenzaron a entender mejor la historia y a percibir las cosas desde el punto de vista del Ejército. El Ejército mexicano ya no parecía una entidad tan borrosa, sobre todo para los periodistas extranjeros; se estaba abriendo, si bien poco a poco y con más teatro que sustancia.

Sobre la frontera, también las agencias estadounidenses estaban manejando bien a los medios, alimentando a los periodistas con informes sobre el uso de resorteras para lanzar drogas hacia Estados Unidos y sobre enormes incautaciones de marihuana, todos diseñados para hacer que la guerra contra las drogas pareciera... bueno, una guerra.

Y pese al discurso contra el uso de la palabra, sí parecía una guerra. No se podía argumentar que la colocación de muros blindados afuera de la estación de Policía de Ciudad Juárez no era una medida para prevenir ataques serios; no se le podía mostrar a un periodista una bóveda llena de armas semiautomáticas y luego decirle que no hacía falta la fuerza militar para combatir al narco; no se podían distribuir tropas militares por todo el país para que asumieran funciones de seguridad pública y luego fingir que no se estaba en guerra.

Ahora, qué tipo de guerra era y cómo afectaría la imagen de México interna e internacionalmente, ésas eran las preguntas determinantes.

⍟

Mientras tanto, predominaba una cobertura negativa. Para algunos ciudadanos era algo muy doloroso.

Jaime Alberto Torres Valadez, el ex vocero de la Policía que había sido ascendido a vocero del Gobierno de Ciudad Juárez, fue periodista durante el clímax de los feminicidios en la década de 1990: una época oscura para la mayoría de los habitantes de la ciudad. Su deseo de participar en el futuro de su ciudad había comenzado antes, a los 15 años: "Comencé a conocer mi ciudad. Me preocupaba mi futuro, mi plan de vida". Sin embargo, también supo desde muy joven que Ciudad Juárez "no iba a cambiar como yo quería".

Su esperanza, dijo, es que las generaciones futuras tengan el lujo de cambiar su ciudad gracias al progreso que se logre en estos momentos. Pero seguía enfrentando, en sus propias oficinas —el ayuntamiento—, oposición de gente que tercamente se negaba a cambiar: "El Gobierno no ha cambiado su mentalidad hacia la gente para nada. Esto es lo que me preocupa".

Tampoco el mundo había cambiado su mentalidad hacia Ciudad Juárez. Mientras que en 2007 la prestigiosa revista *Foreign Direct Investment* la calificó como "la ciudad norteamericana del futuro" por su potencial industrial, la violencia básicamente ensombreció esa imagen.

Torres Valadez —cuya familia vivía en El Paso, Texas— reconocía la importancia geográfica de Ciudad Juárez y por qué era tan determinante la lucha por proteger o limpiar la imagen de la ciudad: "Estamos en la mira de la economía mundial. El crimen organizado usa la frontera para empeorar nuestra imagen. Tenemos que aprender a enfrentar eso. ...Lo que sea que pase, aquí se magnifica. Si hay disparos cerca de la frontera, es un gran escándalo. Si eso sucede en Guerrero, nadie se entera. Así es la vida en la frontera".

En Ciudad Juárez cerraron alrededor de 10,000 empresas entre 2007 y 2010; alrededor de 2,000 empresas denunciaron extorsiones por parte del crimen organizado.

Lo que despertaba menos el interés periodístico eran las declaraciones de los grandes inversionistas internacionales: Electrolux y Flextronics fueron sólo dos de las empresas que anunciaron nuevos proyectos en la ciudad justo en lo más álgido de la violencia vinculada con las drogas. De hecho, los niveles máximos de homicidios coincidieron con los niveles máximos de creación de empleos por parte de compañías extranjeras.

"Ésa es una buena historia", dijo Torres Valadez.

Durante el sexenio de Calderón se escribió apenas un puñado de "buenas historias" sobre la economía de Ciudad Juárez.

⍟

La administración de Calderón tenía problemas parecidos a nivel internacional. México había logrado superar la crisis económica, pero los medios sólo se centraban en la guerra contra las drogas. Fracasaron también los esfuerzos por convencer a los periodistas de que se estaba librando una guerra contra el crimen organizado y que se estaban enfrentando cuestiones como el tráfico de personas según nuevas políticas. No hablemos de convencer a un periodista extranjero, y mucho menos a uno mexicano, de que el Gobierno no estaba simplemente mintiendo.

Calderón contrató a un asesor externo independiente, el británico Simon Anholt, especialista en políticas públicas. Ya había trabajado con más de 40 países de todo el mundo durante dos décadas y sabía que si un país tenía una imagen fuerte y positiva, le resultaría fácil y barato navegar por los escenarios mundiales, ya fuera atrayendo turistas, inversión extranjera o migrantes; también le resultaría más fácil aumentar las exportaciones y mejorar las relaciones políticas y culturales. Analizó la imagen de México y llegó a algunas conclusiones preocupantes. Nunca había visto "semejante abismo entre la realidad y la percepción".

Observó que México —un país sensacional, espectacular en muchos sentidos— era cada día más importante, pero que estaba cubierto con la imagen de otro país: "uno que es mucho más pobre, pequeño, débil, atormentado y, en todos los sentidos, menos digno".

Anholt trató de analizar los motivos de este desfase en la imagen de México, aparte de la guerra contra las drogas. Veía a México como insular, incapaz de ver más allá de sus propias fronteras. También observó que México tendía a atribuir el problema de percepción "más a la ignorancia de los extranjeros que a su propia incapacidad de enseñarles".

Exhortó a México y a los mexicanos —al menos a los que trataban de mejorar la imagen del país internacionalmente— a demostrar que eran "útiles para el mundo".

"No tiene sentido que un país simplemente enliste sus logros y atractivos. Como cualquier otro país, México tiene que ganarse una reputación y lo hará demostrando su liderazgo en ayudar a resolver desafíos que todos enfrentan en todas partes".

Y tocar el tambor del nacionalismo tampoco le ayudaría a nadie. Los intelectualoides de México, su élite intelectual, siempre habían sido conocidos por jugar al nacionalismo cuando les convenía; la realidad es que siempre que lo hacían, alborotaban a la población y luego el orgullo y fervor nacionalistas llevaban el progreso de vuelta al primer casillero.

Del otro lado de la frontera, en Estados Unidos, algunos funcionarios pensaban lo mismo sobre la imagen estadounidense en el extranjero. En su testimonio ante el subcomité del Senado para Asuntos de Gobierno y Seguridad Nacional, el agente del FBI Kevin L. Perkins observó lo importante que era perseguir la corrupción entre los funcionarios públicos. Dijo que en dos años habían sido procesados alrededor de

1,600 funcionarios, entre federales, estatales y locales, y que estaban pendientes otros 3,200 casos de corrupción.

"Pero queda mucho por hacer", dijo. Pidió una mayor cooperación con México y mayores esfuerzos por erradicar la corrupción en Estados Unidos: de otro modo, nadie tocaría en serio a los oficiales estadounidenses cuando salieran a otros países a tratar de mejorar las cosas predicando buenos valores.

## *16 de octubre de 1909*

Ante una creciente oposición, el presidente Porfirio Díaz sospechaba que había planes de asesinarlo: los informantes le habían advertido a su gente de varias conspiraciones para acabar con su vida. Díaz se dirigía a una reunión en El Paso, Texas, con el presidente de Estados Unidos, William Howard Taft; la seguridad tendría que ser muy fuerte para impedir que ocurriera una tragedia en suelo estadounidense: nadie quería que Estados Unidos se metiera más a fondo en los asuntos mexicanos, según los historiadores Charles H. Harris III y Louis Sadler.

Taft fue notificado sobre las amenazas hacia su contraparte mexicano. Pidió mayor presencia militar para la reunión en El Paso. También habría tropas mexicanas, pero más soldados estadounidenses ofrecerían una dosis adicional de confianza.

Taft también convocó a un amigo cercano que reclutaría una fuerza de seguridad privada y extraoficial que también protegería al presidente mexicano contra posibles ataques.

Es el primer caso conocido de inteligencia compartida entre Estados Unidos y México. Durante la presidencia de Francisco I. Madero, los oficiales estadounidenses asumieron "un papel aún más activo en cooperar con el Gobierno mexicano para impedir actividad revolucionaria en territorio de Estados Unidos", según los historiadores Harris III y Sadler. Sostienen que la cooperación en inteligencia incluso volvió más difícil comprar armas en Estados Unidos que se usarían en México.

Sin embargo, estas operaciones de inteligencia las estaban realizando principiantes; eran comunes las filiaciones múltiples, y los agentes dobles eran la norma. Había mucha desconfianza.

Las cosas seguirían igual.

Estuvo el incidente de *Kiki* Camarena, que ya había deteriorado profundamente las relaciones entre las agencias de inteligencia. Un ex administrador de la DEA, Asa Hutchinson se niega firmemente a reconocer que nadie más que México tiene la culpa de que no se pueda combatir el narcotráfico: "la cultura de la corrupción que se ha desarrollado en México, el fracaso de la legalidad, son uno de los factores más determinantes de la violencia que vemos ahora. México se ha dejado convertir en un país de tráfico y producción. Se resistieron a la ayuda de Estados Unidos. En 1985, Kiki Camarena, un fantástico agente de la DEA, fue torturado y asesinado en Guadalajara; hubo una cacería generalizada de los responsables y México [se puso en la postura] de que estábamos violando su soberanía. Desde entonces, se han resistido a la ayuda de Estados Unidos. Los cárteles han operado con impunidad y eso no es culpa de Estados Unidos".

Durante la administración de Calderón, Víctor Gerardo Garay Cárdenas fue detenido luego de que él y sus hombres hicieran una megafiesta en una narco-mansión que acababan de incautar en el Desierto de los Leones. Garay fue acusado de robar $500,000 y joyas con valor de dos millones de pesos de la mansión, vinculada al cártel de los Beltrán Leyva.

Garay cumplió alrededor de tres años de condena antes de ser liberado. Sin embargo, el daño a la DEA ya estaba hecho. La DEA le había proporcionado información a Garay, lo había nombrado su hombre en México, su hombre de confianza. Le habían dado pistas que le ayudaron a atrapar a lo último del clan de los Arellano Félix.

Garay los había defraudado.

Tan sólo durante la administración calderonista, había habido fuga de información de un empleado de la embajada estadounidense en la ciudad de México y también el incidente de la Interpol. (La embajada y la DEA negaron que hubiera salido información "útil", pero el susto nadie lo borra).

Más o menos en la misma época, cinco oficiales de la unidad especial para el crimen organizado de la PGR, la Siedo, fueron detenidos por estar en la nómina de los Beltrán Leyva. E incluso uno de los oficiales directos de Calderón, el mayor Arturo González Rodríguez, fue detenido y acusado de proporcionar información a los cárteles a cambio de $100,000 mensuales. Según cables diplomáticos supuestamente escritos por oficiales de la embajada estadounidense, los cárteles estaban "usando la información para evitar la mayor seguridad que rodeaba al presidente, no para atacarlo a él personalmente. ...A partir de declaraciones de una ex miembro de los cárteles convertida en testigo bajo el nombre de 'Jennifer', la PGR acusó a González de transmitir información sobre las actividades y planes de viaje del presidente mexicano, Felipe Calderón, a la organización de Arturo Beltrán Levya".

"González también está acusado de filtrar información militar, de entrenar a los gatilleros [de Beltrán Leyva] a través de una compañía privada de seguridad y de proporcionar armamento militar a varias [organizaciones narcotraficantes], incluidos los Zetas".

La misma Jennifer, ex miembro de los cárteles convertida en testigo protegido, arrojaría una acusación tras otra durante el sexenio de Calderón. A partir de sus declaraciones, Noé Ramírez, el zar antidrogas, fue acusado de tener nexos con los Beltrán Leyva; y surgieron sospechas de que Édgar Millán Gómez, comandante de la Policía federal, había roto un trato con los mismos hermanos.

Los cargos fueron negados oficialmente. Pero queman, y las autoridades saben que a veces también pesan. "Hay que ver cuál es la fuente de la información. Si la fuente es un criminal... en la mayoría de los casos, los criminales son mentirosos y manipuladores", dijo un funcionario judicial estadounidense apostado en la ciudad de México. "[Pero] siempre que haya una acusación, la investigamos, sobre todo cuando viene de abogados defensores. Si tienes una acusación, si tienes algo que podamos revisar, ponlo sobre la mesa y lo investigamos".

Para cuando el presidente Obama asumió la presidencia, la posibilidad de fugas de información parecía estar preocupando seriamente a las autoridades estadounidenses. Le habían dado pistas a policías de alto rango, que a su vez se las habían pasado directamente a los capos. La DEA estaba recabando cantidades enormes de inteligencia, pero ¿podían los agentes en campo confiar siquiera en que sus "agentes aprobados" —a los que pertenecía Garay— las mantendrían en secreto? "Estamos en el negocio de buscar información", dijo Anthony Placido, de la DEA. "El problema al tratar de compartirla es asegurarnos de no matar a la gallina de los huevos de oro. Tenemos que asegurarnos de que nuestros colegas extranjeros sean de fiar".

El que un agente u oficial mexicano hubiera pasado por la investigación de antecedentes que exigía la DEA en Quantico —investigación financiera, pruebas *antidoping*, polígrafo, entre otras cosas— no garantizaba que seguiría siendo de fiar después de regresar a México y enfrentar la tentación en campo.

Los que se mantenían fieles a su entrenamiento e integridad enfrentaban peligros graves. Entre 2007 y 2008 fueron asesinados diez oficiales judiciales que trabajaban de cerca con la DEA cumpliendo funciones de enlace; siete de ellos habían sido "agentes aprobados". También el FBI estaba perdiendo aliados: 51 de sus "contactos cercanos" en México fueron asesinados entre 2007 y 2008. Y no era todo: según un cable diplomático supuestamente escrito por autoridades de Estados Unidos y enviado el 23 de enero de 2009, los agentes estadounidenses podrían estar en la mira muy pronto.

"Sabemos por nuestras fuentes que los miembros de los cárteles han considerado al menos la posibilidad de dañar tanto a nuestro personal como nuestras instituciones, pero francamente no conocemos suficiente cómo piensan y operan los miembros [de las organizaciones narcotraficantes] como para saber qué factores podrían disparar la decisión de realizar un ataque así. Sin embargo, la amenaza potencial es muy real".

"Calculamos que la amenaza al personal estadounidense podría aumentar si la violencia sigue escalando y si quedan en la mira más funcionarios de alto rango y dirigentes políticos. Además, se podría disparar una reacción si los narcotraficantes perciben que sus pérdidas se deben a que Estados Unidos está apoyando los esfuerzos antidrogas [de México]. Vamos a seguir monitoreando las amenazas potenciales al personal estadounidense por parte de bandas del crimen organizado y estaremos atentos a cualquier información que sugiera que los narcotraficantes perciben la participación estadounidense como responsable de sus pérdidas".

Cuando ocurrieron los incidentes inevitables —fuera por corrupción o por asesinato—, los oficiales tuvieron que entrar en la modalidad de reparación de daños.

Los ánimos se resquebrajaban de la noche a la mañana y los de mayor rango tenían que limar asperezas con sus contrapartes respectivas. Sin embargo, los oficiales reconocían que los incidentes en las bases —la detención de policías corruptos, por ejemplo— eran más fáciles de resolver que los problemas en las altas esferas. Era como un edificio con varios pisos, donde los empleados de las plantas inferiores se angustiaban si los jefes discutían, pues las implicaciones para ellos podían ser enormes; cuando ocurría lo contrario, con un buen discurso público, un par de reuniones a puerta cerrada y unos apretones diplomáticos de mano se lograba aliviar tanto la ira como la ansiedad.

Los oficiales estadounidenses en México definitivamente se beneficiaron con las palabras del presidente Obama y de la secretaria de Estado Hillary Clinton a principios de 2009. Ambos políticos reconocieron que el consumo de drogas en Estados Unidos y sus leyes sobre armas eran factores de la violencia vinculada con el narcotráfico en México. Este reconocimiento —palabras positivas, si bien bastante superficiales aún— le dio a los oficiales estadounidenses que operaban en México la protección retórica suficiente para comprometer al Gobierno y a la población mexicanos, por no mencionar a la prensa. Ya no era un secreto a voces el hecho de que Estados Unidos compartía la culpa. El secreto se había revelado y les permitió a los oficiales estadounidenses acercarse a sus contrapartes mexicanas en términos de igualdad. Ya no era que Estados Unidos le estuviera ayudando al pobrecito de México que no podía hacer las cosas solo, sino que estaba ahí, en México, como un socio a la misma altura.

Ahora los oficiales estadounidenses podían declarar, sin reservas ni mentiras, que estaban trabajando para enfrentar un problema que afectaba a ambas naciones. Miembros de las 17 agencias judiciales que operaban bajo el paraguas de la embajada estadounidense —el I.R.S., el ICE, el FBI, la DEA, el Departamento de Justicia, entre otros— tenían la venia (y el reconocimiento diplomático) para trabajar con sus contrapartes mexicanas en igualdad de condiciones.

Los agentes estadounidenses serían el equipo de apoyo; los mexicanos serían los únicos operativos.

Tanto la Casa Blanca como Los Pinos coincidían en que el consumo de drogas debía tratarse como un problema de salud pública, al menos hasta cierto punto, y no sólo como un problema de seguridad. La estrategia del presidente Obama pedía "promover un equilibrio entre prevención, tratamiento y aplicación de la ley"; su administración también buscaría más programas preventivos para detectar uso de drogas y problemas de salud, en una apuesta por ofrecer tratamiento antes de que se instalaran la adicción y otros problemas derivados.

Durante la administración de Fox, México había comenzado a reconocer seriamente el aumento en las adicciones dentro de sus fronteras. De acuerdo con la Secretaría de Salud, en México ya había alrededor de 4.5 millones de "consumidores de droga". Otras instancias, como la Comisión

Nacional contra las Adicciones (Conadic), exigían que se hiciera algo: el número de adictos aumentaba rápidamente.

El presidente Calderón reconoció abiertamente que el consumo de drogas era un problema de salud pública serio; repetidamente lo describiría como un "cáncer" o la "esclavitud" de los mexicanos en el siglo XXI. Las autoridades de salud estaban de acuerdo; los altos funcionarios de la Secretaría de Salud y la Conadic coincidían en que la marihuana era una droga "de paso": 90% de los usuarios pasarían de ahí a consumir heroína, cocaína o metanfetamina.

Pero enfrentar el problema en México, donde las instalaciones de salud no siempre daban el ancho y donde los médicos no siempre creían en tratar el consumo de drogas como problema de salud, resultaría todo un desafío.

Durante casi dos años, Ismael, de 18 años de edad y residente de Acapulco, había consumido marihuana, cocaína o crack alrededor de una vez por semana. "Lo hice porque mis amigos lo hicieron", dice el muchacho, originario de una colonia pobre, y que pidió que sólo se usara su nombre. Comenzó a tener problemas con su familia y, siguiendo el consejo de un amigo, se internó voluntariamente en un centro de rehabilitación. Durante tres meses llevó un régimen estricto de medicamentos, ejercicio, clases de fortalecimiento comunitario y terapia de grupo. Apenas unos días antes de su alta, se siente listo: "Me han enseñado a decir 'No, no voy a caer en las drogas, porque no quiero hacerme daño'". Ya rompió el contacto con los amigos con los que consumía drogas y mejoró las relaciones con sus padres y hermanos: "Mi familia está contenta, y contenta conmigo... Estoy bien listo para salir y luchar afuera".

Al concluir su periodo de rehabilitación, Ismael reconoce lo afortunado que fue. El costo de la clínica en Acapulco no era exorbitante —alrededor de $200 por tres meses—, pero había pocas instalaciones de ese tipo en el país, y recibían menos de dos docenas de personas a la vez. Según los que trabajan con los adictos, la mayoría de las clínicas de rehabilitación en México carecen incluso de los recursos más básicos y sirven ya sea como centros de concientización o como refugios temporales de desintoxicación.

Abundan las historias escalofriantes, algunas confirmadas y otras, simples rumores. Se dice que en un centro de rehabilitación público, los pacientes eran atados a sus camas y golpeados para controlar los síndromes de abstinencia. Existen sólo 110 clínicas como el lugar comparativamente sereno, cálido y eficiente en el que se internó Ismael en Acapulco. Están a cargo del Gobierno y reciben financiamiento de asociaciones civiles, pero aún así, según Ethel Correa Cabrera, directora del centro en Acapulco, "lo que tenemos no es mucho".

Correa y otros que trabajan con adictos dicen que el consumo de drogas está aumentando demasiado rápido, rebasando los escasos recursos que los sectores público y privado lograr conseguir para combatirlo.

"No tenemos bastante recursos para combatir este problema", dice.

En todo México, grupos altruistas como Alcohólicos Anónimos (AA) y otros más trataban de enfrentar el creciente problema de las adicciones.

En Uruapan, un hombre local de nombre José Luis, que pidió no se publicara su apellido porque está en recuperación en AA, había tenido la fortuna de tener un trabajo en la ciudad, como empleado de la Comisión Nacional Forestal. Pero hace apenas más de una década, su problema con el alcohol comenzó a interferir: "No podía pensar en el trabajo porque estaba demasiado ocupado pensando en la jarra".

La falta de oportunidades laborales —por no mencionar la prevalencia de las drogas— había causado estragos en los habitantes de muchas ciudades de Michoacán. Los pobladores decían que para finales de 2007, tan sólo en Uruapan ya había más de 40 centros de rehabilitación para alcohol y drogas.

La mayoría eran de autoayuda: de hecho, 35 eran centros AA. Una noche, en una reunión de AA en Uruapan, los ocho "compañeros", como se llaman entre sí, se ofrecen apoyo grupal. "Éste es el único lugar donde podemos hablar de estas cosas, y los adultos pueden llorar como niños", dice Alberto, un alcohólico cuarentón en recuperación que de niño fue golpeado por su abuela alcohólica. Miguel, otro alcohólico en recuperación, dijo que había comenzado a consumir alcohol y drogas de adolescente. Se dio cuenta de que necesitaba ayuda cuando un amigo fue apuñalado durante una pelea de borrachos en Morelia, la capital del estado: "¿Por qué no me morí yo en su lugar?", preguntaba. "Sentí miedo, frustración por mi manera de beber. Regresé a Uruapan, me di cuenta de que estaba enfermo y entré al programa de rehabilitación".

Según psicólogos y psiquiatras, la violencia vinculada con las drogas estaba causando estragos en la salud mental de los ciudadanos mexicanos. Según un médico de un hospital psiquiátrico privado en las afueras de Morelia, el aumento en el consumo de drogas, así como la tensión de vivir en medio de lo que algunos expertos consideran una zona de guerra, ha provocado un aumento en los problemas de salud mental.

El médico, que pidió permanecer en el anonimato porque no tiene autorizado hablar en nombre del hospital, dijo que había observado un aumento en el uso de distintas sustancias, en particular cocaína y "cristal". Dijo que estos pacientes solían presentar síntomas de "psicosis tóxica".

Las drogas tenían un costo incluso para quienes no las consumían.

El mismo médico había observado que iban en aumento la depresión y los ataques de pánico: "El problema va en aumento, pero también la conciencia del problema... Es oferta y demanda".

Otros especialistas en salud mental estaban tratando de descubrir las raíces del problema. Luis Ricardo Ruiz, un psicoanalista radicado en Culiacán, consideraba que había ocurrido una "paranoización de la sociedad". Creía que cuando los mexicanos veían crimen a su alrededor, se negaban a retirar la mirada; en consecuencia, vivían en un constante temor de lo que sabían que estaba ocurriendo a su alrededor. La crueldad y brutalidad se habían vuelto tan comunes, que todos temían que su propio vecino estuviera tramando algo igual de banal, pero igual de atroz. Los políticos estaban descalificando los asesinatos como "normales".

Esto no es normal, subrayó Ricardo Ruiz: "Lo que tenemos aquí es psicopatía".

Dijo que la sociedad se estaba victimizando psicológicamente.

Había analizado los motivos del consumo de drogas en su estado y en su mente no cabían dudas.

"¿Por qué consumimos drogas? Porque la vida duele. El dolor de vivir es simplemente vivir. Las farmacias son las iglesias de los desesperados. Los adictos son los creyentes".

El problema con los adictos —dijo Ricardo Ruiz— era que iban subiendo una montaña y seguirían subiendo hasta despeñarse del otro lado. Una nueva dosis. El siguiente toque. El siguiente pasón.

"La vida es más fácil si te anestesias, para evitar el dolor de la vida".

Y el problema de la guerra contra las drogas, según Ricardo Ruiz, era que los consumidores se quedaban sin opciones: serían considerados víctimas o delincuentes. Consideraba que la solución sería despenalizar y desvictimizar.

También sentía que el México conservador pesaba demasiado en las mentes de las personas y estaba contribuyendo al aumento en la adicción: "La depresión es una enfermedad del siglo XXI. Es dolor moral. Muchos adictos están deprimidos, pero está oculto: se automedican. El adicto vive un suicidio lento".

Durante toda la administración calderonista, la Conadic cabildeó activamente en busca de más clínicas para tratar las adicciones. Para finales del sexenio, habría más de 1,500 clínicas a disposición del público; 104 fueron cerradas por encontrarse en condiciones inadecuadas.

A finales de 2009, la administración de Calderón también optaría por una estrategia que llegara más allá que la de Washington: optó por la despenalización y la rehabilitación. Calderón convirtió en ley la propuesta de despenalizar la posesión de cantidades pequeñas de casi cualquier droga: ahora los mexicanos podían llevar cinco gramos de marihuana, 500 miligramos de cocaína, 40 miligramos de metanfetamina o 50 miligramos de heroína.

Discretamente, algunos funcionarios mexicanos esperaban que también Estados Unidos despenalizara o legalizara las drogas. Eso no sucedería.

En gran parte de Estados Unidos, el consumo de drogas se percibe a través del prisma del bien y el mal. En 1904, un obispo del episcopado exigió la prohibición del opio, tras regresar de Asia, donde había observado lo que consideró "la degeneración moral de los nativos". Diez años después, el *New York Times* informó que los negros estaban cometiendo "crímenes violentos" debido a la cocaína. (La droga, aparentemente, también volvía a los delincuentes negros resistentes a las balas de la Policía).

El presidente Richard Nixon sería el primer gobernante estadounidense en emprender una guerra contra las drogas, aprovechando la analogía bien *vs* mal para transmitir su mensaje. "La adicción a los narcóticos es un problema que aflige tanto el cuerpo como el alma de Estados Unidos", le dijo al Congreso en 1971. "Entra sigilosamente en los hogares y destruye a los niños, se mete en los barrios y va rompiendo la fibra comunitaria que forma a los vecinos. Debemos tratar de entender mejor la confusión y desilusión y angustia, que lleva a las personas, en particular a los jóvenes, hasta el uso de narcóticos y drogas peligrosas".

Esa vez se asignaron 100 mil millones de dólares para combatir el uso y tráfico de drogas. En este momento, el presupuesto anual antidrogas es de $15.1 mil millones.

La agencia Associated Press realizó un estudio exhaustivo de los presupuestos antidrogas desde 1971 y llegó a las siguientes conclusiones: $20 mil millones se habían gastado en combatir bandas narcotraficantes en sus lugares de origen (países como Colombia y México); $33 mil millones en las campañas publicitarias del tipo "Sólo di que no" de la era Reagan, en un esfuerzo por prevenir el consumo entre jóvenes; $49 mil millones en acciones judiciales sobre la frontera; $121 mil millones en la detención de 37 millones de infractores no violentos vinculados con las drogas; y $450 mil millones en mantener tras las rejas a los infractores vinculados con las drogas.

Pese a tanto gasto, el Departamento de Justicia calculaba que las consecuencias del consumo de drogas —"un sistema judicial sobrecargado, un sistema de salud desgastado, pérdida de productividad y destrucción ambiental"— le estaban costando al país $215 mil millones por año.

La DEA siempre había considerado que su función era una de procuración de justicia, como una agencia dirigida a ciertas organizaciones, en lugar de corretear a los sospechosos de siempre. De acuerdo con su propia historia, la intención original era crear una "súper-agencia" a cargo de coordinar todos los esfuerzos federales encaminados a combatir las drogas.

"El pueblo de Estados Unidos espera que sus impuestos se gasten de manera sensata y que su Gobierno les ofrezca los programas más efectivos que pueda", dijo Donnie R. Marshall, entonces administrador de la DEA, ante el subcomité para delitos de la Cámara de Representantes a finales de la década de 1990. "Si alguna vez el éxito judicial se midió en el número de infractores detenidos y en la cantidad de droga incautada, ahora nos damos claramente cuenta de que estas estadísticas no revelan la historia completa. La calidad y el efecto a largo plazo de los arrestos son más reveladores que las simples cifras, así como la disminución en la actividad delictiva y el aumento correspondiente en la calidad de vida de las distintas comunidades también son determinantes para nuestro éxito final".

Desafortunadamente, desde su nacimiento, la DEA ha tratado de seguirle el paso al consumo de drogas. En Baltimore, Maryland, había unos 300 adictos a la heroína en la década de 1950. Para 1997 había casi 40,000. Uno de cada 17 habitantes de la ciudad era adicto a la heroína.

En 1960, sólo cuatro millones de estadounidenses habían probado alguna droga. El día de hoy, la cifra es de 74 millones.

En las décadas de 1980 y 1990, la DEA comenzó a perseguir organizaciones narcotraficantes activas en suelo estadounidense, en lugar de simplemente meter a la cárcel a los vendedores de las esquinas.

En 1994, por ejemplo, una investigación de dos años resultó en la detención de lo que la DEA llamó "una importante operación de transporte de la organización de Cali". Radicados en Los Ángeles, los traficantes iban a trasladar varias toneladas de cocaína de ahí a Nueva York, San Francisco y Chicago, donde la mercancía se vendería o redistribuiría a St. Louis, Newark, San Antonio, Washington, D.C. y Nueva Orleans.

La operación recibió el nombre en clave de Foxhunt /Zorro. Su principal objetivo: Diego Fernando Salazar Izquierdo, un representante de Cali en Los Ángeles, conocido como el Zorro. Se requirieron 31 investigaciones simultáneas para identificar y arrestar al Zorro, porque él y otros elementos usaban sistemas de comunicación muy elaborados para frustrar las intervenciones telefónicas; también, según la DEA, usaban *software* especial para clonar o robar números telefónicos de individuos desprevenidos y de organizaciones fragmentadas para evitar ser detectados. Se incautaron unas 6.5 toneladas de cocaína y más de $13.5 millones; 191 sospechosos fueron detenidos. En esta investigación participaron 55 agencias, entre federales, estatales y locales.

Seguirían más grandes operativos de este tipo, dirigidos a atrapar presuntos capos o al menos a miembros importantes y a redar a sus subordinados. En la década de 1980, la DEA también había empezado a seguir la huella del dinero. Creó su propio banco, para atraer a narcotraficantes que buscaban lavar sus ganancias; en 1989, el equipo de investigación de la DEA creó Trans America Ventures Associates. El engaño fue excepcional: los agentes encubiertos podían pasar por lavadores de dinero y ofrecer recolectar los fondos en cualquier parte del mundo; podían usar a sus informantes para identificar a los corredores colombianos que fungían como intermediarios entre los grandes capos y las organizaciones de lavado de dinero en Estados Unidos.

A través de Trans America Ventures Associates, los agentes de la DEA —actuando en nombre de sus "contrapartes" colombianas— abrieron tiendas de artículos de piel en Houston, Ft. Lauderdale, Miami, Chicago y Nueva York; importarían mercancía de Colombia para crear una vía legítima para enviar dinero estadounidense a bancos en Colombia y Panamá, entre otras ubicaciones.

La DEA instaló cámaras escondidas y dispositivos de grabación en las tiendas. En cierto momento, la operación había crecido tanto que los agentes encubiertos temieron que pudiera colapsarse como una torre de naipes.

La DEA puso en marcha el plan en conjunción con oficiales antidrogas en Italia, Colombia, España, Canadá y Gran Bretaña. Casi 170 sospechosos fueron detenidos y se incautaron $54 millones.

"Destruimos completamente esta red", dijo Alessandro Pansa, un importante detective italiano del operativo internacional sobre Cali.

La DEA seguiría persiguiendo redes criminales, desmembrándolas con golpes fuertes, pero en su estela surgían otras nuevas.

Los más altos funcionarios de la DEA, como Marshall, reconocían que no era perfecto lo que los activistas de la guerra antidrogas llamaban "estrategia *whack-a-mole*" ("dale al topo", un juego popular de pegarle con un martillo a varios topos que salen de sus hoyos de manera aleatoria), porque "el narcotráfico global es por naturaleza inconstante, pues se alimenta de la existencia de sindicatos internacionales bien arraigados que se dirigen a las comunidades estadounidenses con productos bien diseñados que aprovechan los cambios en modas y oportunidades".

En 1996, a través de la Operación Zorro II sobre la frontera Suroeste de Estados Unidos, la DEA aprendería más acerca de la sociedad entre los narcotraficantes mexicanos y sus contrapartes colombianas. La DEA realmente no se había dado cuenta de lo "cercana y eficiente" que era la sociedad; por primera vez, la DEA confirmó que "los narcotraficantes mexicanos no sólo transportan, sino que tienen sus propias redes de distribución a lo largo y ancho de Estados Unidos".

La DEA prometió adaptar sus estrategias y apegarse al compromiso de usar sus recursos de la manera más efectiva posible, tanto nacional como internacionalmente.

Recibiría nuevas críticas durante los primeros días de la administración de Obama.

"Vista en perspectiva, [la estrategia antidrogas] no ha sido exitosa", dijo el nuevo zar antidrogas Gil Kerlikowske. "Después de cuarenta años, la preocupación por las drogas y los problemas asociados, en todo caso, se ha magnificado, intensificado".

El presidente Obama prometió poner en práctica una nueva política —el zar antidrogas Kerlikowske era conocido por haber tenido una postura relajada respecto a las drogas, centrada en la salud—, pero al cabo de algunas semanas, su administración había aumentado el gasto en procuración de justicia.

"Nada ocurre de la noche a la mañana", dijo Kerlikowske. "Nunca hemos enfrentado el problema de las drogas de manera holística. Atrapamos al narcotraficante, pero dejamos la adicción".

La realidad, por supuesto, era que sería casi imposible hacer cambios de fondo como la legalización. Las encuestas recientes han mostrado que una cantidad cada vez mayor de estadounidenses apoya la legalización de la marihuana, al menos con fines medicinales. Pero cuando llega el momento de votar, los defensores pierden las agallas.

A finales de 2010, los californianos acudieron a las urnas para votar la Proposición 19, una medida que legalizaría la marihuana con uso recreativo. Más de 50% de los californianos votó en contra de la propuesta.

Kerlikowske felicitó a quienes habían votado en contra de la medida; los críticos siguieron arremetiendo contra la administración de Obama por su incapacidad para reducir el presupuesto destinado a procuración de justicia.

Aunque la mayoría de los pastores en California guardaron silencio respecto al debate por la Proposición 19, los grupos cristianos de todo el país la condenaron: dijeron que la marihuana era "la droga más siniestra" y exigieron que "los espíritus demoniacos sean arrojados de vuelta al infierno".

Un grupo de narcos jóvenes había sido asesinado el día anterior. El obispo de Culiacán, Benjamín Jiménez Hernández, pidió calma a sus feligreses. Pronunció palabras tranquilizadoras. Cientos de pobladores habían ido a la iglesia a escuchar sus palabras de calma y sabiduría, soportando los 32 grados del interior para escuchar lo que esperaban serían soluciones.

No las hubo. Mientras salían de misa, muchos de los asistentes simplemente menearon la cabeza. Regresaron a sus casas, decepcionados. Quizá reconfortados, pero no mucho. Al siguiente día, más de lo mismo en los titulares: otros tres narcos masacrados.

Históricamente, el papel de la Iglesia católica en la guerra contra las drogas y el crimen siempre ha sido básicamente político: las diócesis ofrecen consuelo a sus feligreses; la jerarquía emite declaraciones sobre seguridad; la Iglesia se mantiene fuera del ruedo. Pero a veces queda atrapada entre las olas o incluso en lo más tupido de la tormenta. En mayo de 1993, un equipo de gatilleros al servicio del cártel de Tijuana aterrizó en el aeropuerto de Guadalajara. Su objetivo era el Chapo, pero en cambio mataron al cardenal Juan Jesús Posadas Ocampo, el arzobispo de Guadalajara. Las investigaciones de ese incidente de 1993 dejaron mucho que desear y luego fueron reabiertas por la PGR. Una investigación reveló que en diciembre de 1993, unos siete meses después del asesinato, Ramón Arellano Félix se reunió con el nuncio papal. El nuncio bendijo al hombre que presuntamente había participado en el homicidio de Posadas Ocampo y era conocido como uno de los narcotraficantes más arrebatados y peligrosos del momento. En 1994, el nuncio se reunió con Benjamín, otro de los hermanos Arellano.

El nuncio dijo que nunca consideró entregarlos porque era "un asunto de conciencia. Mi trabajo como sacerdote es una cosa; actuar como autoridad ya es otra cosa".

En abril de 2009, otro arzobispo quedó en medio de una controversia vinculada con la guerra contra el narco. El arzobispo de Durango, Héctor González Martínez, le llamó la atención a las autoridades por no haber atrapado al Chapo y declaró: "más adelante de Guanacevi, por ahí vive el Chapo. Todos lo sabemos, menos la autoridad".

Las declaraciones causaron un revuelo. Algunas autoridades pidieron que se investigara al arzobispo; si sabía con tanta certeza dónde estaba el Chapo, entonces seguramente sería su cómplice de alguna manera. La jerarquía eclesiástica le pidió al arzobispo que guardara silencio sobre el tema, pero volvió a expresarse contra el Chapo. "Es omnipresente", dijo González y nombró varios pueblos donde al parecer lo habían visto. Esta vez, sin embargo, González fue más cauteloso y reconoció que no tenía pruebas concretas del paradero del Chapo; lo que decía se basaba en rumores.

Sin embargo, estas declaraciones reactivaron el debate sobre la relación de la Iglesia con los narcos. Durante los 71 años de régimen priísta, los narcotraficantes mexicanos no siempre fueron considerados criminales. Los narcos asistían a eventos sociales en todo México, en los que también había políticos, empresarios y sacerdotes. Asistían a bodas y bautizos de personalidades importantes. Un sacerdote de Mexicali, en la frontera Norte de México, asegura haber bautizado a varios de los hijos del Chapo. En 1983, el narcotraficante más poderoso de México, Félix Gallardo, asistió a la boda de Rodolfo Sánchez Duarte, el hijo de un ex gobernador.

Quien ofició la misa fue el obispo de Culiacán.

Las relaciones entre los narcos y la Iglesia no eran necesariamente nítidas; después de todo, afirma George Grayson, un antiguo experto sobre México adscrito al College of William & Mary en Williamsburg, Virginia, en muchas partes de México "los capos de la droga siempre han sido miembros del régimen oficial".

"La Iglesia justifica sus relaciones con los capos del narco diciendo que estos contactos podrían cambiar el comportamiento de los criminales y llevarlos por el camino de la gloria. Y si no, al menos la Iglesia ya tiene un techo que no gotea y la escuela tiene mesa-bancos", explica.

Efectivamente, se dice que los narcos siempre han donado dinero a la Iglesia, lo que comúnmente se conoce como narcolimosnas. Durante años, la Iglesia rechazó esas afirmaciones, a veces negándolas furiosamente, otras veces simplemente preguntando cómo podrían probarse esas acusaciones. Pero durante el sexenio de Calderón, algunos comenzaron a hablar.

El obispo de Texcoco, Carlos Aguilar Retes, presidente de la Conferencia del Episcopado Mexicano, declara que "en algunos pueblos muy alejados en la sierra, donde ni el Gobierno tiene recursos para actuar, los narcotraficantes hacen obras muy significativas para la comunidad... En general, meten la luz, comunicaciones, caminos por cuenta de ellos. Eso es lo que hacen y muchas veces también construyen una iglesia, una capilla. Eso es en algunos pueblos muy remotos de la sierras...".

"No los estoy justificando, simplemente estoy diciendo la evidencia".

Luego, en una declaración escrita en *Desde la Fe*, el periódico de la Arquidiócesis Primada de México, la jerarquía eclesiástica reconoció finalmente que en México quizá se hubiera usado dinero del "más sucio y sanguinario negocio" para construir capillas y otras instalaciones. Esto era "inmoral y doblemente condenable", declaró la Iglesia: "Nada justifica que se pueda aceptar esta situación".

En medio de la violencia, los curas locales han cumplido una función muy tranquilizadora al consolar a las víctimas y pobladores asustados.

Algunos han encabezado protestas contra la violencia; otros han tratado de trabajar con los narcotraficantes en un empeño por rehabilitarlos.

Sin embargo, las declaraciones de la jerarquía a lo largo de la guerra contra el narco no han logrado ganarse los corazones de una feligresía mermada: la asistencia a la iglesia disminuye a una tasa de aproximadamente 1.7% anual.

Y a veces, la Iglesia católica parece estar completamente desconectada.

El vocero de la Arquidiócesis Primada de México, Hugo Valdemar, criticó en un momento el Gobierno liberal y de izquierda de Marcelo Ebrard en la ciudad de México, que legalizó los matrimonios homosexuales, instituyó programas sociales y de salud, y logró mejorar la seguridad en la capital. "Él y su Gobierno han creado leyes destructivas de la Familia, que hacen un daño peor que el narcotráfico", dijo Valdemar.

Valdemar fue rápidamente atacado por columnistas y ciudadanos por igual: por muy conservador que se pueda ser, comparar a Ebrard con los narcos era simplemente ofensivo e incorrecto.

La Iglesia católica también enfrentaba la competencia de otras denominaciones religiosas y grupos pseudoreligiosos, que buscaban la atención de la población mexicana. Los adoradores de la Santa Muerte, por ejemplo, han aumentado enormemente en los últimos años. La Santa Muerte es la figura de un esqueleto macabro en la que han buscado consuelo los más desposeídos: criminales, pobres, hombres jóvenes. Sus capillas salpican las calles de las colonias más oprimidas en la ciudad de México, Culiacán, Ciudad Juárez y Tijuana. Los devotos encienden veladoras y rezan frente a las figuras de la Santa Muerte, como lo harían en una Iglesia católica (si se identificaran con el catolicismo). En las cárceles de todo el país, los internos acusados de narcotráfico y otros delitos penales tallan en madera estatuillas de la Santa Muerte y las venden a través de un programa de inserción laboral.

Hasta hace poco, la Santa Muerte se consideraba simplemente un culto alternativo. Incluso mientras crecía el número de sus seguidores, sólo algunos padres de familia consternados y la jerarquía de la Iglesia católica expresaron su preocupación. En esencia, un adolescente mexicano seguidor de la Santa Muerte no es muy distinto de un joven que se viste como gótico y escucha música melancólica; la jerarquía de la Iglesia católica desautorizaba la legitimidad de la Santa Muerte, pero no consideraba su culto como una amenaza.

Luego vino la guerra contra el narco. Junto con las incautaciones de drogas, armas y dinero ilegal, los soldados mexicanos comenzaron a encontrar figuras de la Santa Muerte en las casas de los narcotraficantes. Casi de la noche a la mañana, la Santa Muerte se vinculó con el "mal" y el "cáncer", como algunos funcionarios le llamaban al narcotráfico. Un predicador de la Santa Muerte fue baleado y se estableció un vínculo con el crimen organizado, al menos en las mentes de algunos comunicadores y autoridades. "Entre una expresión religiosa —del [tipo] que sea— y una que puede servir de excusa para el crimen organizado hay una línea delgada, pero no irrelevante", dijo un ex alto funcionario de la PGR. Agregó que en México no se perseguía a nadie por adorar a la Santa Muerte, pero insistió en que era absolutamente necesario instruir a la población acerca de las relaciones entre ciertos rituales y la conducta criminal.

En Sinaloa, Jesús Malverde —un bandido mítico que se dice le robaba a los ricos para darle a los pobres— se estaba empezando a asociar con los narcos. En la capilla de Culiacán, ubicada cerca del palacio legislativo estatal e incluso señalada en los mapas turísticos locales, docenas de devotos llegan cada día a rendirle sus honores y pedir ayuda. El 3 de mayo, supuesto aniversario del ahorcamiento de Malverde, miles de personas se arremolinan en la capilla de Culiacán, así como en la que está en la colonia Doctores de la ciudad de México.

No todos son narcos. Jesús Manuel González Sánchez, un habitante de Culiacán cuyo padre fundó la capilla en 1979, después de ser herido por unas balas perdidas y haber recurrido a Malverde en busca de ayuda, ve gente de todo tipo.

Según González Sánchez, Malverde es parte de la cultura de Culiacán: "La gente dice que Malverde es el santo de narcos, pero es el santo de los pobres, de los que les falta representación. Mucha gente dice que [Malverde] es puro narco, pero es por todos".

A medida que aumentaba la violencia en Culiacán durante el sexenio de Calderón, González Sánchez observó un aumento claro en el culto a Malverde. Según dice, estaban muriendo muchos inocentes, de modo que más ancianos —que no eran seguidores típicos de los cultos alternativos— "vinieron a pedir protección de la violencia". González Sánchez dijo que también estaba aumentando el rechazo hacia las tácticas judiciales en la guerra contra el narco: "Malverde es, por cierto, afuera de la ley. Y mucha gente no cree que el Ejército... No es una estrategia buena".

Tenía grandes esperanzas para el movimiento de Malverde, pese a los esfuerzos de algunas autoridades por combatir su propagación: "Cada día, crecen el movimiento y la fe. Hay un poco de todo en la capilla. ¿Quién sigue a Malverde? Artistas, estudiantes, políticos... todos".

Sin embargo, en medio de los temores por la Familia y su supuesta religiosidad, los seguidores de Malverde y la Santa Muerte quedarían en la mira de las autoridades.

Para los representantes de la Iglesia católica en regiones como Michoacán, convencer a sus feligreses de las verdaderas motivaciones de la Familia se convertiría en un desafío cotidiano, y a veces peligroso. Algunos curas reconocían haber recibido amenazas de la organización; otros valerosamente encabezaban marchas por la paz en su zona. En todo el país, los curas ubicados en zonas de narcotráfico enfrentan cada vez más la amenaza de extorsión a cambio de su seguridad, según la asociación civil Instituto Ciudadano de Estudios sobre la Inseguridad.

Enfrentaban la muerte simplemente por tratar de convencer a la población de que su Biblia era más virtuosa que la de la Familia, que predicaba que "es preferible morir peleando de frente que de rodillas y humillado; es preferible ser un perro vivo que un león muerto".

Para los católicos de México no queda clara cuál tendría que ser la función de la Iglesia católica en la lucha futura contra el narcotráfico. El secretario de Estado del Vaticano, el cardenal Tarcisio Bertone, ya apoyó la guerra del Gobierno contra el crimen organizado y dijo que es un "deber" luchar contra estos cárteles porque sus acciones representan "la manera más hipócrita y terrible de asesinar la dignidad y personalidad de la juventud actual".

Sin embargo, no ha ofrecido respuestas inmediatas acerca de cómo tendría que tratar a los narcos la Iglesia católica: "Ciertamente, la excomunión es un medio de disuasión severo que la Iglesia ha usado para enfrentar los crímenes más graves de su historia, desde los primeros siglos", dijo Bertone. "Pero… la excomunión es un castigo que sólo afecta a quienes tienen alguna forma de conciencia eclesiástica, una educación eclesiástica".

La administración de Calderón sabía que la guerra contra el narco acabaría atrapando a miles de presuntos delincuentes. Con el avance tan lento de las reformas judiciales, las cárceles seguramente acabarían a reventar.

Pero se habían hecho pocos preparativos para encarcelaciones masivas. La CNDH siempre había expresado su preocupación por la corrupción, hacinamiento, abuso, alcoholismo y adicciones en la mayoría de los penales mexicanos. Las condiciones de salud eran "pobres", según el Departamento de Estado estadounidense, además de que "la mayoría de las prisiones están atendidas por custodios mal entrenados, mal pagados y corruptos". De acuerdo con las autoridades federales, al comienzo de la guerra contra el narco, la mayoría de las cárceles ya operaban 30% por encima de su capacidad.

Existen 440 instalaciones penitenciarias en México, con más de 200,000 presos.

Las autoridades habían autorizado que organizaciones de Derechos Humanos como la Cruz Roja y la CNDH hicieran monitoreos independientes de las condiciones carcelarias. Dichas organizaciones señalaron problemas de hacinamiento, huelgas de hambre y condiciones de higiene.

El Gobierno federal también hizo esfuerzos por mejorar las condiciones; se entrenaron nuevas autoridades correccionales, personal técnico y empleados administrativos. Cerca de 7 mil millones de pesos se destinaron a construir, mejorar y reformar las prisiones.

Pero se hizo poco por contener a los internos.

Ya había habido advertencias, banderas de alerta. Durante la administración de Fox se habían escapado internos de varios penales. El 14 de junio de 2006, poco antes de la elección de Calderón, 11 presos se fugaron del penal estatal de Nuevo Laredo en medio de un tiroteo.

Sin embargo, eso no impediría que las fugas aumentaran durante el sexenio de Calderón.

El 28 de julio de 2007, seis presos considerados "de alta peligrosidad" se fugaron de la prisión estatal en Zitácuaro, Michoacán.

El 25 de febrero de 2008, cuatro presos escaparon de la prisión estatal en Monterrey a través de un túnel.

El 14 de abril, dos internos lograron huir del penal estatal en Cuautitlán.

El 16 de mayo, otros seis —presuntos Zetas— se fugaron de la prisión en Coatzacoalcos, Veracruz. Afuera de las instalaciones los esperaba un grupo de hombres armados y vestidos con uniformes de la AFI.

El 9 de octubre, otros 17 supuestos Zetas escaparon de la cárcel de Reynosa.

Y así seguiría la cuenta durante todo el sexenio. Durante la administración de Calderón han ocurrido más de 25 fugas penitenciarias.

Además, algunas fueron más que simples fugas. En bastantes participaron hombres armados con falsos uniformes militares o de la AFI; en la mayoría de los casos se cree que los prófugos recibieron ayuda de los custodios y, en muchos de ellos, del propio director del penal.

El 16 de mayo de 2009 en Cieneguillas, Zacatecas, 20 personas vestidas con uniformes de la AFI ayudaron a escapar a 53 presos. Desde la fuga del Chapo de Puente Grande, las autoridades no habían pasado una vergüenza tan grande. (De hecho, ni siquiera Puente Grande, supuestamente un penal de máxima seguridad, contaba con los procedimientos de seguridad adecuados; durante el sexenio de Calderón hubo tres fugas de ese mismo penal).

Y faltaba lo peor.

El 10 de septiembre de 2010, 85 internos escaparon de la prisión estatal de Reynosa usando una escalera para brincar el muro. El 17 de diciembre, sólo tres meses después, 141 presos burlaron la seguridad en el penal de Nuevo Laredo, el mismo que antes de la elección de Calderón fue atacado.

También entre los muros de las cárceles había enfrentamientos entre las bandas.

En un motín murieron 20 internos, cuando dos bandas rivales se enfrentaron en el penal estatal de Ciudad Juárez.

Otra pelea, esta vez entre internos armados en Durango, dejó 19 muertos y más de 20 heridos. A veces los motines eran por las condiciones penitenciarias; otras veces simplemente eran pleitos territoriales entre bandas que resultaban estar encerradas en el mismo penal.

De acuerdo con la SSP, tan sólo entre septiembre de 2008 y diciembre de 2009, 200 internos murieron adentro de alguna cárcel, 532 resultaron heridos y 142 se fugaron. Hubo al menos tres fugas de Puente Grande, pese a la visibilidad del penal desde el escape del Chapo en 2001.

Para los encargados de las prisiones, la tarea de vigilar era abrumadora. El fracaso era casi inevitable.

Jaime Cano Gallardo, el director del penal estatal conocido como el Cereso No. 3 en Matamoros, Tamaulipas, no tardó mucho en darse cuenta de que esta batalla en particular era más de lo que podía enfrentar. Había estallado una pelea entre cinco o diez internos en el bloque Norte de la unidad conocida como Amanecer Nuevo. Al cabo de unos minutos, muchos otros estaban metidos en la pelea. Había hombres sangrando en el suelo; el pleito seguía. Cano hizo lo único que podía: llamó a la Policía federal. Unos minutos después, llegó un equipo de soldados y policías federales, interrumpieron el motín, sometieron a los involucrados y abrieron paso a los paramédicos. Había 36 internos heridos. Y dos muertos.

"Pedí el operativo federal", cuenta Cano al recordar el incidente, sentado en su oficina a sólo una pared de distancia de donde ocurrió. "Firmé la solicitud: eso muestra que no fui involucrado".

Durante el sexenio de Calderón, los directores de penales como Cano quedaron sometidos a una creciente vigilancia. En las fugas penitenciarias solían participar los directores, de modo que Cano y otros como él luchaban contra la corriente por mantener su reputación intacta.

Cano llegó al Cereso No. 3 en julio con una buena reputación. Como director de una cárcel cercana, en Miguel Alemán, otro agitado pueblo fronterizo en Tamaulipas, había lidiado con asesinos, narcotraficantes y otros delincuentes. En Miguel Alemán había llevado un régimen que fomentaba la rehabilitación y el sentimiento de comunidad. Había tenido muy pocos problemas con sus internos, por no mencionar con su personal. De modo que cuando el director anterior del Cereso No. 3 renunció por su supuesta complicidad en una fuga, nadie dudó en elegir a Cano para sustituirlo.

Cano se llevó a mucha gente de su antiguo equipo al irse a Matamoros. Tendría a su cargo cerca de 1,300 internos —entre ellos 56 mujeres— y quería gente en la que pudiera confiar. Durante el primer año trabajó para ganarse la confianza de los que supervisaría. Los custodios, al igual que los internos, recibían premios por hacer horas extra o por no faltar al trabajo. Los recompensaba, dijo Cano, si le ayudaban a cumplir con su trabajo de hacer que el Cereso No. 3 operara de manera eficiente y libre de delincuencia. "Si me ayudas, te ayudaré", es lo que les decía. "Si no me ayudas, no recibirás nada de mi parte".

Este arreglo no siempre era tan sencillo como parece. Un domingo, Cano estaba haciendo su recorrido cuando se encontró a un custodio dormido en su silla en uno de los bloques del penal. "Vamos a regañarlo", pensó.

El estilo de Cano era firme, pero justo, dicen los internos y quienes trabajaron con él. Aunque le dejaba la operación cotidiana del penal a los custodios, Cano hacía inspecciones regulares. Pero incluso él sabía que no podía estar en todas partes y enterarse de todo: "De vez en cuando, haré un recorrido, para asegurar que los custodios no estén tomando o durmiendo. Hago lo que puedo, lo que está en mis manos.

Intentamos hacer nuestro mejor esfuerzo".

Una medida puesta en marcha durante el sexenio de Fox —y luego retomada por Calderón— consistió en alentar a los directores de penales a mejorar sus instalaciones y la manera de administrarlas mediante aumentos salariales. Como director, Cano ganaba 31,000 pesos al mes: "un sueldo bueno", reconoció, que le permitía mantener una casa en Matamoros para la semana y otra en Reynosa, a menos de una hora en auto, para pasar los fines de semana con su esposa y sus tres hijos. Manejaba una camioneta *pick-up*, pero muy modesta, decía. Los custodios, en cambio, ganaban sólo 7,500 pesos al mes, con lo que resultaba difícil garantizar que se mantendrían limpios.

"No puedo decir que no tengo custodios corruptos", se lamentó Cano. Durante su primer año en el Cereso No. 3 solicitó que seis custodios fueran transferidos por distintas infracciones. Explicó que no estaba entre sus facultades despedir gente, así que le correspondía al Gobierno del estado encontrar un lugar adecuado para los infractores.

Incluso cuando no había motines que apaciguar, la supervisión de las 14 hectáreas del penal no era una tarea fácil. Como muchos penales estatales del país, el de Matamoros estaba organizado con sólo un ojo puesto en el internamiento o rehabilitación. A las autoridades del Cereso No. 3 les gustaba presumir que su prisión era en realidad "una ciudad en pequeño": había una capilla, cada bloque tenía un restaurante y cafetería improvisados, los internos eran libres de decorar sus celdas como si fueran dormitorios universitarios y el patio interior incluso lucía unos juegos para los niños que visitaban a sus padres encarcelados.

Pero con estas libertades —un componente central de la rehabilitación y derechos de los internos, según insistían las autoridades del Cereso No. 3— venía también la actividad ilícita. En una visita reciente al penal, se vio a un grupo de tres hombres fumando marihuana cuando Cano y varios funcionarios de Gobierno pasaron frente a ellos: no hubo ningún gesto de apagarlo o esconderlo. En la celda de una mujer se veía claramente un teléfono celular, otro artículo de contrabando.

Aun así, Cano insistía en que él y su equipo eran tan firmes como debían ser. También fomentaba la libertad que permitía esta estructura. Los bloques del penal recibían el nombre de "colonias": "Es un pueblo pequeño, pero vivimos bien juntos", dijo.

Un domingo, el equipo de béisbol local salió a un campo cercano para recibir el trofeo de la liga. Local, es decir, del Cereso No. 3. El equipo de la cárcel juega en la liga de Matamoros y ese año había ganado: fueron galardonados en su propio campo, atrás del complejo del Cereso. Con su jardín delimitado por el muro de concreto y la torre de vigilancia elevándose sobre el jardín izquierdo, el campo hubiera podido pertenecer a cualquier pueblo estadounidense. "Parece bastante bien, ¿no?", dijo Cano antes de salir al campo a hacer el lanzamiento conmemorativo que exigía la ocasión.

En el Cereso No. 3, a los internos no sólo se les insistía en que practicaran algún deporte, sino también que aprendieran un oficio. Cientos se inscribían en carpintería, por ejemplo, y la mayoría tomaba clases de inglés. Un interno resultó tan hábil para la electricidad, que ayudó a instalar casi todo el aire acondicionado y otras comodidades en la oficina del director. Los que fabricaban objetos de cerámica o carpintería podían venderlos mediante un sistema de la propia cárcel. El objetivo, explicó Cano, era rehabilitar y educar, para que cuando salieran, los internos no volvieran a caer en la delincuencia.

Por supuesto, el Cereso No. 3 era una cárcel, y nunca podría confundirse con la vida en el exterior: "Nos tratan bien aquí: se pueden conseguir cosas para construirse un domicilio", dijo Nancy Roche, una interna de 29 años que cumplía una condena de diez años por posesión de marihuana. "Pero son estrictos. Si te atrapan con contrabando, te van a dar tiempo en aislamiento".

Juan José Moctezuma Zamora, otro interno de 35 años, dijo que en realidad sólo le faltaban "libertad" y su familia, que vivía lejos. También él elogiaba a Cano. Había llegado al Cereso No. 3 con Cano, de una cárcel en Miguel Alemán, como parte del trato que había hecho Cano. Había estado en otros penales, siempre por robo: "Cano es un hombre bueno. Menos duro que los otros".

Como director de un penal grande que albergaba a presos federales y estatales —entre ellos, algunos asesinos y narcotraficantes—, Cano sabía que su reputación era importante: "A algunos reos no les gusto", dijo. "Si los castigo, piensan que soy duro. Si no lo hago, me creen pendejo", agregó, riéndose.

Sin embargo, igual de importante era su reputación ante las autoridades. Como los directores de penales estaban bajo una vigilancia creciente, no podía permitirse el menor error. Comentó que era difícil que los medios captaran la verdad acerca del penal. Poco después de un incidente, por ejemplo, la prensa local lo llamó "narcodirector" y "director narcotraficante". Pero se mantuvo firme. "Me hacen daño moral", dijo de las acusaciones. "También, gano un sueldo bueno y no quiero perderlo. No es cierto". Su política, por lo tanto, era ser lo más abierto posible con los periodistas locales cada vez que hubiera un incidente en el penal, y simplemente esperar que no produjeran una historia "amarillista".

Al prepararse para salir de su oficina, Cano recogió unos documentos del escritorio; un par de armas sobre la silla le llamaron la atención. Rápidamente levantó la semiautomática —que tenía para su propia protección personal— y la guardó en el clóset.

"No quiero que la gente piense que soy delincuente", dijo. Sabía que tenía una bomba de tiempo entre manos y que sólo podría mantener el orden durante un tiempo.

"Un día, va a estallar", dijo.

El 25 de marzo de 2010, estalló. Escaparon 41 internos del penal de Cano Gallardo. Las autoridades del Estado inmediatamente lo señalaron a él y a su equipo, aduciendo que seguramente había participado.

Cano Gallardo fue destituido y sometido a investigación. Se dice que se dio a la fuga, en lugar de tratar de demostrar su inocencia ante autoridades que ya lo consideraban culpable.

No se le ha visto desde entonces.

Durante el sexenio de Calderón, docenas de directores de penales fueron despedidos.

Por más que trataran, era poco lo que podían hacer los directores, curas o trabajadores sociales en las instalaciones penitenciarias.

En el penal estatal de Culiacán se habían vuelto comunes las fugas. Se creía que los custodios eran corruptos o se hacían de la vista gorda.

En una ocasión, durante una fiesta organizada para los internos y sus familias visitantes, un supuesto socio del Chapo logró cruzar las rejas internas de las instalaciones, luego el perímetro interno frente a los custodios armados con AK-47 y revólveres, y finalmente cruzar el estacionamiento hacia la libertad.

Pedro Cárdenas Palazuelos, que asumió la dirección del penal después de este incidente, fue directo en sus afirmaciones: los custodios tenían la culpa por dejar escapar a los internos. Sabía que administrar una prisión era cuestión de disciplina y de profesionalizar al personal, para que ellos a su vez pudieran tomar medidas para vigilar a los presos. Los internos necesitaban aprender valores; necesitaban aprender honor, honestidad, integridad y a respetar la legalidad y el orden. Los custodios, por su parte, necesitaban conocer el valor de su libertad, el privilegio de tener un trabajo: "Si arriesgan su libertad, si se ponen sucios, pues..."

Cárdenas Palazuelos señaló por encima de las celdas.

Simpatizaba con los internos, que nunca habían aprendido los valores que él tenía: "Mis padres me dieron valores, legalidad. Me pegaban si me equivocaba".

Cárdenas Palazuelos fue uno de los directores que se encargó de realizar cursos y evaluaciones psicológicas para los internos. Aprenderían a tomarse la vida con calma, a no reaccionar por frustración, a no recurrir a la delincuencia como último recurso. Aprenderían "calidad de vida", dijo el director del penal.

La esperanza, claro, era que los narcos encarcelados comprendieran la legalidad y salieran transformados en ciudadanos respetables. Pero eso quizá era pedir demasiado. Como en cualquier sistema judicial del mundo, las instalaciones penitenciarias eran campos de cría y entrenamiento para delincuentes. En cuanto salían, ya sabían dónde estaban sus oportunidades.

Una interna de 22 años en una cárcel de la ciudad de México, que pidió permanecer en el anonimato, dijo que había hecho contactos "maravillosos" desde adentro, incluidas conexiones con miembros de los Zetas y otros grupos del crimen organizado, a los que llamaba regularmente desde alguno de los tres teléfonos celulares que tenía escondidos en su celda. Estaba segura de que podría llamarlos en cuanto saliera.

Las cárceles de México, dijo José Luis Soberanes, presidente de la CNDH, se habían vuelto "escuelas del crimen".

⍟

"Los derechos humanos son una estupidez"
GENERAL JOAQUÍN MORALES OJEDA

En junio de 2008, poco después de la reunión de alto nivel en Cuernavaca, el 110 Congreso consiguió $400 millones para México a través de la Iniciativa Mérida. Según un informe del servicio de investigación del Congreso, las condiciones referentes a derechos humanos eran "menos exigentes que en versiones anteriores de la ley, principalmente por las objeciones de México de que algunas de las condiciones originales hubieran atentado contra su soberanía nacional". El Congreso también liberó $60 millones de fondos retenidos hasta que el Departamento de Estado diera su aprobación, que a su vez estaba sujeta a los progresos logrados en materia de derechos humanos.

Sin embargo, las violaciones a los derechos humanos no mostraban señales de disminuir en México.

La CNDH recibía cada vez más quejas de violaciones a los derechos humanos cometidas por las fuerzas de seguridad federales. Entre 2003 y 2006 había recibido sólo 691 quejas de abusos cometidos por soldados contra civiles; la cifra se catapultaría a 4,803 quejas entre 2007 y 2010. Los incidentes de tortura saltarían de cinco, entre 2003 y 2006, a 25 entre 2007 y 2010.

Human Rights Watch tomó nota y produjo un informe lapidario tras otro durante el sexenio de Calderón. Este vigilante con sede en Nueva York atacaba en particular la falta de investigaciones y de explicaciones oficiales. Al respecto, Human Rights Watch declaró: "Al insistir en por qué hay tan pocos juicios, las autoridades judiciales ofrecen una variedad de explicaciones: una sobrecarga de casos, la complejidad y peligro de armar casos vinculados con el crimen organizado, y la ambigüedad de si los homicidios quedan bajo jurisdicción estatal o federal, entre otras. Sin embargo, varios procuradores reconocieron ante Human Rights Watch que uno de los mayores obstáculos para investigar y enjuiciar adecuadamente estos casos es la letanía de abusos cometidos por soldados y policías. Las fuerzas de seguridad no sólo tienden a contaminar y manipular las escenas del crimen —dijeron las autoridades judiciales—, sino que también entregan detenidos con poco más que una confesión, que los procuradores luego descubren fue obtenida con golpes, amenazas y otras violaciones. Así, los procuradores pueden hacerse de la vista gorda ante los probables abusos y construir un caso a partir de confesiones obtenidas violando los derechos de los sospechosos, o pueden desechar la evidencia contaminada y comenzar sus propias investigaciones desde cero".

También los procuradores de justicia en todo México temían por sus vidas. Un oficial de la Procuraduría del Estado de Sinaloa explicó que "si se trata del crimen organizado, si utilizan un cuerno de chivo [AK-47], lo pasamos directo a la PGR", y ahí se acaba la cosa. Nadie quiere meterse con los narcos: una investigación en territorio local simplemente provocaría la ira de los implicados. Esto indignó a los activistas por los derechos humanos, como Mercedes Murillo Monge, quien dijo que en consecuencia, los investigadores rara vez investigaban las circunstancias de la muerte, sino sólo la posible culpabilidad de los muertos. Por lo tanto, si las víctimas tenían alguna conexión —la que fuera— con drogas o narcos, el homicidio se descalificaba inmediatamente como muerte vinculada con drogas. Nada importaba que la causa real del asesinato no hubiera tenido nada que ver con las drogas o con la guerra en su contra.

Este modus operandi indagatorio deterioraría la confianza entre los ciudadanos y las autoridades. La falta de juicios e interrogatorios transparentes complicaría aún más las cosas y provocaría acusaciones de graves abusos a los derechos humanos.

Alrededor de la 1:30 del 18 de junio de 2010, Nallely Thamara Lara Sosa estaba sentada en la casa de su hermana en Cárdenas, Tabasco, cuando unos 20 hombres armados y encapuchados rompieron la puerta. No se identificaron, pero sí inspeccionaron la casa cuarto por cuarto. Encontraron a Nallely Thamara, de 22 años, escondida en el baño con su sobrina de siete años.

"Abre la puerta o la tiramos", ordenaron los hombres.

Nallely Thamara preguntó quiénes eran; simplemente repitieron la orden. Abrió la puerta y procedieron a llevársela. Un pariente preguntó por qué se la llevaban y uno de los hombres dijo: "Ella sabe lo que hizo".

Al parecer, los hombres se llevaron varios teléfonos celulares, relojes y otros objetos de valor de la casa.

Nallely Thamara declaró que la "amordazaron, vendaron de los ojos y colocaron en el asiento trasero de una camioneta *pick-up* sin marca ni placas, y luego partieron.

Según su testimonio, presentado ante Human Rights Watch, "los oficiales repetidamente le tocaban los senos y trataban de meter las manos entre sus piernas".

Dice que la sacaron del vehículo y la hicieron subir unas escaleras que, según Human Rights Watch, coincide con el testimonio de otras supuestas víctimas documentadas por activistas de derechos humanos.

Los tres hombres le dijeron que la habían identificado.

¿Por hacer qué?, preguntó ella.

Un hombre la golpeó en el costado de la cabeza, declara; di la verdad, le dijo.

Le colocaron una bolsa de plástico sobre la cabeza; dice que le dieron puñetazos repetidamente en la cara.

"Habla, perra. Habla, putita".

La habían acusado de trabajar para los Zetas y de participar en el asesinato de tres mujeres en esa ciudad tabasqueña, unas semanas atrás.

"No, señor, no hice nada, lo juro".

"Ahora nos vas a decir la verdad".

Más puñetazos en la cara.

"Vamos a hacer que cantes".

Un hombre supuestamente entró a la habitación con una gran bolsa negra para basura. Le cubrió la cabeza y el torso con la bolsa y la amarró, dice ella.

El oxígeno se estaba acabando.

"Muere, muere, perrita, es lo menos que mereces".

Dice que se desmayó varias veces.

Le mostraron fotografías de las víctimas; en una se veía a una mujer con un palo insertado en el recto.

"Esto es lo que te vamos a hacer".

Thamara dice que se la llevaron a la parte de atrás del cuarto de interrogaciones, donde la colocaron sobre una mesa. Los hombres se quitaron la ropa y amenazaron con violarla.

"Pequeña Thamara, aquí es donde todo empieza a cambiar. Ahora te vamos a dar cariño y afecto… porque aquí vas a encontrar muchos amigos, todos están haciendo fila para estar contigo".

“Me empezaron a manosear por todas partes. Me levantaron el *brassier* y sentí sus manos por todo mi cuerpo. Me tocaron las nalgas y me insultaron diciendo ‘Ahora vas a saber lo que es bueno. Tú estás buena, pinche puta’”.

Según su testimonio, ahí fue cuando Thamara cedió.

“No, señor, sí lo hice, pero por favor no me haga nada, se lo suplico”.

“Así que vas a cooperar, así que vas a hablar”.

“Sí, señor, lo que diga. Pregúnteme lo que quiera, pero no me viole”.

Thamara firmó una serie de documentos: una confesión.

“Cálmate, ya no tengas miedo. Firma todo lo que te damos y nadie te va a hacer nada”.

Los procuradores alegarían que Thamara había ayudado a llevar a las tres mujeres hacia un lugar específico en Cárdenas por órdenes del líder local de los Zetas, donde las violaron y mataron. Aparentemente, una de las mujeres había insultado a su jefe: su muerte sería una retribución.

Según Human Rights Watch, la confesión inicial de Thamara confirmaba esta versión. Pero luego declararía coerción.

“Vas a decir lo que te dijimos que dijeras. Y si no, ya sabes lo que te espera. Tenemos mucha gente ahí adentro”.

Cuando finalmente fue presentada ante un juez en Villahermosa, Thamara confesó su versión de los hechos: “Declaro que la confesión que di… ocurrió bajo coerción… por lo tanto, no afirmo esa confesión, así como tampoco las adendas que hice a mi confesión. …Todo lo dicho ahí es falso, totalmente falso”.

La Familia de Thamara presentó una queja ante la Comisión de Derechos Humanos de Tabasco; el caso se sigue investigando.

Human Rights Watch y otras organizaciones reconocidas por la defensa de los derechos humanos seguirían documentando denuncias de tortura durante todo el sexenio de Calderón. Algunos de los incidentes son tan desgarradores como el testimonio de Thamara.

> "Uno de los oficiales me tomó por el cuello, apretándome muy fuerte, así que levanté las manos y dije 'tranquilo', y me apretó el cuello más fuerte y comenzó a sacudirme. En ese momento sentí varios golpes en la espalda, que se sintieron como de las armas que traían, y me golpearon en la ceja izquierda y comencé a sangrar mucho. ...Me subieron a la camioneta y me siguieron golpeando, jalándome del pelo y azotándome contra el piso, mientras seguían dándome puñetazos en el estómago y la espalda".
>
> LUCINO RAMÍREZ VÁZQUEZ,
> HUAMUXTITLÁN, GUERRERO

> *Asfixia: los interrogadores colocan una bolsa de plástico sobre la cabeza de la víctima para inducir sofocamiento. Muchas víctimas declaran haber sido sofocadas repetidamente hasta perder el conocimiento.*
>
> HUMAN RIGHTS WATCH

"En ese momento sentí una presión sobre la cara con algún tipo de plástico grueso que me impedía respirar. La persona que me estaba interrogando prolongó la tortura asfixiándome en varias ocasiones, alargándolo como dos horas y media, y en ese tiempo también me golpeaba en la cara, en la cabeza, en el pecho. ...Durante todo ese tiempo, la persona que me estaba torturando me hacía preguntas acerca de gente, como policías en activo y ex policías, y también sobre civiles".

RICARDO CASTELLANOS, TIJUANA, BAJA CALIFORNIA

*Asfixia por ahogamiento: los interrogadores sumergen a la víctima o le vierten agua sobre la cara hasta provocar una sensación de sofocamiento o ahogo.*

HUMAN RIGHTS WATCH

"Agarraron una tela... y me envolvieron toda la cabeza, excepto la nariz. ...Luego supe que es lo que llaman 'la momia'. ...Me dejaron así y comenzaron a hacer otra vez lo del agua, pero esta vez el agua me entraba directamente por la nariz. Lo repitieron tres veces. Ahí fue cuando dije 'Ya está, confieso lo que quieran'".

MARCELO LAGUARDA DÁVILA,
MONTERREY, NUEVO LEÓN

*Descargas eléctricas: los interrogadores aplican corriente eléctrica poniendo chicharras u otros instrumentos sobre el cuerpo de la víctima. En varios casos, las víctimas describen haber sido sumergidas en tinas de agua a la que se aplicaba la corriente, al parecer para evitar huellas de quemadura.*

HUMAN RIGHTS WATCH

"Me envolvieron en la colchoneta y empezaron a darme choques eléctricos. Luego dijo 'Ya sabes cuándo nos vamos a detener'. Me llevaron a otra parte y dijeron 'Es hora de tu baño, pendejo'. El agua estaba realmente fría y comencé a lavarme, y me dieron descargas a través del agua y dijeron 'Lávate bien, cerdo'".

ISRAEL ARZATE MELÉNDEZ, CIUDAD JUÁREZ, CHIHUAHUA

*Tortura sexual: los interrogadores obligan a los detenidos a quitarse la ropa, los manosean y amenazan con atacarlos sexualmente.*

HUMAN RIGHTS WATCH

# Capítulo 8

El policía encapuchado apuntó la linterna hacia los ojos del muchacho, provocando que los entrecerrara. Él y un grupo de amigos habían estado caminando por la colonia Rancho Anapra de Ciudad Juárez, donde vivían.

Su única ofensa había sido estar fuera después del toque de queda impuesto por el Ejército. Los policías alegaban que los jóvenes llevaban y habían consumido drogas.

No había pruebas de ello. El policía, con su linterna, había inspeccionado el interior de la boca de al menos uno de los jóvenes. No había encontrado nada.

Los policías no revisaron sus bolsillos; tampoco sus chamarras.

Los jóvenes fueron arrojados a la parte de atrás de un Jeep, junto a dos soldados. Los retendrían hasta la mañana siguiente, cuando serían enviados con un trabajador social. Luego notificarían a sus padres.

> *"Los abusos en la procuración de justicia… socavan la confianza ciudadana en las fuerzas de seguridad, confianza que es determinante para recabar información indispensable para la procuración de justicia, como las pistas sobre actividades ilícitas. El presidente Calderón ha exhortado repetidamente a la ciudadanía para que colabore con el Gobierno denunciando delitos, pero la confianza en la que se*

*basaría esta cooperación se gana, y muchos mexicanos no creen que los delitos que denuncien se vayan a investigar adecuadamente, o temen que las instancias judiciales locales estén infiltradas por el crimen organizado".*

HUMAN RIGHTS WATCH

"Es un buen sistema", dijo una mujer policía de la estrategia de levantar a los sospechosos de siempre.

Para principios de 2009, la situación de los derechos humanos en Ciudad Juárez estaba alcanzando su clímax. Los esfuerzos por restablecer la seguridad habían fracasado; la Policía era visiblemente incapaz de sofocar la violencia. El 27 de febrero, el secretario de Seguridad, García Luna, lanzó un nuevo plan: el Ejército y la Policía federal recuperarían el control de las calles, cuadra por cuadra si fuera necesario; se clausurarían los mercados y otros nidos de actividades ilícitas; las autoridades federales tomarían los dos centros de mando policiaco en un esfuerzo por coordinar mejor la seguridad; también, se instalarían cámaras de seguridad en toda la ciudad; el Ejército asumiría por completo el control de la Policía municipal hasta que estuviera nuevamente en condiciones de ocuparse de la seguridad. La Policía se haría añicos tras el asesinato del segundo de a bordo a mediados de febrero; unos días después, de puro miedo y frustración, había renunciado el jefe de la Policía.

El 16 de marzo de 2009, el alcalde de Ciudad Juárez, José Reyes Ferriz, entregó al Ejército la autoridad sobre la seguridad pública en toda la ciudad. La investigación de los homicidios —había ocurrido alrededor de 1,600 en 2008— era prácticamente inexistente; el vocero del Gobierno local, Torres Valadez, reconoció que no creía la información de la PGR. Ya no había confianza en la Policía; el Ejército se encargaría de todo. "La procuraduría dice que 60% de los homicidios [del año pasado] ya están resueltos, pero no les creo", dijo el vocero. "Si acaso será 10%".

Desde el principio, el Ejército alardeó de la legalidad que había instalado. "Esto no había pasado en ninguna parte de la república, esto de que el Ejército se encargue completamente. Aquí asumimos el control de todo el sistema, en todos los niveles", dijo el ex mayor de la Fuerza Aérea Valentín Díaz Reyes.

Mientras tanto, los activistas de derechos humanos sostenían que el Ejército no sólo había contribuido a incrementar la violencia, sino que incluso estaba sembrando una atmósfera de ilegalidad. "Cuando llegaron los soldados, iniciaron un proceso de actividad anticonstitucional: detenciones arbitrarias, arrestos sin orden", dijo Gustavo de la Rosa Hickerson de la Comisión Estatal de Derechos Humanos de Chihuahua. "Estamos viviendo todos bajo un régimen de excepción parecido a una dictadura. De hecho, el Ejército suspendió las libertades civiles en Ciudad Juárez".

Al mismo tiempo, existía la preocupación —sobre todo dentro del Ejército— de que el narco le estaba pagando a ciudadanos para que denunciaran abusos a sus derechos usando el discurso de la victimización para manchar la imagen de los soldados. "Siempre habrá gente que no quiera al Ejército, y no dudo que haya abusos", dijo Torres Valadez. "Pero también hay gente que se aprovecha".

"El crimen tiene sus estrategias".

El Ejército buscó contrarrestarlas. El mayor Díaz Reyes explicó abiertamente su misión: "Mire, tenemos un cuerpo enfermo, con cáncer incrustado. Incluso el mejor cirujano, para sacar el cáncer va a lastimar también un poco de tejido sano".

Reconoció que eran "inevitables" algunos abusos a los derechos humanos. Pero había ayudado a establecer procedimientos legales para asegurar que fueran mínimos. Junto al palacio municipal se estableció una oficina especial de Derechos Humanos para atender las quejas contra los soldados. Las quejas se podían presentar de manera anónima o a título personal; el Ejército no participaría en el proceso a menos que fuera citado a declarar. "El ciudadano puede ir ahí, sin tener que presentarse conmigo —no soy juez— para presentar una denuncia", dijo Díaz Reyes. Sabía que el Ejército podía asustar a los ciudadanos. Sabía que era desconcertante ver soldados encapuchados enarbolando armas. Sabía que los soldados en servicio o en redadas estaban entrenados para disparar en lugar de hacer preguntas.

"Esperamos que la gente nos entienda", dijo Díaz Reyes. "Es complejo".

Se estaba construyendo la confianza. El número de denuncias ciudadanas contra la delincuencia aumentaba cada día; a su vez, el Ejército dependía cada vez más en estas denuncias ciudadanas para construir su inteligencia.

Díaz Reyes creía que la gente estaba aprendiendo a vivir con el nuevo orden: "La gente está recuperando la confianza [en sus autoridades]. Si el público no respeta a sus autoridades, las autoridades no pueden trabajar".

La estancia del Ejército estaba programada sólo hasta septiembre, pero Díaz Reyes estaba seguro de que se quedaría más tiempo. La seguridad en Ciudad Juárez no se podía restablecer de la noche a la mañana.

En ciertos sentidos, la Policía y el Ejército se estaban llevando mejor. Un puñado de soldados jóvenes en Juárez dijeron que encontraban un cierto honor en su trabajo con la Policía local, un sentimiento del que hicieron eco varios policías honestos. Algunos de ellos incluso ocupaban el mismo nivel de ingreso, un incentivo para los esfuerzos de equipo: los soldados de menor rango en Juárez estaban ganando alrededor de 8,000 pesos al mes, mientras que sus contrapartes en la Policía se llevaban alrededor de 14,000. Claro que los soldados ahorraban porque sus familias no estaban con ellos en Ciudad Juárez. La ganancia adicional compensaba el hecho de que rara vez veían a sus parientes.

"Hey, Paquito, ¿por qué el silencio?"

El soldado en la parte trasera de la patrulla no contestó. La conversación entre los demás, todos policías, continuó sin él. Hablaban de los planes para el fin de semana, sobre la última redada, sobre cuánto faltaba para que pudieran irse.

El soldado permanecía en silencio.

Cuando llegaron al parque infantil en la colonia Tierra y Libertad de Ciudad Juárez —habían recibido una queja de un disturbio—, el soldado se bajó. Los policías guardaron silencio al tiempo que un puñado de soldados bajó de otra patrulla.

Paquito le hizo un gesto a los policías para que lo siguieran. Ahora él estaba a cargo.

El capitán Filiberto Ávalos de la jurisdicción de Barbacoa corría junto a los soldados. La redada había tenido éxito. Ávalos sonreía de oreja a oreja, tratando de seguirles el paso a los soldados. La sonrisa no abandonó su rostro durante la siguiente media hora. El veterano desde hacía 15 años estaba optimista de que los policías recordarían lo que estaban aprendiendo: "Tengo confianza que eso va a seguir adelante".

Desafortunadamente, permanecía cierto resentimiento: "Estamos trabajando como siempre, sólo nos están ayudando con la seguridad", dijo un policía que llevaba cuatro años en las fuerzas y que pidió permanecer en el anonimato por su propia seguridad. Dijo que los soldados habían sido útiles en ciertos sentidos, por ejemplo, en enseñarles a los policías cómo no soltar a los marrulleros y políticos locales. Pero agregó que ellos tienen un "lujo" del que carecen los policías municipales: se mueven en vehículos blindados y pueden permitirse ser muy rudos. Este policía divorciado y padre de dos hijos explicó que había recibido amenazas de las bandas locales debido a su trabajo: "Los soldados lo enfrentan por un rato y luego se van".

"Tenemos que quedarnos".

Díaz Reyes era optimista, pero cauteloso: "No sabemos qué pueda pasar. Pero estoy seguro que [nuestra misión] será más larga [que seis meses] porque está funcionando".

El ex mayor de la Fuerza Aérea estaba parado con su superior junto a un puesto de tacos, a unas seis cuadras de la jurisdicción de Delicias, sobre avenida 16 de Septiembre. Unos soldados montaban guardia en el perímetro, mientras una pareja miraba atemorizada. Un soldado detuvo a un joven con pantalones holgados y le esculcó los bolsillos: nada. Le hizo una seña para que siguiera su camino y siguió vigilando la calle.

La pareja en el puesto de tacos y un hombre mayor que estaba comiendo en el asiento contiguo coincidieron: ahora la situación era mucho mejor que antes. "Ya no lo soportábamos", dijeron, prácticamente al unísono.

Sin embargo, transmitir un mensaje positivo al mundo exterior no sería fácil. Después de todo, era Ciudad Juárez. Torres Valadez lo tomaba con calma. Eran las 10:35, una mañana de sábado. Sonó uno de sus celulares. "¡Dos policías muertos? Déjame verificar si eran municipales o federales", dijo con voz firme y tranquila.

Hizo una llamada: eran federales. Hizo otra a su jefe para que turnara la información, antes de dirigirse a sus colegas en la oficina: "Dos policías muertos", suspiró.

Hacer la ronda de Ciudad Juárez no era nada fácil. Trabajaba siete días a la semana. A este hombre le tocaba decirles a los periodistas, al menos oficialmente, que la gente estaba muriendo. Le tocaba decirle a la gente que la ciudad era segura (o no). A él le tocaba, ostensiblemente, decir la verdad.

"Este trabajo me absorbe, pero es gratificante tratar de salvar una ciudad", dijo. Había decidido que enfrentaría el trabajo de manera distinta; sabía que la mayoría de los periodistas no confiaba particularmente en los voceros, así que trataría de ser unido: "Tenemos que decir la verdad, no podemos negarla".

Sabía que no podía transformar la realidad de Ciudad Juárez de un día para otro, y que la imagen no era todo. Pero que le importara y se preocupara ya era un comienzo: "Los problemas no están en mis manos, son culturales".

Recibió otra llamada en el celular, esta vez de un colega.

"¿Cómo va mi ciudad?", preguntó.

Torres Valadez también había sido periodista; sabía cómo lo percibían los medios. Pero se mantenía firme en que había hecho avances. Gracias a los contactos de su época en los medios y a una disposición familiar particularmente conveniente, tenía bastante control sobre la apertura del Gobierno. Uno de sus hermanos, Enrique, era vocero de la Operación Conjunta Chihuahua. Otro hermano, José Ángel Torres, era vocero de la PGR en la ciudad.

Entre los tres tenían todo cubierto.

Pero no podían controlar la manera en que percibían la ciudad los oficiales estadounidenses que trabajaban en México y enviaban sus informes a Washington.

En un cable supuestamente escrito por el cónsul de Estados Unidos en Ciudad Juárez, Raymond McGrath, se expresaba preocupación por una serie de cuestiones. Al parecer, a McGrath le preocupaba que quienes participaban en la Operación Conjunta Chihuahua carecían de una línea de mando clara. Había notado la disminución en la violencia desde la llegada del Ejército, pero expresaba sus reservas al declarar por qué había disminuido: "Nadie parece saber con certeza a qué se debe la disminución en la violencia...".

Los funcionarios estadounidenses notaron que había disminuido la tensión entre la población en general: obviamente, una señal positiva. Los negocios recibían más visitas, al igual que los restaurantes. Las calles parecían más transitadas que a finales de 2008, y los parques más concurridos. Pero McGrath era cauteloso en cuanto a anunciar un cambio definitivo: "Los ciudadanos tienden a aprovechar rápidamente las mejoras temporales en la situación de la seguridad, y luego regresan a sus casas cuando las condiciones se deterioran".

Se esperaba que las condiciones se deterioraran: aunque los oficiales habían notado que las autoridades de Ciudad Juárez habían llegado a un acuerdo sobre la estrategia para alcanzar metas clave —a saber, sofocar la violencia y reconstruir los cuerpos policiacos de la ciudad—, McGrath anunció: "la ventana se está cerrando rápido".

Aún peor, no veía alguna "estrategia clara o final en mente".

Del otro lado de la frontera, en El Paso, la DEA también vigilaba la situación. Los trescientos y tantos elementos en El Paso Intelligence Center —incluidos 15 coordinadores— trataban de descifrar la amenaza del derrame de violencia, que ya había atrapado la imaginación de los medios de comunicación estadounidenses. "México en guerra contra el narco; temor de un frente en Estados Unidos", leía un titular. "La tercera guerra de Estados Unidos", decía otro, de Fox News. Ciudad Juárez se comparaba regularmente con Bagdad: quizá atinadamente, pues en 2009 hubo más homicidios de civiles en la ciudad mexicana que en la capital iraquí.

Ciudad Juárez, de acuerdo con el jefe de inteligencia de la DEA, Anthony Placido, se había convertido en el "epicentro" de la guerra contra las drogas. Sin embargo, dicho eso, agregó que el riesgo de derrama de violencia se consideraba bajo.

El alcalde de Ciudad Juárez había huido de la ciudad y ahora vivía en El Paso, para gran decepción de su electorado. Había recibido amenazas: una narcomanta lo elogiaba por la decisión de soltar a un jefe de Policía, pero también amenazaba con que "si sigues apoyando a esos cerdos y ayudando a esa gente (ya sabes de quién estamos hablando), no te vamos a pedir que renuncies… te vamos a cortar la cabeza junto con las de tu familia, aunque estén en El Paso, Texas".

También el Ejército estadounidense estaba volviendo a valorar la situación en México. En un informe intitulado *Joint Operation Environment 2008*, el jefe del Joint Forces Command (Comando de Fuerzas Conjuntas de Estados Unidos), James N. Mattis, había escrito que "el ataque creciente de los cárteles de la droga y sus sicarios hacia el Gobierno mexicano durante los últimos años nos recuerda que un México inestable podría representar un inmenso problema de seguridad nacional para Estados Unidos". El informe también advertía que México estaba en riesgo de un "colapso rápido y repentino".

"Cualquier caída de México en el caos exigirá una respuesta estadounidense simplemente por las graves implicaciones para la seguridad nacional".

A principios de 2009, el almirante de la Marina estadounidense Mike Mullen voló a la ciudad de México para reunirse con sus contrapartes y discutir la Iniciativa Mérida.

Los mexicanos querían el equipo: helicópteros, artefactos de investigación. Los querían ya.

"Tienen una necesidad urgente. Todos tenemos una sensación de urgencia con esto. Así que vamos a presionar bastante para que esos recursos se entreguen lo antes posible", dijo el almirante Mullen. "Necesitan apoyo con la inteligencia, los recursos y las tácticas que hemos desarrollado en nuestra lucha contra las redes del mundo del terrorismo".

"Hay una cantidad tremenda de similitudes".

Durante las negociaciones, Mullen les había dicho a sus contrapartes mexicanas que el Pentágono estaba dispuesto a proporcionar apoyo en inteligencia, vigilancia y reconocimiento; por ejemplo, avionetas teledirigidas para espiar a los narcotraficantes sobre la frontera.

Tras reunirse con Galván Galván y el almirante de la Marina Mariano Francisco Saynez, Mullen elogió la relación con sus contrapartes militares: "Desde mi perspectiva, hemos compartido la responsabilidad de la causa y hemos compartido la responsabilidad de las soluciones. Cómo trabajemos esas responsabilidades compartidas será muy importante". Subrayó la gravedad de los problemas, así como la importancia de la cooperación.

También observó los esfuerzos de Calderón por erradicar la corrupción: "hasta donde puedo ver, el Gobierno en México está consciente del problema y lo está enfrentando".

Lamentablemente, los habitantes de Ciudad Juárez discrepaban. Vivían los acontecimientos de primera mano. Y lo que veían era para ellos la colusión más pura. El cártel de Sinaloa estaba entrando en su ciudad. Y según veían las cosas, el Ejército le estaba ayudando.

"Con grandes fanfarrias, 2,500 soldados del Ejército mexicano y oficiales de la Policía federal aterrizaron en Ciudad Juárez con la promesa de poner fin al derramamiento de sangre", escribió McGrath, el cónsul de Estados Unidos. "La tasa de homicidios disminuyó un poco en abril, mientras los cárteles que rivalizan por la 'plaza' de Juárez le tomaban la medida a las tácticas del Ejército, luego la violencia se reanudó y se aceleró durante el resto del año".

"Hay una percepción generalizada de que al Ejército no le molesta dejar que los cárteles de Sinaloa y de Juárez se debiliten mutuamente mientras rivalizan por la 'plaza' (con el corolario de que al Ejército le gustaría que ganara el cártel de Sinaloa)".

Se dio una tregua de violencia durante las fiestas navideñas.

El general Mario Arturo Acosta Chaparro, según una fuente de inteligencia mexicana y reportajes publicados en *Proceso*, se había estado reuniendo con los capos nacionales. Supuestamente se había reunido con los dirigentes de la Familia y los Zetas; supuestamente se había reunido con los jefes del cártel de Juárez; supuestamente se había reunido con los hermanos Beltrán Leyva.

Supuestamente se había reunido con el Chapo.

De acuerdo con los reportajes de *Proceso* —confirmados por una fuente militar y un oficial de inteligencia—, el general había sido enviado por un alto funcionario a discutir la violencia y exhortar a los capos a que la disminuyeran. Presuntamente, Galván Galván conocía y aprobaba la misión del general.

No habría pacto. Ni negociaciones. Ni trato. Ni paz.

En enero de 2008, la plaza de Ciudad Juárez volvió a estallar. José Iván Vázquez López, de 44 años, fue hallado en un tambo de basura en un callejón desierto. Era la séptima víctima de homicidio en los primeros cinco días del año. Un hombre no identificado recibió balazos en la cabeza mientras esperaba en un semáforo. Dos hombres en su vehículo recibieron cuarenta disparos. Nueve homicidios en un día. 10 asesinatos en un periodo de dos horas. 51 muertes relacionadas con las drogas tan sólo en enero.

El cártel de Sinaloa seguía en guerra con el de Juárez.

Fue hallado un hombre con los brazos cercenados. Lo acompañaba una nota: "Esto es para los que siguen sin creer, que andan extorsionando y cobrando cuota: LA LÍNEA".

La Línea seguía en guerra con la Policía y el Ejército.

El 5 de marzo a las 6:27, varios internos de la penitenciaría estatal de Juárez estaban regresando a sus celdas después de una noche de visitas conyugales. Eran miembros de los Aztecas. Asaltaron al custodio y le exigieron las llaves del Módulo Cinco.

Abrieron las puertas del bloque de celdas. Adentro había miembros de los Mexicles y los Artistas Asesinos, bandas que trabajaban con el cártel de Sinaloa.

Los balearon usando armas blancas y hechizas (hechas con cartuchos de contrabando) y los molieron a golpes.

Para cuando el Ejército rodeó las instalaciones y 100 agentes federales lograron entrar, ya habían muerto 20 hombres del Chapo; otros siete estaban heridos de gravedad.

Durante las 60 horas anteriores al 19 de marzo no hubo un solo homicidio en Ciudad Juárez. El Ejército recibió el crédito por la tregua; al parecer, la estrategia de seguridad estaba funcionando.

Pero estaba ocurriendo otra cosa: en la ciudad de México, soldados y policías federales estaban preparando una emboscada. Habían recibido reportes de vecinos de la colonia Lomas del Pedregal: habían visto hombres armados entrando a la casa en Lluvia 269.

El 19 de marzo, las autoridades movieron sus piezas. En la madrugada rodearon la casa. Salieron seis hombres. Entre ellos estaba Vicente Zambada Niebla. Habían atrapado al hijo del Mayo.

El 23 de marzo, la PGR difundió una nueva lista de los 37 principales sospechosos en la guerra contra el crimen organizado.

Arturo Beltrán Leyva, alias el Barbas
Héctor Beltrán Leyva, alias el General
Sergio Villareal Barragán, alias el Grande
Édgar Valdez Villareal, alias la Barbie
Nazario Moreno González, alias el Chayo
Servando Gómez Martínez, alias el Profe (o la Tuta)
José de Jesús Méndez Vargas, alias el Chango
Dionicio Loya Plancarte, alias el Tío
Jorge Eduardo Costilla Sánchez, alias el Coss
Ezequiel Cárdenas Guillén, alias Tony Tormenta
Heriberto Lazcano Lazcano, alias el Lazca
Miguel Ángel Treviño Morales, alias el 40
Omar Treviño Morales, alias el 42
Iván Velázquez Caballero, alias el Talibán
Gregorio Sauceda Gamboa, alias el Goyo
Vicente Carillo Fuentes, alias el Viceroy
Vicente Carrillo Leyva
Joaquín Guzmán Loera, alias el Chapo
Ismael Zambada García, alias el Mayo
Ignacio Coronel Villareal, alias el Nacho Coronel
Juan José Esparragoza Moreno, alias el Azul
Vicente Zambada Niebla, alias el Vicentillo

Teodoro García Simental, alias el Teo
Fernando Sánchez Arellano, alias el Ingeniero
Francisco Hernández García, alias el 2000
Alberto Pineda Villa, alias el Borrado
Marco Antonio Pineda Villa, alias el MP
Héctor Huerta Ríos, alias la Burra
Sigifredo Nájera Talamantes, alias el Canicón
Sergio Enrique Ruiz Tlapanco, alias el Tlapa
Ricardo Almanza Morales, alias el Gori
Eduardo Almanza Morales
Raymundo Almanza Morales
Flavio Méndez Santiago, alias el Amarillo
Sergio Peña Solís, alias el Concord
Raúl Lucio Hernández Lechuga, alias el Lucky
Juan Pablo Ledesma, alias el JL

Para principios de abril, había 8,600 soldados en Ciudad Juárez. La mayoría realizaba rondas, mantenía la ciudad vigilada; los demás estaban dedicados específicamente a operaciones antidrogas. También había 2,300 agentes federales patrullando y haciendo redadas.

En la ciudad de México se estaba gestando otro golpe importante, esta vez contra Vicente Carrillo Fuentes, hijo de Amado y supuesto heredero al trono de Juárez. El 1 de abril fue detenido mientras corría y hacía ejercicio en un parque en Jardines del Pedregal. La versión oficial fue que los vecinos lo habían denunciado anónimamente. Pero las autoridades llevaban tiempo siguiéndole la pista a Carrillo Leyva.

Nacido el 19 de julio de 1974, Carrillo Leyva tenía 21 años cuando su padre murió durante una cirugía plástica mal realizada. Su padre nunca quiso que entrara al negocio familiar; lo había mandado a estudiar en escuelas privadas en Suiza y España.

Según las autoridades, Carrillo Leyva era cercano al Azul, del cártel de Sinaloa. Se suponía que juntos habían sobornado a oficiales de Morelos a cambio de protección.

Carrillo Leyva era considerado un capo del narcotráfico, desde la administración de Zedillo, que había formulado una amplia acusación contra el cártel de Juárez.

Ya en 1997 se sabía que Carrillo Leyva tenía una casa en Jardines del Pedregal. Ese año, las autoridades habían incautado la casa ubicada en Brisas 385. Carrillo Leyva compró otra casa en Lomas del Pedregal: Sierra Amatepec 137, bajo un alias, Vicente Vega Ortiz.

Las autoridades casi habían atrapado a Carrillo Leyva en Xochimilco, donde se estuvo escondiendo por un tiempo breve tras un viaje a Suiza en 1997.

Según expertos en cirugía plástica, Carrillo Leyva se había sometido a varias intervenciones para cambiar su aspecto. Al ser arrestado, vestía ropa de la marca Abercrombie & Fitch; parecía cualquier vecino adinerado de Lomas del Pedregal.

Había cambiado de nombre.

Su esposa, sin embargo, no lo había hecho. Las autoridades pudieron rastrear a la pareja a partir del nombre de ella: Celia Karina Quevedo Gastélum.

La sincronía del arresto había sido impecable. El 2 de abril, la secretaria de Estado Hillary Clinton y el fiscal general Eric Holder volaron a Cuernavaca para atender una conferencia sobre tráfico de armas con sus contrapartes mexicanas. El anuncio de la detención de Carrillo Leyva simplemente intensificó el ánimo de solidaridad y cooperación que se buscaba con la conferencia.

Fue en Cuernavaca donde Holder mencionaría por primera vez el proyecto Gunrunner.

Se habían realizado esfuerzos previos para detener el flujo de armas hacia México; algunos habían sido controvertidos. La Operación Wide Receiver, lanzada en 2006, durante la administración de Bush, supuestamente promovía programas de tráfico de armas por parte de agentes fronterizos: el llamado *gunwalking* o *gunrunning* consiste en "dejar caminar las armas", es decir, comprarlas en Estados Unidos y luego permitir su contrabando a México hacia manos de los cárteles, rastreándolas todo el tiempo. Esta práctica había quedado estrictamente prohibida por disposición del Departamento de Justicia, de modo que la Operación Wide Receiver desató una oleada de correos electrónicos de parte de funcionarios preocupados.

En 2007, un supervisor de la Oficina de Alcohol, Tabaco, Armas de Fuego y Explosivos de Estados Unidos (la ATF) le escribió a un agente judicial de Texas: "Ya no me parece correcto permitir que sigan 'caminado' más armas sin un propósito más definido".

Desde la Fiscalía General de Arizona, Serra Tsethlikai también condenó en un correo electrónico la práctica del tráfico controlado: "Me parece incorrecto que permitamos que cientos de armas entren a México y pasen a manos de los narcotraficantes, si sabemos que hacia allá van".

Pese a las reservas expresadas por quienes trabajaban en campo —que el fiscal general quizá desconocía—, Holder prometió que su administración no retrocedería en su lucha contra el tráfico de armas.

"La semana pasada, nuestra administración emprendió una nueva iniciativa importante para quebrar a los cárteles. Mi departamento desplegará cien elementos adicionales [de la ATF] en la frontera Suroeste durante los siguientes cien días para apoyar nuestro proyecto Gunrunner, actualmente en marcha. La DEA colocará 16 nuevos puestos en la frontera, así como equipos de vigilancia móviles, y la FBI creará un nuevo grupo de inteligencia centrado en secuestro y extorsión. [El Departamento de Seguridad Nacional] está haciendo contribuciones en la misma línea".

"El problema del tráfico de armas no se detendrá sólo en la frontera. ...Es un problema que debe enfrentarse como parte de un ataque generalizado contra los cárteles: un ataque a fondo, desde ambos lados de la frontera, que se centre en la dirigencia y los bienes de los cárteles. Con colegas como los que tenemos ahora, confío en que juntos derrotaremos a estos cárteles de narcotraficantes, y del mismo modo estoy orgulloso de estar con ustedes y de acompañarlos en esta lucha".

La batalla en Ciudad Juárez estaba evolucionando. Tras la detención de Carrillo Leyva, la Línea se había incorporado oficialmente al cártel de Juárez; ya no era simplemente el brazo armado de Vicente Carrillo Fuentes, sino que estaba a cargo, de acuerdo con la PGR. Ahora Juan Pablo Ledesma, alias el JL, protagonizaba la función.

En el verano de 2009, con la tasa de homicidios aún en ascenso, las autoridades de Ciudad Juárez comenzaron a considerar nuevas estrategias. Los oficiales observaron que había más de 1,500 drogadictos en la ciudad fronteriza; se creía que constituían la mayoría de los 80,000 arrestos que realizaba cada año la ya abrumada Policía municipal de Ciudad Juárez. La mayoría de sus delitos eran robos menores, pero a veces avanzaban hacia el secuestro y el robo de autos: todo ello para costear el vicio.

En otoño de ese año, las autoridades inauguraron el Centro de Rehabilitación Forzosa, el primero de su tipo en el país. Tendría capacidad para recibir 200 personas al mes. Pronto se construiría otra institución con el objetivo de reintegrar a los adictos a la sociedad y con capacidad para 2,400 personas al mismo tiempo. Ciudad Juárez ya tenía docenas de clínicas de rehabilitación, pero estas nuevas instalaciones transmitían un mensaje: las autoridades estaban asumiendo una nueva postura ante el problema de las drogas.

Comenzaron a circular rumores por la ciudad: los narcotraficantes y otros miembros de los cárteles se estaban refugiando en las clínicas de rehabilitación, donde se podían esconder de los rivales que trataban de matarlos. También circulaban rumores de que los cárteles estaban reclutando nuevos miembros en los centros de rehabilitación, donde encontraban gente desesperada que trabajaría por lo mínimo. Algunos decían que las autoridades estaban haciendo lo mismo: si un miembro de una banda estaba en rehabilitación, ya había dado un paso en la dirección correcta y quizá pudieran convencerlo de que llegara más lejos y ayudara a las autoridades.

El 3 de septiembre de 2009, alrededor de las 19:45, cuatro hombres armados entraron caminando al Centro Aliviane, un centro de rehabilitación en la colonia Bellavista, ubicada en el centro de Ciudad Juárez. Formaron a 18 adictos contra la pared.

Los ejecutaron.

El 16 de septiembre, otro centro de rehabilitación, otra masacre. Esta vez, 10 muertos, ejecutados del mismo modo, en un centro de la colonia El Papalote.

Menos de un año después ocurriría otro ataque en el centro Fe y Vida: entre 20 y 25 gatilleros entraron y mataron a 19 pacientes en rehabilitación.

Las primeras etapas para reconstruir Ciudad Juárez no se estaban desarrollando según lo planeado.

Los oficiales locales se reunieron con sus contrapartes federales y acordaron una nueva estrategia. La llamarían "Todos somos Juárez". Entre sus propuestas: asegurar las escuelas de toda la ciudad para poder garantizar la educación; mejorar las condiciones de salubridad e infraestructura en las mismas escuelas; capacitar a los maestros para identificar y enfrentar el abuso de drogas entre los jóvenes; crear talleres para enseñar la prevención de la violencia en las escuelas; promover los deportes y actividades físicas en las escuelas para mejorar la calidad de vida; crear programas comunitarios con las escuelas locales para promover la educación en la sociedad; y ampliar la jornada escolar en varias escuelas de la ciudad para que más niños accedieran a una educación de calidad. Se revisarían las medidas de seguridad en las guarderías infantiles para prevenir accidentes o, peor aún, incendios como el que había ocurrido en una guardería de Hermosillo. También se construiría una nueva universidad, y se ampliarían las instalaciones existentes de la Universidad Autónoma de Ciudad Juárez. Se hicieron planes para remodelar el cine local, así como el teatro. Se remodelaría el Museo de la Revolución y 12 bibliotecas locales recibirían financiamiento.

También se harían esfuerzos por promover Ciudad Juárez ante la gente de fuera. El trabajo de los artistas plásticos locales se vendería en todo el país, y las autoridades municipales buscarían publicitar a Ciudad Juárez como un lugar abierto a todas las etnias.

Pero no acabaría la presión judicial sobre los cárteles. En marzo de 2011, el ex teniente coronel Julián Leyzaola fue designado nuevo jefe de la Policía municipal. El Ejército se había retirado —al menos temporalmente— y Leyzaola tomaría el relevo. Leyzaola no se andaba con rodeos: como jefe de Policía en Tijuana desde 2008, había sido acusado de tortura en muchas ocasiones (negando los cargos) y alardeaba orgullosamente de sus tácticas de mano dura. No cedía ni un centímetro ante el crimen organizado.

Después de algunos días al mando de la Policía municipal de Ciudad Juárez, Leyzaola recibió una llamada en el celular.

"Soy Diego", dijo el hombre. "Estoy a tu servicio".

Era José Antonio Acosta Hernández, un ex comandante de la Policía que se había convertido en uno de los líderes de la Línea.

Leyzaola narraría orgullosamente cómo despachó la oferta de Acosta Hernández: "No dialogo con criminales".

También arrestaría a Acosta Hernández en julio. El ex comandante de la Policía, de 33 años de edad, reconocería haber cometido 1,500 asesinatos en Chihuahua; las autoridades de Estados Unidos sospechaban que también había participado en el asesinato de un empleado de su consulado en Ciudad Juárez, ocurrido en 2009.

La violencia en Ciudad Juárez comenzó a disminuir. Los medios de comunicación y las autoridades lo atribuyeron al buen trabajo de Leyzaola; al parecer, la Línea se estaba desmoronando.

Los oficiales mexicanos y estadounidenses trataron de descifrar las señales. Parecía que el Chapo y el cártel de Sinaloa tenían el control de Ciudad Juárez. Pero también había indicios de que los restos del cártel de los Beltrán Leyva se habían aliado con lo que quedaba de la Línea, así como los Zetas.

No se sabía oficialmente nada del JL. En las calles se rumoraba que seguía controlando la escena, pero que estaba de bajo perfil.

# Capítulo 9

El 4 de noviembre de 2008, un presunto miembro michoacano de los Zetas fue acusado de los siguientes delitos: delincuencia organizada con la finalidad de cometer terrorismo; terrorismo; homicidio agravado; y homicidio agravado en grado de tentativa.

Además, sus dos presuntos cómplices fueron acusados de posesión de material de uso exclusivo del Ejército, Armada y Fuerza Aérea y lesiones calificadas, respectivamente.

Los tres hombres habían sido detenidos en Apatzingán, Michoacán. Las autoridades los creían responsables del doble atentado con granadas durante las fiestas patrias en Morelia, el cual había dejado ocho muertos y 132 heridos.

El atentado en Morelia le había dado un nuevo giro a la guerra contra el crimen organizado. Era un ataque terrorista, de eso no le quedaba duda a nadie.

Pero, ¿había otros móviles? ¿Qué buscaban los responsables? Las autoridades y expertos reunieron sus mentes para tratar de evaluar la situación. El experto en seguridad Jorge Lofredo consideraba que la pregunta importante después de Morelia no era "¿Quién?", sino "¿Por qué?"

"Si hubo un cambio de estrategia, tenemos que averiguar cuál es el objetivo".

Pero los expertos ya se habían equivocado antes: el 15 de febrero de 2008, después del llamado "bombazo", un supuesto atentado para matar a un comandante de la Policía de alto rango en la ciudad de México, varios reconocidos expertos en seguridad declararon públicamente que consideraban responsable al EPR. Sin embargo, incluso una mirada superficial al intento de atentado señalaba hacia otro grupo: el EPR nunca había atacado civiles, como tampoco lo hacían, en general, los grupos guerrilleros de México. Sus objetivos solían ser económicos: un ducto de Pemex, por ejemplo.

Las autoridades llegaron a la conclusión de que los responsables del bombazo habían sido del cártel de Sinaloa, en particular el hermano del Mayo, Reynaldo Zambada García, alias el Rey, que trabajaba con reclutas locales en Tepito.

La pregunta seguía siendo ¿por qué?

La misma pregunta pendía sobre los atentados de Morelia. Estaba claro que los narcos estaban subiéndole a los niveles de violencia. Pero no se entendía por qué llegarían al grado de lanzar granadas en medio de una multitud en un acto público, si evidentemente despertaría la indignación de las autoridades. El Ejército llevaba casi dos años en Michoacán; su presencia no estaba generando más resentimiento que antes.

Las investigaciones, tanto de la Policía como de los periodistas, revelaron que la Familia estaba dividida y que había luchado por mantener su unidad desde la llegada del Ejército. Según las autoridades federales, la Familia se había separado en varias facciones: una se llamaba a sí misma "los históricos" y mantenía el vínculo con los Zetas; otra era conocida como "los extorsionadores" y estaba aliada con el sector empresarial y agrícola de Michoacán; la última, la de "los colaboradores de deudos", que había estado aliada con el cártel del Milenio, trabajaba ahora con el cártel de Sinaloa para controlar el mercado de metanfetamina.

Después del atentado en Morelia, la dirigencia de la Familia anunció que emprendería su propia investigación, paralela a la de las autoridades. Se interpretó como una artimaña —otra simulación de la Familia para quedar bien ante la comunidad—, pero puede haber encerrado algo de verdad. Aunque las autoridades habían detenido a presuntos miembros de los Zetas, no había plena certeza de que no trabajaban también para la facción de la Familia conocida como "los históricos".

Las autoridades reconocían que estaban desconcertadas. Habían ganado terreno en ciudades como Tijuana —donde los hermanos Arellano Félix caían uno a uno— se estaban concentrando en sofocar la violencia en Ciudad Juárez y Culiacán, y de pronto, al parecer de la nada, había brotado terrorismo en Michoacán. "Estamos ante un cambio de estrategia", dijo Lofredo. "Me preocupa la indiscriminación".

Los oficiales sabían que debían actuar. A diferencia de muchas investigaciones en México, que acaban con la detención de un puñado de sospechosos, las autoridades juraron llegar a las raíces del atentado con granadas. Los sospechosos confesaron que su objetivo había sido provocar al Gobierno, pero esto sólo llevaba a preguntarse por qué. El caso estaba lejos de resolverse.

La detención de los sospechosos "no cierra las investigaciones en torno al caso", dijo el subprocurador Jurídico y de Asuntos Internacionales de la PGR Juan Miguel Alcántara Soria. "La investigación está lejos de haberse concluido, así es que tenemos que agotar varias líneas de investigación que en este momento se están siguiendo... En este momento no es factible hablar de plazos, porque es una investigación compleja, así es que pedimos comprensión de quienes puedan tener expectativas de respuestas prontas".

La investigación, dijo Alcántara Soria, "va a llevar un tiempo".

El modus operandi de los cárteles mexicanos siempre había sido de mantener un perfil bajo, operar sin llamar la atención. Provocar a las autoridades no era bueno para el negocio, hasta los reclutas más novatos lo sabían. Era la primera regla del negocio, la regla de oro.

La administración de Calderón había cumplido su promesa de desmantelar algunas de las estructuras criminales que habían permitido a los narcotraficantes operar con tanta libertad. Grandes capos estaban fuera de la jugada, encerrados en penitenciarías de Estados Unidos, como Osiel Cárdenas Guillén. Ahora las organizaciones estaban al alcance de todos.

Ahora llevaban la batuta los "jóvenes turcos", como los llamó un oficial estadounidense. Era peligroso. Se sentían por encima de la ley; sus códigos eran el machismo y la bravuconería, ya no la ganancia, el negocio y la sensatez. La osadía —sumada a una ingenuidad subyacente— produciría errores y, peor aún, actos azarosos de violencia e incluso terrorismo.

A las autoridades les preocupaba que su falta de respeto por la legalidad provocara problemas importantes. Los capos tradicionales de México eran definitivamente matones violentos y trabajaban en un mundo de ilegalidad. Pero incluso los más peligrosos —Cárdenas Guillén y el Chapo, por ejemplo— sabían que debían respetar la ley; sabían que la ley era su enemigo y debían jugar a sacarle la vuelta. No podían simplemente atacarla de frente.

Morelia era una señal de que ya no respetaban al enemigo; ni a los civiles que vivían según sus códigos.

Las autoridades sabían que podía pasar cualquier cosa. Sus agentes e incluso los altos mandos podían ser blanco de ataques; personas inocentes podían ser asesinadas indiscriminadamente. Masacradas. (El 12 de septiembre, apenas unos días antes del atentado de Morelia, se habían hallado 24 cadáveres en La Marquesa, Estado de México). Las autoridades no tenían forma de proteger a sus propios hombres las 24 horas del día, ni de proteger cada acto público para impedir otro ataque. En cambio, tenían que averiguar quién era quién en el nuevo juego y descubrir sus reglas.

"Soy Zeta", dijo el joven, mientras sus dos secuaces permanecían sentados junto a él en la fonda Rosa María de la ciudad de Tapachula, en la frontera sur de México. Los tres portaban revólveres.

Con su cabello negro y corto, peinado cuidadosamente hacia atrás, ligeramente hirsuto, una delgada cadena de oro alrededor del cuello y un tatuaje desgastado que se alcanzaba a ver bajo la camisa azul de manga corta y un poco desabotonada, el hombre que hablaba no se parecía a los otros dos.

Uno de los acompañantes —como una cabeza más alto y con el cabello muy corto— parecía ser el golpeador, mientras que el otro era más bien correoso, del tipo que podría verse caminando por las calles de noche o esperando en una esquina la llegada de un cliente. Vende drogas cerca de la plaza central de Tapachula. Organizó la reunión después de preguntarle para quién trabajaba.

Ángel —que no es su nombre real, sino el que usa en su mundo— nació y se crió cerca de Tapachula. Cayó en la delincuencia de adolescente, sobre todo robando autopartes. Una banda local lo reclutó y había comenzado a vender drogas, discos y películas pirata, equipo electrónico y ropa.

Su grupo, de unos 20 miembros, siempre se había organizado localmente. Hasta principios de 2008, cuando se les acercaron los Zetas y les pagaron para que salieran del negocio. Ahora decía que trabajaba para ellos.

Ángel insistía en que él no mataba gente. Pero dijo que trabajaba para gente que seguramente sí lo hacía, vigilando los negocios locales y asegurándose de que todo marchara bien mientras sus superiores no estaban ahí para hacerlo ellos mismos. Decía ser un "halcón", un supervisor local.

Es imposible probar si Ángel decía la verdad o no.

En el momento de la conversación con Ángel, a finales de 2008, poco después del atentado en Morelia, los ciudadanos del Sur vivían atemorizados. Los Zetas estaban por todas partes; incluso estaban avanzando hacia Guatemala.

Pero, ¿realmente eran Zetas? ¿O eran simplemente gatilleros armados que declaraban ser Zetas para aterrorizar a cualquiera que se les atravesara?

Las autoridades tenían que descubrirlo. No podía dejar que el Ejército y la Policía de Guatemala los enfrentaran solos. Tampoco los medios.

Los oficiales de la DEA habían avisado hacía tiempo sobre un "cementerio de aviones" en el Norte de Guatemala; los traficantes volaban con cargamentos de cocaína desde Colombia y dejaban ahí las avionetas después de que cumplían su función. Los cárteles mexicanos se estaban extendiendo rápidamente hacia Centroamérica, había advertido Michael Braun de la DEA, y "como el Gobierno de Guatemala no cuenta con helicópteros para transportar personal militar o judicial hacia ésta y otras zonas remotas, no hay forma de acabar con el asunto".

Guatemala no estaba en condiciones de realizar operaciones antidrogas.

En Tecún Umán, sobre la frontera con México, la presencia militar era escasa. Montando guardia en su puesto de vigilancia, en medio de un barrio miserable junto al río que separa su nación de México, Luis Gómez, un soldado raso, insistió en que él y los otros 31 soldados que patrullan el área y realizan operaciones antidrogas están haciendo lo más que pueden: "Aquí también estamos peleando, igual que el Ejército en México".

Pero apenas a unas cuadras de ahí, Macario Maldonado, un policía de Tecún Umán, lamentó el hecho de que sólo tiene 28 oficiales para patrullar todo el pueblo, y muy pocos recursos adicionales. Es cierto que tiene botas relucientes y un uniforme nuevo cortesía del Gobierno, "pero eso no basta".

"Ahora las bandas están más organizadas, y hay más mexicanos trabajando aquí, Zetas", dijo Maldonado. "A los conductores de autobuses los matan si no le pagan la cuota a los Zetas, igual que los dueños de negocios".

Justo del otro lado del río, en Ciudad Hidalgo, el policía municipal mexicano Héctor Juárez de León compartía sentimientos similares. Había servido durante 24 años y había visto ya muchas cosas. Había percibido el aumento en la delincuencia durante los meses recientes. Y no estaba seguro de que su fuerza de 40 agentes municipales pudiera con el paquete: "Ahora hay mucho más crimen, y está organizado. Los robos, la extorsión, ahora todo es profesional".

Los oficiales antidrogas estaban vigilando lo que ocurría en el Sur de México y del otro lado de la frontera, en Guatemala. Habían observado un aumento en las actividades del cártel de Sinaloa en toda la región, sobre todo en Colombia. Presuntos Zetas estaban operando en Guatemala y Honduras, aprovechando zonas como Cobán para entrenar nuevos reclutas y sembrar marihuana. La DEA también estaba vigilando de cerca los aeropuertos centroamericanos; los oficiales habían notado una disminución en el número de avionetas que entraban en la zona. Calculaban que los narcotraficantes estaban usando más rutas marítimas debido al aumento en la vigilancia.

Pero el aumento en la vigilancia no lograba disipar los temores entre los habitantes de ciudades como Tapachula. Un tiroteo y una decapitación habían sembrado bastante ansiedad: "Todos pensamos 'ahí viene ya'", dijo Manolo Chávez, un residente de Tapachula. "Vemos lo que está pasando en el Norte y nos preocupamos".

En realidad, lo que estaba ocurriendo en el Sur era un indicio de lo que estaba por venir en el Norte. Los sacerdotes y activistas que trabajan con migrantes sobre la frontera Sur de México estaban denunciando más secuestros por parte de grupos que se presentaban como migrantes; sus métodos de extorsión también eran más elaborados. Tradicionalmente, a los migrantes les robaban todo lo que traían, pero ahora, grupos que se hacían llamar Zetas aprovechaban el hecho de que algunos migrantes traían teléfonos celulares o al menos el número telefónico de algún contacto en México o Estados Unidos. Al parecer, estos delincuentes secuestraban a los migrantes y los hacían llamar a sus familias para pedirles que les depositaran dinero a una cuenta determinada. La extorsión parecía estar organizada.

Antonio Villa, un joven de 24 años de Lago de Yohoa en Honduras, había dejado su pueblo de origen un sábado. Varios días después, él y otros tres habían llegado a la frontera norte de Guatemala; en las afueras de Tecún Umán, los emboscó un grupo de hombres que declararon ser Zetas. Le robaron lo único que tenía: los zapatos y mil pesos. Le pidieron un contacto en Estados Unidos. Villa dijo que no tenía. Su plan era llegar a la ciudad de México y encontrar trabajo ahí.

Le dieron una paliza y lo dejaron ir. Sabía que tratar de cruzar Chiapas y Oaxaca hasta la ciudad de México implicaba arriesgar la vida, pero estaba decidido a lograrlo: "Quizá me asalten de nuevo, pero aún así lo voy a intentar".

El Gobierno no está controlando esto, se lamentaba un sacerdote que trabajaba con migrantes en un refugio en Tecún Umán. Los narcos se estaban asociando con traficantes de personas, con ex militares guatemaltecos y con cualquiera que se prestara para hacer un trato.

Los migrantes no tenían la menor oportunidad.

(★)

"Primero nos interceptaron... dijeron que eran de migración. Eran seis, con uniforme negro y la cara cubierta con pasamontañas. Nos amenazaron con armas largas, nos encañonaron y dijeron que les diéramos todo el dinero. Dejamos lo que traíamos en el piso, dejamos lo que traíamos ahí, tirado, en el piso".

"Así empezó el viaje. Sin dinero. Con violencia. Luego ya en La Cementera un salvadoreño dijo que por 2,500 dólares nos cruzaba a Estados Unidos y que le podíamos pagar ahí. Ya llevaba a otros 16 migrantes. Y nos pusimos a caminar junto a él".

"Creo que éramos quince. Caminamos dos días, hasta que llegamos al tren, no sé a qué altura, no sé en dónde, sólo sé que iba con dirección a Veracruz. Subimos a un vagón en donde iban otros, calculo yo, 30 migrantes, a ellos los llevaba una mexicana".

"Estuvimos ocho horas encerrados en el tren, hasta que bajamos. No sé dónde estábamos. Caminamos como veinte minutos. Estaba cansado. Perdido también".

"Encontramos entonces dos *tráilers* tipo trocas, con rejillas y lonas, y nos subimos".

"Anduvimos en las trocas otros dos días, sólo bajamos a comer y a hacer nuestras necesidades. Era muy incómodo. En el camino nos alertaron que íbamos a pasar por un retén de militares. Nos ordenaron bajar de las camionetas, para rodear, caminando, a los militares. Caminamos como una hora y treinta minutos, o cuarenta, quizá hasta dos horas, no sé. Pero, pasando a los militares, volvimos a encontrarnos con los de las 'trocas'".

"Ahí íbamos, en las trocas cuando nos interceptaron, eran cuatro autos nuevos, de color gris, con los vidrios polarizados y placas de Tamaulipas. También había una camioneta blanca con placas de Texas. Eran nueve hombres. Venían nueve hombres con chalecos antibalas. Uno era mexicano, ya mayor, otro salvadoreño, no recuerdo bien a los otros. Pero creo que sí eran nueve".

"Bajaron a los conductores de las trocas, les amarraron las manos, los aventaron al piso y les preguntaban a gritos que para quién trabajaban. Pero los choferes no respondían y les pegaron con las armas en la cara. Les salía mucha sangre. Se los llevaron en uno de los vehículos de color gris. Escuché que los iban a matar".

"Que los iban a matar, sí, a matar... Me dio miedo. Creo que todos teníamos ya mucho miedo. Pero no hablábamos. Nos subieron de nuevo a las trocas y nos llevaron a un lugar que decía a la entrada 'Rancho', tenía una puerta grande de color rojo. Ahí llegamos todos, los de la pollera mexicana y los de nuestro grupo. Nos dieron tacos y sodas y se presentaron. Que eran de los Zetas y que peleaban contra los del

Golfo y contra el Ejército. Que podíamos trabajar con ellos por mil dólares a la semana. Tres aceptaron, pasaron al frente. Dijeron que los iban a llevar con el jefe. Ahí nos quedamos otro día. Entonces, el jefe dijo que nos iban a llevar a otro lugar, nos ordenó quitarnos la camisa, para ver si teníamos tatuajes y si éramos de alguna pandilla. Luego nos volvieron a subir a las trocas y viajamos otros treinta minutos. Llegamos a otro lugar con portón rojo y alambrado de púas".

"Al fondo había una casa grande, vieja, blanca, como abandonada. Ahí se estacionaron las trocas. Nos ordenaron que bajáramos y nos amarraron las manos hacia la espalda, con sogas de plástico".

"Entramos, en fila, a la casa. Ya adentro nos vendaron los ojos".

"Nos vendaron los ojos y estuvimos parados como veinte minutos. Creo que estaban esperando a que anocheciera. Y luego nos fueron acomodando de espaldas a las paredes de la casa. Había una mujer embarazada".

"Nos dijeron que nos acostáramos, boca abajo. Que nos calláramos, que no gritáramos porque nos iban a matar".

"Entonces comenzaron a disparar. Alguien gritó que no les temía, entonces se escuchó que lo azotaban contra la pared. Le dispararon".

"Uno y otro disparó. Hasta que me tocó".

"Me hice el muerto".

"Escuché más disparos. Quejidos. Luego oí que las trocas se alejaban".

"Silencio".

Luis Freddy Lala Pomavilla, de 18 años, miró el montón de cuerpos muertos que lo rodeaba. No sabía dónde estaba. Sabía que estaban todos muertos.

Otro par de ojos le devolvió la mirada. Debajo de varios cuerpos había otro par de ojos. Vivos. Había alguien más ahí.

"Sobreviví".

Llegaron los de la Marina. Evaluaron la situación en San Fernando, Tamaulipas, el 22 de agosto de 2010. Frente a ellos vieron 72 cadáveres.

También vieron a Lala Pomavilla y al otro sobreviviente. Los llevaron al hospital.

Tamaulipas estaba controlada por los Zetas. Pero los Zetas ya no eran los de antes.

Desde la caída —y posterior extradición— de Cárdenas Guillén en 2003, los Zetas habían estado evolucionando.

Heriberto Lazcano Lazcano, alias el Lazca, nació en 1974 en Apan, Hidalgo. Entró al Ejército a los 17 años y lo abandonó siete años después. Al poco tiempo fue reclutado por Arturo Guzmán Decena, alias Z-1, el fundador de los Zetas.

Al cabo de algunos años, el Lazca llegó a ser el tercero en la jerarquía de los Zetas. Tras la guerra en Nuevo Laredo en 2004-2005, llegaría a ser el primero.

Las autoridades le atribuían cientos de homicidios al Lazca.

Con el Coss y el 40 en su círculo de confianza, el Lazca se fabricaría una reputación temible en el submundo. Sus hombres —o gatilleros que declaraban ser Zetas— avanzaron por todo México y hasta Centroamérica. Establecerían muchos contactos.

Según oficiales estadounidenses, el capo guatemalteco Walter Overdic Mejía invitó a representantes de los Zetas a Cobán a participar en lo que consideraba sería una relación lucrativa.

En lugar de hacer tratos, los Zetas comenzaron a apoderarse del lugar, de acuerdo con oficiales estadounidenses: "La infraestructura de Cobán nunca se pensó para lidiar con el tipo de amenazas que enfrenta ahora, y se está colapsando. El proceso de pérdida de control estatal que está ocurriendo en Cobán ya ocurrió en otras partes del país, incluidos los departamentos de Zacapa e Izabal, así como los departamentos de Jutiapa, Chiquimula, San Marcos y Petén. Sin intervención de afuera, Cobán se sumará a la creciente lista de áreas perdidas ante los narcotraficantes".

Estados Unidos incluiría a Guatemala en el paquete de la Iniciativa Mérida, sin embargo, continuarían las denuncias de las incursiones de los Zetas. También abundarían las historias y rumores de mexicanos en la zona, para mayor confusión y ansiedad.

Al parecer, habían arrestado a un mexicano; se creía que era Zeta.

La visita a la estación de Policía de Coatepeque —una ciudad guatemalteca como a una hora en auto desde Tecún Umán—, donde la Policía local dijo que estaba detenido el mexicano, resultó infructuosa.

"Ningún mexicano aquí", dijo el oficial de la Policía de Coatepeque tras revisar los expedientes y abrir la puerta hacia las celdas para apoyar su afirmación.

En la oficina principal de la estación, colgaba de la pared una lista de los delitos recientes y de las personas arrestadas.

Desde enero, 97 detenidos por posesión ilegal de armas; 23 por violación; dos por linchamiento.

Tres extranjeros detenidos.

Ningún mexicano.

"A lo mejor hubo un error en Tecún Umán", dijo el policía.

Había informes de que los Zetas se habían apoderado de las operaciones de piratería en todo Chiapas, pero los vendedores locales de artículos piratas en Tapachula negaron que hubieran entrado grandes grupos criminales de otros estados. Dijeron que seguían trabajando para los jefes locales que los abastecían de mercancía y que se quedaban con casi la mitad de la ganancia. Agregaron que la Policía municipal sólo les quitaba una pequeña parte de vez en cuando; más bien tenían que cuidarse de los agentes federales.

Un empleado de un rancho cerca de Tecún Umán, que presumía un pequeño hotel y muchas hectáreas de tierra fértil, dijo que a su patrón lo habían extorsionado. Dos semanas antes había llegado un grupo de hombres armados y había amenazado al patrón: si no pagaba regularmente, se apoderarían de la propiedad. Agregó que los hombres no eran guatemaltecos: su aspecto y su acento parecían mexicanos.

El presidente de la Cámara del Agro de Guatemala, Carlos Zúñiga, había confirmado informes de que los propietarios de la región fronteriza estaban "siendo presionados por narcotraficantes".

"Esto ya estaba ocurriendo en Izabal y Petén, pero ahora los narcotraficantes mexicanos están presionando en toda la frontera para tener el poder [para producir y almacenar drogas]".

Dijo que les habían ofrecido a los propietarios sumas jugosas a cambio de sus propiedades; pero si se negaban, los matarían.

Los Zetas eran los culpables.

Los Zetas extendieron sus operaciones por toda la costa Este de México. Para financiar la expansión, se incorporaron a todas las actividades ilícitas posibles: piratería, extorsión, secuestro.

El Lazca, siguiendo el ejemplo de las antiguas mafias, donó dinero para construir una iglesia en Pachuca, Hidalgo. Sobre la pared de la iglesia de San Juan de los Lagos, una placa lleva inscrito un pasaje bíblico: "Señor, escucha mi oración, atiende a mis plegarias, respóndeme, tú que eres fiel y justo".

"Centro de Evangelización Catequesis Juan Pablo Segundo, donada por Heriberto Lazcano Lazcano".

Los Zetas se extenderían por todo el país; hacia finales del sexenio calderonista, tenían presencia en Tamaulipas, Sonora, Chihuahua, Durango, Zacatecas, Aguascalientes, San Luis Potosí, Hidalgo, Oaxaca, Nuevo León, Tabasco, Campeche, Yucatán, la ciudad de México y Quintana Roo.

Sin embargo, había indicios de que los Zetas, si bien se estaban expandiendo rápidamente, no eran una unidad compacta como el cártel de Sinaloa. El hecho de que los Zetas, o delincuentes que se declaraban parte del grupo, siguieran incursionando en actividades ilícitas como la piratería era señal de que las ganancias importantes —las de las drogas— aún no estaban completamente bajo su control.

Las autoridades hicieron algunos arrestos importantes: en junio de 2010 capturaron a Héctor Raúl Luna, el jefe de los Zetas en la plaza de Monterrey; apenas un mes después agarraron a su hermano, Esteban Luna; al cabo de otro mes tenían a su remplazo como jefe Zeta en la región, Juan Francisco Zapata Gallegos.

Sin embargo, había señales desconcertantes de que aunque se estaban haciendo detenciones, los Zetas se estaban consolidando y seguían siendo tan temerarios como siempre.

En enero de 2011, las autoridades detuvieron a Flavio Méndez Santiago, un presunto miembro fundador de los Zetas radicado en Oaxaca. Se creía que este hombre de 35 años estaba a cargo de Chiapas, Veracruz y Oaxaca;

se creía que también administraba casas de seguridad en Nuevo León y Jalisco. Al parecer, además, tenía licencia para operar en Guatemala. (Se dice que viajó al país al menos una vez, en 2008, para tratar de liberar a un compañero de la cárcel).

Las autoridades dijeron que Méndez Santiago no era un impostor: había sido reclutado personalmente por Guzmán Decena y había sido guardaespaldas de Cárdenas Guillén en Tamaulipas.

El 14 de febrero de 2011, el agente del ICE Jaime Zapata y el agente especial de ICE-HSI Víctor Ávila estaban conduciendo por la carretera 57, en el tramo La Pila-Santa María del Río, en San Luis Potosí. Regresaban de una reunión que habían tenido en San Luis Potosí con oficiales estadounidenses que estaban trabajando en Monterrey. Conducían una Suburban azul. Cuando llegaron al kilómetro 159, un grupo de gatilleros los hicieron frenar y los empujaron a la orilla del camino. Según versiones oficiales, los agentes se identificaron como diplomáticos estadounidenses.

Los gatilleros abrieron fuego: mataron a Zapata e hirieron a Ávila.

Este incidente, según el congresista por Texas Michael McCaul, "cambia las reglas del juego".

Incluso abrumados por el recuerdo de la muerte de Kiki Camarena, los oficiales estadounidenses prometieron cooperar plenamente con sus contrapartes mexicanas. Ofrecerían todo su apoyo a las investigaciones.

Se creía que los responsables eran los Zetas. Sin embargo, la línea de investigación inicial llevó a los oficiales a pensar que las órdenes no habían llegado de arriba: los veteranos como el Lazca sabían que matar a un agente estadounidense descargaría toda la potencia de las autoridades, tanto de México como de Estados Unidos.

Un trío de presuntos Zetas que operaban afuera de San Luis Potosí fue detenido poco después del asesinato; uno de ellos, el jefe, reconoció el homicidio, pero declaró que había sido un error.

El 23 de febrero, en respuesta a la muerte de Zapata, aproximadamente 3,000 agentes de la DEA, el ICE, el FBI, el ATF y las fuerzas de seguridad locales y estatales emprendieron una limpieza mundial a fondo, durante dos días: la operación Bombardier. Incautaron 467 kilos de cocaína, casi 10 kilos de heroína (21 libras), 38 kilos de metanfetamina (84 libras), 18 toneladas de marihuana (39,363 libras), 12.1 millones de dólares en efectivo y 282 armas de fuego.

Luego vino la operación Fallen Hero: 1,416 arrestos y la incautación de 12.1 millones de dólares en efectivo, 24 toneladas de marihuana (53, 814 libras), 688 kilos de cocaína, 20 kilos de heroína (64 libras), 372 armas y 83 vehículos.

Estos operativos tuvieron como objetivo a grupos presuntamente vinculados con los Zetas; aunque los oficiales estadounidenses aún no creían que los Zetas tuvieran en Estados Unidos la presencia de otros cárteles, como el de Sinaloa o el tradicional del Golfo, sí reconocían que los Zetas se estaban expendiendo rápido.

El 23 de febrero, agentes mexicanos de inteligencia recibieron un pitazo de informantes que habían detenido el mes anterior: los presuntos responsables de la muerte del agente estadounidense se estaban escondiendo en casas de seguridad en San Luis Potosí.

El Ejército allanó las casas y detuvo a Julián Zapata Espinoza, alias el Piolín, el presunto jefe de los Zetas en San Luis Potosí.

El Piolín, según las autoridades, había recibido las órdenes de matar a los agentes estadounidenses de Luis Jesús Sarabia Ramón, alias Pepillo.

Las autoridades dijeron que Pepillo era el comandante regional de los Zetas en Coahuila, Aguascalientes y San Luis Potosí. Era cercano al Lazca y al 40; de hecho, la inteligencia militar lo ubicaba como el tercero en la jerarquía de la organización.

A casi un año de la masacre de San Fernando, las autoridades habían encontrado otros 145 cuerpos en otras 12 fosas comunes en la región. Elementos de la Marina, convocada para hacerse cargo de los operativos, habían detenido a importantes jefes de células de los Zetas.

El 11 de abril de 2011, las autoridades descubrieron otra fosa común; esta vez, en el ejido Cristóbal Colón de Durango. Ochenta y ocho cuerpos. El 14 de abril, otra fosa con 15 cuerpos. Otra el 15 de abril. Y otra.

Para finales de 2011 se habían descubierto 15 fosas clandestinas en Durango. 282 cuerpos.

Los Zetas y el cártel de Sinaloa se estaban dando con todo en Durango.

# Capítulo 10

## *16 de mayo de 2005*

—Mi nombre es Fernando Cruz Martínez, estuve en el Ejército ocho años, de Ciudad Cuauhtémoc, Veracruz.

—Mi nombre es Sergio Alberto Ramón Escamilla, vivo en calle Pedro J. Méndez 812, con González y Degollado, aquí en Nuevo Laredo.

—José Antonio Ramírez Pacheco, radico en Nuevo Laredo, calle Viveros.

—Mi nombre es Juan Miguel Vizcarra Cruz, vivo en calle Carranza número 26, colonia Pescadores; estuve en el Ejército mexicano y ocho meses de GAFE.

### —¿Qué vienen a hacer a Nuevo Laredo?

Fernando Cruz Martínez: A mí me mandó Z14 Lazcano, tengo los contactos en el Ejército para ver lo de los rondines, ya de que este Lazcano y Goyo están enojados con el procurador, porque cuando fue el operativo contra el Gordo lo matan y no se les avisó y piensan quebrarlo, ya que se le está dando una cuota, la cual no cumplió.

Juan Miguel Vizcarra Cruz: Yo soy reclutador de los Zetas y hay tres puntos de reclutamiento, que son Monterrey, Nuevo Laredo y Monterrey [Tamaulipas]. Ahí hay cuatro adiestramientos más que se lleva a las diferentes bases: es en Laredo, Monterrey, Ciudad Mier. Miguel Alemán, asimismo se recluta gente aunque no sea GAFE desertor, se agarra gente de diferentes puntos.

Sergio Alberto Ramón Escamilla: Yo trabajé de halcón, que fue donde me subieron a las caravanas, ahí andar levantando gente, este, con Miguel.

**—¿Por qué levantaron a mi hermano?**

Sergio Alberto Ramón Escamilla: Eso fue porque este Mario Flores le dijo a este Miguel Treviño que él traía trocas del año, traía chingo de feria, arregló su casa y al parecer se andaba moviendo el bato y ordenó este Miguel Treviño que fueran por él, y les ordenó a los del grupo GOP que lo buscaran para que lo entregaran y así se lo llevamos a él y él nos dijo que fuéramos con este Mac e Iván, ya él nos iba a decir si lo iban a llevar al guiso o no.

**—¿Por qué al grupo GOP?**

Sergio Alberto Ramón Escamilla: Porque ellos son los que se encargan de andar buscando a la gente que les dice este Miguel, este Meme, para que así ya nada más los entreguen, los paran ellos, los guachan y ya nada más nos los entregan.

**—¿Qué es el guiso?**

Sergio Alberto Ramón Escamilla: Ya es cuando agarran a alguien, le sacan información o sea que movía droga o dinero o algo así, le quitan lo que ellos quieran, lo que traiga de delito y, este, después de darle torturada lo ejecutan, los llevan a ranchos o a esos lugares así y les dan el tiro de gracia, los echan a un tambo y los queman con diferentes combustibles, como diesel y gasolina.

**—¿Cuántos tiene en el guiso?**

Sergio Alberto Ramón Escamilla: En el guiso son el que se encarga de hacer eso, uno que le ayuda y como cuatro que lo cuidan, son los que están ahí con él.

Fernando Cruz Martínez: Toño Peña nos va a poner al de la Canaco para quebrarlo, ya que anda levantando polémica, pide la presencia del Ejército, AFI y demás instituciones. Toño Peña comentó también de que todo se haga a nivel estatal para no molestar al licenciado Vasconcelos, de la Siedo, ya que, ya que se había molestado mucho.

**—¿Y a todos los llevan ahí al guiso?**

Sergio Alberto Ramón Escamilla: No a todos, a unos se les regresa con él, ¿cómo se llama?, con el grupo GOP para que los metan a la cárcel y ya se les pongan ahí armas, droga, cualquier cosa y ya la reportera Lupita (García) Escamilla se encargaba de ponerle ahí cosas de más en las notas periodísticas y de que no salga a nivel nacional, y ya ella ya no trabaja con ellos porque, este, también le estaban dando mucha presión para los reportajes y eso, y ella ya no recibía su paga y ya no quiso trabajar y para que no hablara la mandamos matar.

**—¿Quién la mandó matar?**

Sergio Alberto Ramón Escamilla: Omar Treviño, y la ejecutaron y también a otro reportero, también le sepultaron a sus hijas.

**—¿A qué reportero?**

Sergio Alberto Ramón Escamilla: Se apellida Palmero, Güemes Palmero, no me acuerdo cómo se llame, aquí en Nuevo Laredo.

José Antonio Ramírez Pacheco: A mí me contrató Iván Treviño para Nuevo Laredo, para levantar gente y matar gente, ya que la plaza pertenece a los Zetas.

**—¿Y tú, güey?**

Se dispara un tiro. Se acabó el interrogatorio. Los cuatro Zetas están muertos. Édgar Valdez Villareal, alias la Barbie, sale del cuarto.

De acuerdo con el testimonio que ofreció a las autoridades, la Barbie se había despertado, la mañana del 16 de mayo, empeñado en cobrar venganza por el secuestro de su hermano por miembros de los Zetas. Sus hombres —vestidos con uniformes de la AFI— agarraron a los cuatro aparentes culpables cuando salían del cuarto de hotel. Los llevaron a una casa de seguridad en el barrio Costa Azul.

La Barbie y sus hombres torturaron a los Zetas y luego los mataron. Grabaron todo el episodio. Alrededor de 24 horas después, la Barbie soltó a Norma Vizcarra, esposa de uno de los Zetas, y a su hija, a las que también habían secuestrado. Antes de soltarla, uno de los hombres le susurró al oído: "Tu marido está en el bando equivocado. Espero que mi jefe esté de buen humor y te deje ir. Tu hija es muy pequeña, de la misma edad que la mía… tu esposo me pidió que te dijera que te quiere mucho".

En 2005 hubo 150 homicidios en Nuevo Laredo, una pequeña ciudad fronteriza de 350,000 habitantes. La Barbie estaba ahí de parte del Chapo. Alquilaba cuartos de hotel para 10 a 15 sicarios y los mandaba a cazar de noche.

Eran conocidos como los Negros.

Su objetivo: matar Zetas.

La Barbie era cruel. Según autoridades judiciales, les ordenaba a sus hombres matar a los policías locales comprados por los Zetas. 13 policías fueron asesinados en Nuevo Laredo tan sólo en 2005.

La Barbie necesitaba protección en Nuevo Laredo —territorio Zeta—, así que él y Arturo Beltrán Leyva supuestamente volaron a la ciudad de México a reunirse con un comandante de inteligencia y sobornarlo con $1.5 millones.

Dos meses después, el comandante de inteligencia fue asesinado a balazos.

La Barbie era violento, pero también los Zetas: uno de los aliados de la Barbie fue asesinado por presuntos Zetas, que también violaron a la nieta del hombre. En agosto de 2005, el cuerpo de Julio César de León, de 17 años de edad, apareció decapitado en la carretera Apodaca-Juárez; le habían cercenado los brazos y piernas, que estaban en bolsas de plástico negro. César de León era primo de uno de los cómplices de la Barbie.

Un mensaje acompañaba el cadáver: "ARTURO BELTRAN LEYVA (A), EDGAR VALDEZ VILLAREAL (A), LA BARBIE (HOMOSEXUAL), CARLOS MONTEMAYOR, GENERAL ALVARO MORENO (MILITAR), JESUS JOSE TINOCO GARCIA (SUBTENIENTE), NORBERTO GONZALEZ HERNANDEZ (A), LA SOMBRA, EFRAIN LOPEZ DE LA CRUZ, MARTIN SANCHEZ SANCHEZ, SICARIOS DEL CARTEL DE SINALOA".

La Barbie también era astuto. Usaba el Internet para difundir videos de sus asesinatos y los de sus hombres, con el fin de intimidar a sus rivales. Aprovechaba los foros y chats de Internet para acordar reuniones con compradores y distribuidores. Al parecer, incluso le escribió una carta al presidente Fox, publicada en el periódico *El Mañana* de Nuevo Laredo, en la que le pedía "poner alto a la impunidad, inseguridad e injusticia en Nuevo Laredo, Tamaulipas".

El encabezado de la carta era "Por la justicia y la seguridad".

La Barbie era ambicioso. Según autoridades estadounidenses, se encargaba de transportar cada semana unos 100 kilos de cocaína desde Nuevo Laredo, a pesar de que seguía controlado por los Zetas. La cocaína se cruzaba al otro lado de la frontera en tráileres: a veces hasta 300 kilos en un solo viaje. El producto luego se trasladaba a Atlanta para su distribución.

Pero las autoridades lo tenían en la mira: en una ocasión incautaron uno de sus tráileres. En el interior había 949 kilos de cocaína.

Los Zetas no se quedaron de brazos cruzados en Nuevo Laredo. También respondieron con propaganda al modo de la Barbie, lanzando acusaciones de que el entonces procurador general Rafael Macedo de la Concha estaba coludido con el cártel de Sinaloa.

Estas artimañas psicológicas tenían un solo objetivo: sembrar la paranoia entre los poderes en turno y socavar a la autoridad del Estado.

Macedo de la Concha había prometido destruir a los Zetas, y éstos parecían estar capitalizando la declaración, afirmando que por lo tanto, estaba con el cártel de Sinaloa. Los aliados de Macedo de la Concha saltaron a defenderlo: "Macedo de la Concha veía a los Zetas como traidores, desertores que destruyen el prestigio del Ejército mexicano", dijo José Luis Santiago Vasconcelos. "Ésa fue una de las principales razones para perseguirlos con tanta determinación. Podemos decir sin lugar a duda que Macedo de la Concha está completamente limpio. Puedo afirmarlo con total y absoluta contundencia. No está implicado en ningún acto de corrupción".

"El FBI no tiene ninguna prueba o información que podría vincular al ex procurador general Rafael Macedo de la Concha con el narcotráfico o con alguna otra actividad ilícita", dijo Raúl Carballido, el representante del FBI en la embajada de Estados Unidos en la ciudad de México.

Los Pinos emitió su propia refutación, a cargo de su vocero Aguilar: "No tenemos absolutamente ninguna evidencia que apoye esta acusación".

Este tipo de acusaciones, difundidas en los medios de comunicación y en Internet, causarían estragos en la confianza hacia las autoridades.

La novia de uno de los Zetas secuestrada en Acapulco testificaría que la Barbie había reclutado a elementos de la AFI para secuestrar la célula Zeta en ese puerto de Guerrero.

Vasconcelos anunció que la Siedo había encontrado pruebas de que algunos elementos de la AFI habían participado efectivamente en el secuestro de los Zetas a cambio de dinero. La SSP —la agencia a cargo de la AFI— emitió su propia declaración, en voz del entonces secretario de Seguridad Pública, Medina Mora, de que ninguno de sus agentes estaba involucrado en el incidente: "La AFI es una de las instituciones de procuración de justicia más efectivas de nuestro país".

El procurador general Cabeza de Vaca también emitió su refutación a las denuncias: "A la fecha, no tenemos pruebas de que ningún elemento de la AFI haya participado en el incidente registrado en la videograbación".

Las contradicciones provocaron a los críticos del Gobierno. Pidieron la renuncia de Vasconcelos; los grupos de derechos humanos exigieron que se investigaran las acusaciones a fondo.

Incluso el alto comisionado de la ONU para los derechos humanos se ocupó del asunto. "Las autoridades responsables tienen que aclarar este caso, llevar a las partes responsables ante la justicia y luego castigarlas", dijo Américo Incalcaterra, el representante en México del ACNUDH.

En diciembre de 2005, la PGR recibió un fax. Al parecer, venía de los Zetas. Acusaba a Genaro García Luna, entonces jefe de la AFI, de estar coludido con los hermanos Beltrán Leyva y el cártel de Sinaloa.

García Luna ha negado repetidamente las acusaciones de haber recibido dinero de los hermanos Beltrán Leyva o de haberse reunido con ellos.

La administración de Calderón ha recibido una acusación tras otra de proteger, ayudar o coludirse con el cártel de Sinaloa. Ha negado todos los cargos.

Se dice que alrededor de 2004, Humberto Loya Castro, un abogado mexicano que había conocido al Mayo, el Chapo y Vicente Zambada Niebla en la década de 1980 y se había convertido en su asesor jurídico, se había acercado a las autoridades estadounidenses en Monterrey: en 1995, Loya Castro había sido procesado, junto con el Chapo, por delitos relacionados con narcotráfico, y quería que se retiraran los cargos.

Supuestamente, Loya Castro le dijo al Chapo que necesitaría buscar su aprobación antes de colaborar con las autoridades.

El Chapo, según Loya Castro, le dio su bendición.

De acuerdo con Loya Castro, los agentes estadounidenses aceptaron el trato: sus superiores habían accedido a retirar los cargos contra el abogado y le indicaron que se comunicara cautelosamente con el Chapo. Las autoridades mexicanas lo estarían escuchando y observando; al Chapo se le notificaría con antelación cuando Loya Castro hablara o se reuniera con él.

Loya Castro dice que los agentes le aseguraron que no lo seguirían ni interferirían con las reuniones, para que pudiera obtener la mayor cantidad de posible información del Chapo.

Según Loya Castro, el Chapo, el Mayo y Zambada Niebla soltaron la sopa sobre varios rivales. Y según documentos judiciales presentados a nombre de Vicente Zambada Niebla en Chicago, Loya Castro y la DEA desarrollaron una relación simbiótica: al parecer, al abogado se le permitía estar presente en reuniones y discusiones de la DEA referentes al cártel de Sinaloa.

Aparentemente, no había ningún temor de que Loya les pasaría información a sus jefes.

Los abogados de Zambada Niebla también afirman que los agentes de la DEA le avisaron a Loya Castro —quien a su vez se lo dijo al Chapo y al Mayo— acerca de las investigaciones mexicanas y estadounidenses en sus "terruños", es decir, Sinaloa, Chihuahua y Durango.

Aparentemente, Loya les dijo al Mayo y al Chapo que el Gobierno de Estados Unidos no compartiría con las autoridades mexicanas la información que tenía sobre el cártel de Sinaloa; esto para asegurar que no los aprehendieran ni interfirieran con sus operaciones. Supuestamente, Zambada Niebla participó en este acuerdo y la DEA estaba enterada de que Zambada Niebla estaba filtrándole información a

Loya. Según los abogados defensores de Zambada Niebla, los representantes de la DEA le dijeron a Loya que estaban agradecidos por la información proporcionada por Zambada Niebla.

Una parte de la información fue útil; otra parte aparentemente resultó influyente. En algún momento de su relación con la DEA, Loya Castro les dijo que había cenado con un ex funcionario mexicano y que de pronto sonó su aparato de radio: al parecer, era un miembro del cártel de Tijuana. Entonces procedió a contarle al funcionario sobre los planes de contratar un gatillero para matar agentes de la DEA en Tijuana. Como resultado, la DEA fue tras el cártel de Tijuana, lo cual fortaleció a las fuerzas del Chapo en la zona.

Parece ser que Loya Castro también ayudó a conseguir parte de la inteligencia —proporcionada a su vez por el Chapo— que llevaría ala muerte de Arturo Beltrán Leyva.

Loya Castro afirma que como resultado, los cargos en su contra se retiraron en 2008.

Loya Castro era fanfarrón. En cierto momento les dijo a sus contactos de la DEA que de hecho estaba engañando al Chapo. "Su argumento con nosotros es que 'dada mi posición, el Chapo tiene una confianza absoluta e inalterable en quién soy y qué estoy haciendo'", dijo David Gaddis, un ex alto funcionario de la DEA que se había encargado de operaciones en México.

"Creo que le decía al Chapo: 'Oye, me voy a reunir con estos tipos', y que el Chapo le permitía que lo hiciera".

Mientras tanto, lo que la DEA se preguntaba era cuánto tiempo más podrían trabajar con Loya Castro y usar la información que conseguía del Chapo, sin tener que ir tras el capo sinaloense. Eran extremadamente cautelosos de que Loya Castro los engañara. "No debes dejar que el informante te controle", dijo John Fernandes, un veterano desde hacía 27 años de la DEA. "No significa que no lo vayan a intentar. La manipulación es parte de la vida".

Según algunos informes, los altos mandos de la DEA ya empezaban a cuestionar. Después de todo, se suponía que el Chapo era su prioridad. Gaddis habló con algunos de los agentes que trabajaban con Loya Castro y les insistió en que lo presionaran para conseguir información sobre el paradero del Chapo: "Quiero que le suban a la potencia y hagan que comience a trabajar más efectivamente contra el Número 1".

Loya Castro era inamovible. Entregaba cierta información sobre las operaciones del cártel de Sinaloa, que permitía hacer algunas detenciones, pero no revelaba nada sobre el capo propiamente. Al parecer, seguía siendo leal al Chapo.

Según Gaddis, Loya Castro no era un informante, sino un "triple agente".

Y tampoco era la única pieza del Chapo que trataba de manipular el juego de la justicia. Se dice que en una ocasión, el Chapo envió a un lugarteniente apostado en Ciudad Juárez directamente al ICE, la agencia estadounidense a cargo de inmigración y aduanas, a reunirse con agentes federales y compartir información sobre los rivales del cártel de Sinaloa.

De acuerdo con el lugarteniente convertido en informante, los funcionarios del ICE recibieron su oferta con los brazos abiertos. "Uno de los agentes del ICE dijo que estaban ahí para ayudar [al cártel de Sinaloa]. Y para chingarse al cártel de Vicente Carrillo. Disculpen la expresión, pero eso es exactamente lo que dijo", aseguró el informante.

También se supone que el Chapo contrató a José Manuel Fierro Méndez, capitán de la Policía de Ciudad Juárez, para que fuera a las oficinas del ICE en El Paso y ofreciera información sobre la Línea.

Más adelante, cuando en un juicio le preguntaron si el Chapo lo había enviado a ofrecer información sobre la Línea, Fierro Méndez respondió: "Sí".

Agregó que transmitía "información que obviamente conseguíamos de más arriba". Fierro Méndez también confirmó las afirmaciones del fiscal en el sentido de que el cártel de Sinaloa estaba tratando de usar al ICE para atacar a La Línea y que el Chapo estaba al tanto de esta operación.

Fierro Méndez le dijo a la fiscalía en Texas que no tenía permitido entregarle a los agentes del ICE información sobre el Chapo; también le dijo que los agentes del ICE nunca le pidieron información de ese tipo.

Fierro Méndez fue sentenciado a 324 meses en una prisión de Estados Unidos.

## *30 de enero de 2009*

Los agentes especiales de la DEA Manuel Castañón y David Herrod y el subdirector regional Carlos Mitchem se reunieron con una fuente aliada en la ciudad de México. La fuente les dijo que había recibido instrucciones del Chapo para reunirse con Vicente Zambada Niebla; al parecer, el Chapo y el Mayo querían que su heredero al trono de Sinaloa cooperara con la DEA para purgar sus cargos: estaba acusado en Washington, D.C. y en Chicago de conspiración para importar cocaína.

El agente Castañón le dijo a la fuente que considerarían la posibilidad de reunirse con Zambada Niebla. No prometió nada.

Castañón le habló a Stephen Fraga, el agente de la DEA a cargo del caso de Zambada Niebla en Washington; Castañón no quería interferir con su investigación ni socavar su autoridad. El agente Fraga se puso en contacto con el fiscal que llevaba el caso en Estados Unidos y luego otra vez con los agentes en México. Dijo que el fiscal estaba interesado en escuchar la oferta de Zambada Niebla. Una vez más, no podían prometer nada.

El 10 de marzo, el agente Castañón volvió a hablar con la fuente; prepararían la reunión, que tendría que ser en la ciudad de México, y Zambada Niebla estuvo de acuerdo.

## *17 de marzo de 2009, 15:00*

El agente Castañón llegó a la ciudad de México con el agente Herrod. En el Hotel Sheraton de Paseo de la Reforma, muy cerca de la embajada de Estados Unidos. Se reunieron con el agente Fraga y varios otros agentes de la DEA que operaban afuera de la ciudad de México.

Uno de los supervisores extrajo un artículo del periódico *El Porvenir*; mencionaba que agentes de la DEA se reunirían con grandes capos en la ciudad de México. Los supervisores hablaron con el entonces director regional David Gaddis, quien les dijo que fueran cautelosos y que cancelaran la reunión.

Le dijeron a la fuente. Preocupado, la fuente pidió verlos en persona.

23:00: Herrod y el agente Manuel Castañón se reúnen con la fuente en el *lobby* del Sheraton. Le muestran los artículos del periódico y explican que no pueden reunirse con Zambada Niebla.

La fuente se pone visiblemente nervioso; la reunión debe realizarse. La fuente era personalmente responsable de Zambada Niebla, tenía que cumplir ese compromiso.

Los agentes no prometen nada. Alrededor de las 00:15, la fuente deja el hotel. El agente Herrod se queda en el *lobby* del Sheraton a esperar.

00:30

El agente Herrod le informa al agente Castañón que la fuente está de regreso con Zambada Niebla. Herrod insiste en que realicen la reunión en el cuarto del hotel en lugar del *lobby*.

La fuente y Zambada Niebla entran en el cuarto; los agentes los revisan para asegurar que no traigan armas o celulares.

Los agentes luego proceden a decirle a Zambada Niebla que la DEA en realidad no tiene permitido reunirse con él sin la autorización de sus superiores. Zambada Niebla, por su parte, había recibido la aprobación de los suyos —el Chapo y su padre— y había conducido desde Guadalajara específicamente para esa reunión.

Los agentes repiten su postura: sin autorización, no hay reunión.

Nada de promesas.

Discuten la posibilidad de planear una reunión en otro país, quizá incluso en Estados Unidos. Barajan distintas ideas.

Después de unos 30 minutos, el agente Castañón retoma el hecho de que ni siquiera tendría que estar hablando con

Zambada Niebla. Le preocupan las posibles repercusiones dentro de la DEA. Regresan a la discusión de los posibles lugares para su "primera" reunión; Castañón le dice a Zambada Niebla que se pondrá en contacto con la fuente si la DEA aprueba la reunión.

Zambada Niebla se va.

Apenas unas horas después, el Ejército y la Policía federal lo arresta en la colonia Jardines del Pedregal, afuera de una casa ubicada en el número 269 de la calle Lluvia.

Castañón y otros tres agentes de la DEA se reunieron con Zambada Niebla en la prisión de la Siedo; él reiteró su deseo de colaborar y dijo que no quería estar en México.

Castañón no podía prometer nada. Sabía que no tenía la autoridad para hacerlo; ni siquiera había estado autorizado para reunirse con él la noche anterior. Tampoco había tenido la obligación de arrestarlo —los agentes de la DEA en México no están facultados para realizar arrestos, sólo para pasar información a sus contrapartes mexicanas—, y la reunión con Zambada Niebla no había sido distinta de otras que había tenido Castañón con anterioridad.

Zambada Niebla sería transferido a un penal de máxima seguridad en Matamoros y luego, en febrero de 2010, extraditado a Estados Unidos. Su defensa presentaría el argumento de que la DEA le había ofrecido inmunidad judicial. Su defensa aseguraba que a cambio de la información ofrecida por Loya Castro, tenía una "promesa de inmunidad".

La defensa aseguró que a Zambada Niebla "se le dijo específicamente que recibiría inmunidad, no sólo en virtud del acuerdo previo con Loya, sino como un acuerdo establecido personalmente con él y aprobado por los más altos niveles de Gobierno".

La defensa argumentó que el hecho de que los agentes de la DEA no hubieran detenido a Zambada Niebla era "un indicio más del acuerdo vigente; aunque el acusado tenía una orden de aprehensión federal y estaba físicamente en presencia de agentes de la DEA, no fue detenido ni arrestado en forma alguna, sino que se le permitió salir del hotel donde se había realizado la reunión".

Zambada Niebla había sido extraditado, según su defensa, pese al hecho de que "el acuerdo y compromiso vigentes para otorgarle inmunidad los habían establecido y respetado agentes federales autorizados en nombre del Departamento de Justicia".

"Los cargos contra el acusado deben retirarse en vía de derecho y por justeza fundamental en virtud de un acuerdo entre el acusado y el Gobierno, o bien por la confianza perjudicial del acusado en aseveraciones de inmunidad bajo cualquier circunstancia. El acusado también solicita una audiencia en caso de que deban establecerse hechos materiales y controvertidos ante la corte".

La DEA y las autoridades mexicanas tenían buena información sobre Arturo Beltrán Leyva, alias el Barbas. Desde su rompimiento con el Chapo y el Mayo, se había pasado a Morelos, donde tenía nexos fuertes con oficiales locales y podría tratar de conservar el control de Chilpancingo y Acapulco. Al parecer, el Barbas trató de llegar a un arreglo con las autoridades en Morelos. El trato: él limpiaría el estado de delitos locales si las autoridades lo dejaban continuar con sus operaciones de narcotráfico. Un grupo de sus sicarios se puso a trabajar, deteniendo y amenazando a robacoches, secuestradores y otros delincuentes locales. Si no abandonaban sus actividades ilícitas, los matarían.

Las autoridades creían que el Barbas también estaba tratando de forjar vínculos más fuertes con los Zetas y el cártel de Juárez. Se expandiría hacia el Estado de México y trataría de arrebatarle al Mayo el control del aeropuerto de la ciudad de México: necesitaría aliados.

El Barbas formó una brigada armada conocida como las Fuerzas Especiales de Arturo. Sobre sus chalecos antibalas llevaban inscritas las siglas FEDA.

Pero las autoridades tenían el número de teléfono del Barbas.

Lo intervinieron.

## *11 de diciembre de 2009*

El Barbas había asistido a una fiesta en Ahuatepec, Morelos. También estaba ahí la Barbie. Habían contratado a tres bandas de músicos: Los Cadetes de Linares, Torrente y Ramón Ayala y sus Bravos del Norte.

Una brigada de la Marina entró en el área; a partir de un aviso de los vecinos de que habían visto hombres armados entrar a una casa en la colonia Los Naranjos de Cuernavaca, se acercaron a una casa ubicada en Paseo de los Mandarinos 124.

Fueron recibidos con disparos. Se desató una balacera; para cuando los elementos de la Marina lograron entrar en la casa, el Barbas, herido, y sus secuaces ya habían huido.

Durante seis días, la Marina le siguió la pista al Barbas, vigilando cada movimiento. Estaban casi seguros de a dónde se dirigía, gracias a una pista ofrecida por uno de los sospechosos detenidos en Ahuetepec: un complejo de apartamentos de lujo conocido como Altitude y ubicado en Cuernavaca, a cuatro cuadras de la mansión del gobernador y a unos cientos de metros del centro de la ciudad.

El Barbas había establecido circuitos de informantes en todo Cuernavaca para conocer los movimientos de las autoridades.

⊛

## *16 de diciembre de 2009*

Elementos de la Marina rodearon el complejo de apartamentos.

El Barbas llamó a la Barbie. Le pidió ayuda, le pidió que mandara a sus gatilleros para ayudarlo a salir de su atolladero.

"Es mejor que te entregues", fue la respuesta.

El Barbas no necesitaba consejos.

La Marina siguió avanzando. Desalojaron a los habitantes del complejo y los bajaron al gimnasio.

Subieron al segundo piso. Se concentraron en los apartamentos 201 y 202.

Balazos.

Los hombres del Barbas estaban listos, esperando. Los elementos de la Marina irrumpieron en los apartamentos. Un sicario con una camisa negra saltó de atrás de un sillón; los de la Marina lo acribillaron sin vacilar. Tres marinos recibieron disparos; otro cayó, muerto. Aparecieron otros dos hombres, uno con una camisa negra y el otro sin camisa; ambos fueron acribillados en el acto. Un sicario se lanzó por el balcón en un aparente intento por escapar; murió por el impacto. Otros dos hombres murieron a tiros.

El Barbas salió de una de las recámaras, disparando.

Fue recibido por una ráfaga de balazos.

Tres hombres, dos de ellos vestidos con pantalones de mezclilla, sudaderas con capucha y guantes de plástico rojos, levantaron el cuerpo. Alguien procedió a bajarle los pantalones y levantarle la camisa, dejando casi desnudo el cuerpo ya ligeramente hinchado, cubierto sólo con unos calzoncillos blancos.

Alguien esparció billetes de dólares y pesos sobre el cuerpo ensangrentado; le tomó fotos.

Quitaron los billetes; colocaron sobre el cuerpo un rosario y otros objetos religiosos.

Más fotos.

En una de ellas el brazo del Barbas está separado de su cuerpo, al parecer cercenado.

La Marina negó que sus hombres hubieran participado en la profanación del cuerpo del Barbas. Las autoridades estatales sugirieron que quizá fuera responsable el servicio Médico Forense del estado de Morelos; serían investigados y acusados de abuso de poder.

Los activistas por los derechos humanos intervinieron. El presidente de la Comisión de los Derechos Humanos capitalina, Luis González Placencia, declaró: "Es una situación preocupante porque lo que vemos es que hay una estrategia militar que aunque tenga resultados que puedan ser leídos como favorables desde el punto de vista de la lucha contra el narcotráfico, pues sí ponen en riesgo la integridad personal, incluso de gente que no está vinculada, o no necesariamente está vinculada con estas actividades delictivas".

"Yo creo que hay que evaluar que el costo que tenga la participación del Estado mexicano en la lucha contra el narcotráfico, no puede tener de ninguna manera efectos en vidas de personas inocentes".

"El uso de la fuerza tiene que ser proporcional con la amenaza que se recibe, si no es así, entonces hay un abuso de la fuerza, y es importante aquí tener en consideración que cualquier vida es valiosa. Al Estado mexicano le corresponde el deber de salvaguardar la vida, en primerísimo lugar, más allá de quien se trate, y particularmente en casos en los que, en operativos como éstos, se pone en riesgo la vida de otras personas".

Dos días después del tiroteo en Cuernavaca, tres mujeres que se identificaron como parientes del Barbas llegaron a la Procuraduría General de Justicia de Morelos a identificar y reclamar el cuerpo. El edificio seguía rodeado por la Marina, por si alguien trataba de robarse el cadáver.

Los restos de Arturo Beltrán Leyva fueron trasladados a Culiacán en el vuelo 7466 de Mexicana de Aviación. Sus parientes recibieron a la tripulación en el aeropuerto y trasladaron al Barbas a una funeraria en el centro de Culiacán, rodeada de vehículos militares.

Llegaron amigos y parientes con cientos de coronas de flores. Se realizó una misa breve; el cuerpo fue trasladado al panteón Jardines del Humaya, bajo la mirada vigilante del Ejército.

El 23 de diciembre, sicarios de la organización de los Beltrán Leyva devolvieron el golpe. Poco después de la medianoche, un grupo de hombres armados irrumpió en una casa en Paraíso, Tabasco, perteneciente a un miembro de la Marina que había participado en la muerte del Barbas. Los sicarios acribillaron a la madre, hermana, hermano y tía de Melquisedet Angulo Córdova.

El nombre de Angulo Córdova era el único que se le había mencionado a la prensa tras el asesinato del Barbas;

su familia había pagado por ello. El presidente Calderón expresó su indignación; dijo que los homicidios habían sido "cobardes" y "deleznables".

La muerte del Barbas también había despertado la indignación de varios sectores de la procuración de justicia. Los elementos de la Marina que habían realizado el operativo se habían entrenado durante varios años con el Comando Norte de Estados Unidos, según cables diplomáticos supuestamente escritos por autoridades estadounidenses en México. De acuerdo con los cables, la información conducente a la muerte del Barbas se le había transmitido originalmente al Ejército, pero no había actuado suficientemente rápido.

Las autoridades de Estados Unidos consideraban a la Marina como un nuevo participante en el juego. Consideraban a los marinos bien entrenados y bien equipados; con la muerte del Barbas, habían mostrado su capacidad de respuesta y de reacción rápida a partir de buenas pistas.

No a todos les alegraba la nueva situación. Al parecer, la Policía federal tenía al Barbas como uno de sus objetivos, como su responsabilidad; según un cable, García Luna dijo en privado que ese operativo tendría que haber sido suyo. Esta tensión interinstitucional preocupaba a las autoridades.

"Las instancias de seguridad mexicanas suelen quedar atrapadas en una competencia intransigente en la que el éxito de una se percibe como el fracaso de la otra; la información se guarda celosamente y las operaciones conjuntas son prácticamente desconocidas. La corrupción oficial está generalizada y produce una mentalidad atrincherada entre los judiciales "limpios" y "sus tenientes", decía un cable, presuntamente redactado por el subjefe de misión John Feeley. "La Sedena ya se percibe como lenta y adversa al riesgo, incluso ahí donde tendría que resultar exitosa: la misión de atrapar HVT [Blancos de Alto Valor]. El problema es que entre más críticas reciba la Sedena, más adversa al riesgo se vuelve".

El Ejército estaba perdiendo su lugar como la institución de confianza de los estadounidenses. Desde el punto de vista de los mexicanos, esta actitud era simplista y de problemática: una valoración en blanco y negro, sin ningún análisis. Por ejemplo, no tomaba en cuenta los avances enormes que había hecho México en términos militares desde los años de la Guerra sucia.

Sin embargo, sí ayudaría a acelerar un proceso que ya había iniciado: en 2009, el Ejército fue responsable de aproximadamente 50% de las detenciones antidrogas; para 2011, la Policía federal ya se encargaba de 90% de los operativos antidrogas.

⍟

En Culiacán, la frustración estaba alcanzando a los hombres del general Noé Sandoval Alcázar.

En una ocasión, un soldado joven regresó a las barracas tras una noche de diversión. Venía borracho; los soldados de la entrada estaban a la defensiva.

Comenzaron a discutir; el soldado borracho sacó su revólver. También los otros. Volaron balazos: un soldado murió, tres resultaron heridos.

El soldado ebrio se suicidó.

El general Sandoval sumaba enemigos cada día. Siguiendo sus órdenes, cinco soldados golpearon la puerta de la casa de Mercedes Murillo, una activista mayor con buena reputación en la comunidad.

Querían registrar la casa; habían incautado un auto registrado con esa dirección. Ella se negó a dejarlos entrar, diciéndoles que regresaran por la mañana.

Apareció un convoy militar. Murillo estaba furiosa.

También lo estaban los demás activistas que intentaban hacerse escuchar en medio de una zona de guerra. El comisionado por los derechos humanos en Sinaloa, Juan José Ríos Estavillo, recibía una cantidad abrumadora de quejas por retenes militares, entradas forzosas, supuestos robos a manos de soldados y acusaciones de tortura. Pero en general, las quejas carecían de detalle y de pruebas contundentes. Un denunciante decía que había sido abusado por el Ejército, y el Ejército simplemente respondía que no había estado en la escena. Caso cerrado.

Ríos Estavillo también estaba abrumado por los intentos de hacer valer los derechos humanos básicos en la sierra: su objetivo era inculcar los valores en los niños, con la esperanza de que se los enseñarían a sus padres.

Además, Ríos Estavillo tenía que recordarle a la gente una y otra vez que sólo era un comisionado por los derechos humanos, no un agente de la justicia: "Mucha gente piensa que somos policías, o que podemos presionar a la Policía para que haga algo. Pero la única cosa que podemos hacer por la gente es darles información sobre la ley".

Los hombres del general Sandoval realizaban redadas cada vez más controvertidas en domicilios particulares, en busca de armas y explosivos. En una ocasión fueron a la casa de un narco que supuestamente se estaba haciendo pasar por un pescador. El problema fue que resultó ser precisamente eso: un pescador.

Pero las autoridades no arredraban.

El 12 de enero de 2010, un grupo de soldados capturó a Eduardo Teodoro García Simental, alias el Teo, en La Paz, Baja California Sur.

El Teo tenía un largo historial en el narcotráfico. Lo habían reclutado los hermanos Arellano Félix en 1995 y había ascendido gradualmente en la jerarquía de la organización hasta convertirse en el guardaespaldas de Benjamín Arellano Félix. Cuando Benjamín fue extraditado a Estados Unidos, el Teo hizo alianzas tanto con el cártel de Sinaloa como con la Familia. Fue el Teo quien contrató al Pozolero para disolver más de 300 cuerpos en ácido; fue el Teo quien ordenó los secuestros de empresarios locales.

## *29 de julio de 2010*

El presidente Calderón tenía agendada una visita a Zapopan, un municipio de Guadalajara.

Alrededor de la una de la tarde, 150 soldados apoyados por dos helicópteros se acercaron a seis mansiones en el barrio Colinas de San Javier de Zapopan.

Ignacio *Nacho* Coronel Villareal y otros capos del cártel de Sinaloa tenían desde hacía tiempo casas en Zapopan y sus alrededores. El barrio era un refugio tradicional para los narcos: allá en la década de 1980, Miguel Ángel Félix Gallardo y sus secuaces lo habían convertido en uno de los bastiones del cártel de Guadalajara.

Nacido el 1 de febrero de 1954 en Canelas, Durango, *Nacho* Coronel había ascendido por el escalafón del narcotráfico, primero como informante de un capo del cártel de Sinaloa, un ex comandante de la Policía federal. El hermano de Coronel, Magdaleno, era un capo por derecho propio y operaba en Durango, pero también en Guadalajara, donde fue nombrado jefe de la plaza a principios de los años noventa. Había muerto en un tiroteo en Zapopan el 3 de junio de 1993, apenas unos días antes de que el Chapo fuera capturado en Guatemala.

Durante la década de 1990, Coronel se había pasado a Ciudad Juárez para trabajar con Amado Carrillo Fuentes, en un trato posibilitado por la alianza entre los cárteles de Sinaloa y de Juárez.

Poco después de la fuga del Chapo de Puente Grande en 2001, Coronel se convirtió en lugarteniente del cártel de Sinaloa. Lo pondrían a cargo de la producción y tráfico de metanfetamina, un rubro en crecimiento entre las actividades del cártel.

Coronel regresó a Jalisco, presuntamente con órdenes del Chapo de expandir el negocio de la metanfetamina ahí y en los estados vecinos de Colima y Nayarit. Según el testimonio de un ex comandante del Ejército que al parecer había trabajado para los hermanos Beltrán Leyva, las diferencias de Coronel con los hermanos habían sido tan feroces como las del Chapo. Se dice que el Barbas había emitido una orden a uno de sus sicarios: "Pagar lo que fuera necesario a nuestros contactos para hacer ese jale pendiente con *Nacho* Coronel y ayudar al Gobierno a que capturaran al *Chapo* Guzmán".

Coronel se refugiaría en Guadalajara. Él y su guardaespaldas, Irán Francisco Quiñónez Gastélum, mantuvieron un perfil bajo.

Durante la administración calderonista no se le prestó mucha atención a Guadalajara. Aunque había sido la sede del cártel de Guadalajara —y en muchos sentidos, del narcotráfico mexicano en las décadas de 1980 y 1990—, la ciudad había permanecido alejada de los reflectores desde 2006. Con tanta atención —tanto mediática como judicial— centrada en la violencia incesante de Ciudad Juárez, Culiacán y Tijuana, Guadalajara se había convertido en el lugar perfecto para pasar inadvertido.

Luego, en mayo de 2009, las autoridades capturaron a Mario González Martínez, a quien las autoridades consideraban un capo de alto rango en el cártel de Sinaloa, cercano al Chapo a raíz de su amistad con uno de los hijos del capo, Iván Archivaldo.

Ese mismo mes, el Ejército detuvo a Roberto Beltrán Burgos, alias el Doctor, uno de los confidentes más cercanos del Chapo. En su vehículo, el Doctor tenía documentos que revelaban la amplia red de corrupción contratada al servicio del Chapo. Según autoridades militares, Beltrán Burgos tenía en el cártel de Sinaloa la misma jerarquía que el hijo del Mayo.

A principios de febrero de 2010 fue detenido Rogaciano Alba Álvarez, un cacique de Guerrero de la vieja guardia que tenía nexos antiguos con el Chapo y el cártel de Sinaloa. Alba Álvarez dijo que se había mudado a Jalisco después de que su familia había sido amenazada (dos de sus hijos habían sido asesinados y otro secuestrado); las autoridades aseguraban que ahí seguía trabajando tanto para el cártel de Sinaloa como para la Familia, proveyéndolos de armas y protección. También se creía que colaboraba con el cártel de Sinaloa para sacar del juego a los Beltrán Leyva y a los Zetas. Se dice que el Barbas le había propuesto un arreglo en un encuentro que tuvieron en 2008 en Zihuatanejo, poco después de su rompimiento con el Chapo y el Mayo, pero que el cacique —que ya tenía buenos contactos en todo Guerrero— no había aceptado.

Las autoridades aseguraban que en Guadalajara, Alba Álvarez ya se había reunido con todos los jefes de la Familia: Nazario Moreno, el Chayo; Enrique Plancarte y Servando Gómez.

El 11 de febrero, las autoridades agarraron a Alba Álvarez. Lo acusaron de ofensas relacionadas con el crimen organizado.

⍟

Los soldados acordonaron cinco calles aledañas a las fincas de San Javier, en Zapopan. Entraron.

Disparos. Explosiones de granada. Más disparos.

Nacho Coronel trató de escapar; le disparó a un soldado.

Más disparos.

A sus 56 años, el antiguo confidente del Chapo, tío de su joven esposa Emma y jefe del imperio de la metanfetamina del cártel de Sinaloa, estaba muerto. Los soldados encontraron siete millones de dólares en efectivo y una computadora, mismos que incautaron.

Esa noche, el presidente Calderón ofreció un discurso a la comunidad empresarial de Zapopan; no se mencionó la muerte de Coronel, y la delincuencia sólo se mencionó de paso.

El 3 de agosto se realizó un pequeño funeral para Coronel en Culiacán, custodiado por el Ejército; su cuerpo sería transportado a Canelas poco después. La DEA elogió a sus contrapartes mexicanas por el golpe al cártel de Sinaloa; el subjefe de operaciones de la DEA, David Gaddis, dijo que la muerte de Coronel tendría fuertes efectos sobre "la capacidad de la federación de Sinaloa de desplazar sus drogas, al menos en el corto plazo".

"Van a necesitar tiempo para reconstruirse".

Abundaban los rumores de que a Coronel lo habían matado como una represalia por el secuestro de Diego Fernández de Cevallos, el candidato panista a la presidencia en 1994 y amigo cercano de Calderón.

No apareció evidencia de esto, pero Edgardo Buscaglia, un profesor de derecho en el Instituto Tecnológico Autónomo de México (ITAM) y experto en crimen organizado, ofreció su opinión al respecto: "No lo sé, pero en un país donde las redes criminales mantienen secuestrados a los hombres del poder político y han feudalizado amplios territorios, todo es posible".

## *30 de agosto de 2010*

La sonrisa burlona en el rostro de la Barbie hablaba por sí sola. Se había salido con la suya durante 17 años. Sus secuaces caían minuto a minuto. Le había sugerido al Barbas que se entregara. Las autoridades llevaban diez meses siguiéndole la pista.

Tendría que haber sabido que se le estaba acabando el veinte.

Fuentes cercanas al gabinete federal de Seguridad Pública también les dijeron a los periodistas que había estado negociando un arreglo con la DEA. (Esto se negó).

Después de la captura del Mochomo, la muerte del Barbas y la detención de Carlos Beltrán Leyva, la Barbie se había aliado con el último hermano Beltrán Leyva, Héctor, alias el H.

Habían formado el cártel del Pacífico Sur; su presencia en Guerrero sería disputada por facciones leales al Chapo y al Mayo, así como por los Zetas y la Familia. También Morelos quedaría sujeto a rivalidades territoriales.

Pero también habría conflictos internos: la Barbie y un lugarteniente, Gerardo Álvarez Vázquez, alias el Indio, querían controlar toda la organización. Una oleada de violencia —45 asesinatos en Morelos y 60 en Guerrero— mantendrían aterrorizada la región durante un mes y medio. Se creía que el Indio era despiadado: las autoridades calculaban que había coordinado la masacre de La Marquesa y que era responsable de otras matanzas brutales.

El 22 de abril de 2010, las autoridades pescaron a Álvarez Vázquez después de una balacera en Huixquilucan.

La información reunida por la DEA ubicó a la Barbie en Acapulco y luego en Morelos. La DEA transmitió la información a sus agentes probados dentro de la Policía federal.

La Barbie fue a la ciudad de México. En la madrugada del 30 de agosto hubo un tiroteo en el Periférico de la capital, que resultó en la muerte de Aarón Ginés Becerril, un presunto cómplice de la Barbie.

La Barbie huyó y se refugió en una finca en las afueras de la ciudad.

Unos 1,200 agentes federales rodearon la casa en el pueblo de Salazar, en el Estado de México, a sólo unos kilómetros de La Marquesa, donde había ocurrido la masacre en 2008.

Al mismo tiempo, autoridades colombianas alimentadas con información de la DEA, estaban cercando varios puntos en las ciudades de Bogotá, Medellín, Cali, Buenaventura y Pereira. Durante 18 meses había seguido y armado el caso en contra de 11 cómplices de la Barbie. Uno de ellos era mexicano: Julio César Piña Soberanis, alias Julio.

Los agentes federales rodearon la casa en Salazar, Estado de México. Entraron.

⊛

Según el secretario de Seguridad Pública García Luna, los agentes agarraron a la Barbie en el jardín, cuando trataba de escapar.

De acuerdo con el testimonio de dos agentes de la Policía federal que habían estado realizando revisiones al azar en el área, estaban patrullando Salazar cuando alrededor de las 18:30 vieron salir en caravana tres vehículos: un Chevrolet Cruz, un Chevrolet Malibu y un Ford Focus.

Los policías siguieron la caravana alrededor de cuatro kilómetros antes de hacer que se orillaran.

Los detuvieron sin dudarlo.

En algún momento de su detención, se les pidió a los sospechosos sus identificaciones.

La Barbie no mentía.

Según Facundo Rosas Rosas, el comisionado general de la Policía federal, la Barbie y sus hombres habían tratado de resistir a los agentes federales que irrumpieron en la finca.

Sin embargo, en una entrevista con Carmen Aristegui, Rosas Rosas afirmó que la Barbie no había opuesto resistencia.

El asesor de Seguridad nacional Alejandro Poiré se reunió con sus hombres en privado para discutir el arresto.

Poco después habló con la prensa: "Édgar Valdez encabezaba la estructura de operación y de sicarios que pertenecía a la organización de los Beltrán Leyva, con la distribución y comercialización de drogas y con la comisión de otros ilícitos como el lavado de dinero, la extorsión y el robo de vehículos". El vocero en materia de seguridad destacó que para su captura, la Policía federal realizó diferentes operaciones con la finalidad de asegurar elementos de su estructura criminal e integrar la inteligencia para ubicar su paradero en los estados de Guerrero, Morelos, Estado de México, Nuevo León, Jalisco y Sinaloa.

"Cabe recordar los trabajos de inteligencia y consecuentes operativos que dieron con la ubicación de Arturo Beltrán Leyva en Morelos e Ignacio Coronel en Jalisco en meses recientes", agregó.

"Este es un paso importante en el marco de la estrategia nacional de seguridad, que contempla como eje principal la desarticulación de organizaciones criminales, el fortalecimiento de las instituciones de seguridad y justicia, el avance en las actividades de inteligencia, la prevención y recuperación del tejido social y la cooperación internacional".

No mencionó específicamente la inteligencia que había llevado a la detención de la Barbie.

Tras el arresto del narco nacido en Texas, las autoridades seguirían pistas para derribar más miembros del cártel de Sinaloa y lugartenientes de alto nivel que habían trabajando en algún momento con el Chapo, el Mayo y el Azul antes de separarse.

El 12 de septiembre de 2010, soldados arrestaron a una banda en Amacueca; su líder era presuntamente uno de los principales sicarios del Chapo, Juan Francisco Aguilar Santana, alias Juan Pistolas. Las autoridades creían que Juan Pistolas estaba a cargo de varias partes de Jalisco, Colima y Michoacán.

Apenas dos semanas después, la Policía federal arrestó a Margarito Soto Reyes, alias el Tigre, el hombre que calculaban había relevado a *Nacho* Coronel en Guadalajara.

El 15 de febrero de 2011, el Ejército agarró a César Villagrana Salazar, alias el Placa. Desde la detención un año antes de su primo José Vázquez Villagrana, alias el Jabalí, había sido el lugarteniente del Chapo en Sonora, a cargo de las plazas de Magdalena de Kino y Santa Ana, centros clave para el narcotráfico por su ubicación sobre las carreteras a Nogales y Agua Prieta.

El 27 de marzo, las autoridades detuvieron a Jesús Raúl Ochoa Zazueta; había servido en el departamento de asuntos internos de la Policía estatal de Baja California y luego se había convertido en el jefe del cártel de Sinaloa en Mexicali. Presuntamente recibía órdenes de Gonzalo Inzunza Inzunza, alias el Macho Prieto, el jefe de seguridad del Mayo y el hombre a cargo de la región.

El 9 de mayo, tras seis meses de construcción de inteligencia y varias detenciones importantes en Playas de Rosarito, la Policía estatal de Baja California dio con Héctor Eduardo Guajardo Hernández, alias el Gucho, en Mexicali. Las autoridades creían que había relevado al Teo en Tijuana tras su arresto; lo consideraban uno de los narcotraficantes más buscados en el estado.

Menos de una semana después, el 13 de mayo de 2011, fue detenido en Zapopan Martín Beltrán Coronel, un sobrino de *Nacho* Coronel. Presuntamente, Beltrán Coronel había asumido el relevo de las operaciones en Jalisco tras la muerte de su tío; se creía que él y su primo José Ángel Carrasco Coronel estaban también a cargo de dos nuevos grupos que habían surgido en Jalisco y Colima para encargarse del negocio de la metanfetamina, el cártel de Jalisco Nueva Generación y la Resistencia. Según las autoridades, Beltrán Coronel estaba al mismo nivel que el Chapo, el Mayo y el Azul en el cártel de Sinaloa, como lo había estado su tío.

Ese mismo día, las autoridades colombianas montaban otro operativo para atrapar a Hermel Arnubio Alarcón Díaz, alias el Enano. Considerado el principal proveedor de cocaína para el cártel de Sinaloa, el Enano encabezaba un grupo que trabajaba para Luis Enrique y Javier Antonio Calle Serna en Cali.

El Enano tenía amplios contactos; se suponía que había trabajado con Wilber Alirio Varela, un traficante venezolano conocido como Jabón, asesinado en 2008.

El Enano era conocido por las autoridades como un pionero: él había tenido la idea de construir submarinos para enviarlos llenos de cocaína a la gente del Chapo en Oaxaca, Guerrero, Quintana Roo y Yucatán.

La Policía colombiana agarró al Enano en Cali.

El 10 de noviembre de 2011, soldados entraron a una casa en Culiacán. Colocaron tres filas de refuerzos para impedir que el sospechoso se escapara. Atraparon a Ovidio Limón Sánchez, un elemento clave del Chapo, sin que opusiera resistencia.

Según los rumores, o la Barbie estaba hablando o el Chapo estaba vendiendo a su gente, una a una, a medida que avanzaban las autoridades.

En el Suroeste de Estados Unidos circulaba otro rumor: el Chapo se había entregado por la época en que su esposa Emma Coronel fue a Los Ángeles a dar a luz a sus gemelos. La DEA la había seguido hasta la frontera, pero no había podido actuar: no había cargos en su contra. El rumor que ubicaba al Chapo en Estados Unidos fue negado. Sin embargo, cuando el presidente Calderón habló con el *New York Times* poco después, hizo un comentario sorprendente que al parecer insinuaba que quizá sí estuviera en Estados Unidos.

*The New York Times*: ¿Por qué es tan difícil capturarlo [al Chapo Guzmán] y su libertad ha sido una de las cosas más frustrantes para usted? Y también, bueno, la noticia de su esposa que dio a luz en los Estados Unidos y pudo viajar a los Estados Unidos y regresar. ¿Hubo algún intento de detenerla para preguntarle dónde estaba su esposo?

Felipe Calderón: Pues eso habría que preguntárselo a las autoridades aduanales americanas. Porque la aduana que tienen que cruzar para ir a Los Ángeles es la de Estados Unidos, no la de México. Y si el Chapo estuvo en Los Ángeles yo me pregunto, ¿los americanos por qué no lo atraparon? No sé si estuvo en Los Ángeles, pero son preguntas para mí. Si la señora hubiera dado a luz en el Hospital Ángeles o en uno de... [inaudible], pues es otra cosa.

*The New York Times*: Pero tuvo que viajar en territorio mexicano para llegar a Los Ángeles.

Felipe Calderón: No está en territorio mexicano, y supongo que el Chapo está en territorio americano. Aquí lo sorprendente es que él o su esposa están tan tranquilos en Estados Unidos, lo cual me lleva a preguntarme, bueno, ¿cuántas familias o cuántos capos mexicanos estarán más tranquilos en el lado Norte de la frontera que en el lado Sur? ¿Qué lleva al Chapo Guzmán a tener su familia en Estados Unidos?

*The New York Times*: ¿Ha sido lo más frustrante lo de [...]?

Felipe Calderón: No, para nada. No, en primer lugar porque yo no soy amigo de la idea, ni de las frustraciones ni las angustias, son palabras que yo hace rato quiero erradicar de mi léxico. Lo más doloroso para mí de todo esto más bien ha sido la violencia y las víctimas, ésa es la parte más triste. El Chapo como otros líderes, los Zetas, Lazcano, [el] 40, etcétera, es gente que está muy protegida y gente que tiene redes de cobertura muy complejas. En el caso concreto del Chapo sospechamos que tiene además pues un área de influencia que es la Sierra Madre Occidental, entre los estados de Chihuahua, Durango y Sinaloa que le permite una gran movilidad y que cualquier operativo que hacemos para capturarlo, él tiene manera de detectarlo a decenas de kilómetros de distancia, a horas de distancia.

Concretamente, el Ejército mexicano ha llegado, en mi gobierno, probablemente unas dos veces ha estado en el sitio en que horas antes estuvo el Chapo. Pero tarde o temprano caerán él y otros líderes. Ahora, el punto, insisto, no es lo medular, los líderes aunque tenemos que capturarlos y es parte de la tarea, sino insisto los tres ejes: neutralizar a todos los criminales —y con esto quiero decir a todos—; segundo, construir nuevas instituciones; y tercero, reconstruir tejido social.

*The New York Times*: Una más del Chapo Guzmán, ¿lo quiere vivo o muerto?

Felipe Calderón: Yo francamente no le deseo la muerte a nadie. Pero para mí sí es importante que cualquiera que esté atentando contra los mexicanos sea sometido a la ley con toda la fuerza de la ley.

En octubre de 2009, el director de inteligencia nacional de Estados Unidos, el almirante Dennis C. Blair, se había reunido con el presidente Calderón y con miembros de su equipo de seguridad nacional. Blair había hablado con Galván Galván acerca de varios asuntos, entre ellos el Chapo. Galván Galván, según los cables publicados por Wikileaks, había ordenado un operativo en tres etapas para capturar al capo sinaloense.

Según los cables, Galván Galván dijo que la primera etapa estaba prácticamente concluida: operativos para recolectar información en la sierra. Al parecer, el Ejército había encontrado entre 10 y 15 lugares que el Chapo usaba como escondites; seguía rodeándose de un sólido destacamento de seguridad, a veces de hasta 300 hombres.

Atraparlo sería difícil, había dicho Galván.

La segunda etapa sería al parecer el despliegue de un círculo de tropas en la zona donde se movía.

La tercera etapa: capturarlo.

Para 2011, las autoridades habían establecido tres unidades de tiempo completo dedicadas al Chapo. Estos equipos especiales —uno en el Ejército, otro en la Marina y el tercero en la Policía federal— estaban aprobados por la DEA y recibían información de agencias estadounidenses.

Las autoridades de Estados Unidos seguían creyendo que el Chapo estaba en la sierra, ya fuera en Durango o en Sinaloa. Y con la muerte de Osama Bin Laden, el Chapo era nuevamente el enemigo público número uno. Las críticas de los medios de comunicación hacia la administración calderonista por su aparente incapacidad para combatir al cártel de Sinaloa se habían apaciguado, pero el Chapo estaba otra vez en el radar.

La nueva procuradora general de la República, Marisela Morales, enfrentó a la prensa.

**¿Tiene usted una idea de dónde está Joaquín *el Chapo* Guzmán?**

—Varias dependencias del Gobierno federal participan en este tipo de ubicación de blancos; como ustedes saben también existe la recompensa que está ofrecida y se está trabajando de manera muy coordinada y buscando el objetivo, y se sigue y esperemos que logremos capturarlo, respondió Morales.

"Bueno, si supiera [el paradero del Chapo], por supuesto no podría decirlo porque es algo que... Pero se han tenido varios datos y se está trabajando en cada una de las dependencias que tienen [el área de] inteligencia".

"En eso están trabajando, es una de las prioridades que existen en el Gobierno federal".

**Luego la pregunta inevitable: ¿estaban protegiendo al Chapo?**

"Claro que no, hay blancos que son más difíciles de atrapar por la forma en cómo se esconden, pero se ha detenido a gente muy cercana al Chapo".

Y las autoridades lo seguirían haciendo.

A principios de julio, soldados que operaban al mando del general Alfonso Duarte en Baja California descubrieron la plantación de marihuana más grande jamás detectada en México: más de 120 hectáreas, cuatro veces el área incautada en el rancho El Búfalo de Chihuahua en 1984.

La plantación estaba apenas a unos kilómetros de la base militar que albergaba al 67 Batallón; los helicópteros militares no la habían detectado en sus sobrevuelos de la zona debido a las gruesas mallas que cubrían las plantas. Cuando los soldados se acercaron, unos 60 campesinos que trabajaban en los campos los vieron y huyeron. No se hizo un solo arresto en la escena; algunos días después, casi todos los sospechosos fueron detenidos.

Se creía que la plantación pertenecía al Chapo. Unos ochos meses atrás, justo cuando el estado de California se preparaba para votar si legalizaba o no la marihuana, las autoridades habían hecho la mayor incautación de marihuana lista para la venta: 148 toneladas. Aparentemente, el Chapo se estaba preparando para inundar el mercado californiano.

Durante todo el año se harían más detenciones en Tijuana. Entre ellos, Jehová Israel Ilhuicatzi, alias el Cuervo, el presunto jefe de sicarios para el cártel de Sinaloa en Tijuana.

El 19 de septiembre, en la ciudad de México, soldados arrestaron a José Carlos Moreno Flores, alias la Calentura; se decía que era el hombre del Chapo en Chilpancingo y que intentaba recuperar la plaza, lo cual había provocado una nueva oleada de violencia.

El 5 de octubre, las autoridades pescaron a Noel Salgueiro Nevarez, alias el Flaco Salgueiro, jefe de plaza para el cártel de Sinaloa en Chihuahua. Se creía que el Flaco Salgueiro había encabezado el ataque contra la Línea en Ciudad Juárez y en todo el estado.

El 10 de noviembre, Ovidio Olimón Sánchez fue arrestado en Culiacán; era el presunto responsable del tráfico de cocaína de Sinaloa a Los Ángeles.

Ese mismo día en Tijuana, las autoridades incautaron $15 millones en efectivo propiedad del cártel de Sinaloa. El monto no rompía ninguna marca, pero era importante de cualquier modo.

El 25 de diciembre, soldados dieron con Felipe Cabrera Sarabia, alias el Inge, un lugarteniente del Chapo en Chihuahua y Durango.

Apenas unos días después, Luis Rodríguez Olivera, alias el Güero, fue atrapado en el aeropuerto de la ciudad de México. Era un miembro de alto rango del círculo cercano al Chapo, responsable de lavar dinero y transportar cocaína desde Colombia.

El siguiente año, año electoral, comenzó con otro golpe fuerte al cártel de Sinaloa. El 17 de enero, la Marina incautó una docena de contenedores en el puerto de Lázaro Cárdenas con 195 toneladas de precursores de metanfetamina. Tres días después, el Ejército hirió de gravedad a Luis Alberto Cabrera Sarabia, alias el Arqui, en un tiroteo en Canatlán, Durango, como parte de la Operación Laguna. El Arqui era el principal lugarteniente del Chapo en Durango. En el operativo cayeron otros 10 elementos, todos respondían al nombre de "N" en lugar de su apellido.

En un periodo de seis meses habían detenido a más de 65 elementos presuntamente al servicio del Chapo.

La administradora de la DEA Michele Leonhart tocó el tema de la captura del Chapo en una entrevista para el diario *Excélsior*: "Nuestras operaciones y nuestra inteligencia, tanto de la DEA como de otras agencias, al igual que las de nuestros socios en México, están todas preocupadas por esto. Es blanco de nuestras operaciones e investigaciones".

"Él es alguien en quien estamos enfocados".

Leonhart volvió a elogiar la cooperación entre México y Estados Unidos, y apoyó el plan de acción de Calderón, diciendo que era "la estrategia correcta".

Dijo que la DEA había ayudado a derribar a los cárteles; las autoridades mexicanas habían hecho todo lo demás.

De hecho, las autoridades estadounidenses habían estado haciendo más de lo que les tocaba.

Durante un par de años, la DEA había formado fuentes de alto nivel con acceso privilegiado a los líderes del cártel del Golfo y de los Zetas. Esto había dado lugar a algunos arrestos importantes.

También había revelado un aparente nexo con el terrorismo.

Durante cerca de una década, algunos oficiales antidrogas de Estados Unidos habían advertido acerca de posibles vínculos entre los cárteles mexicanos y miembros ya sea de Al Qaeda, Hezbolá o la unidad de élite de los guardianes de la revolución de Irán, la Fuerza Al-Quds, que desde 2007 estaba etiquetada por el Departamento de Estado estadounidense como grupo "de terrorismo global especialmente designado". En general, los expertos y los medios de comunicación habían refutado estas advertencias por el hecho de que las organizaciones de narcotráfico mexicanas estaban interesadas únicamente en las ganancias y no tenían motivaciones ideológicas de ningún tipo.

Poco después del 11 de septiembre de 2001, el entonces subsecretario de la defensa de Estados Unidos, Douglas Feith, incluso había sugerido en un memorando que la mejor táctica sería bombardear la zona fronteriza entre Paraguay, Argentina y Brasil —un centro importante para el narcotráfico y supuesto sitio de entrenamiento militar de los grupos islámicos militantes—, pese a la falta de pruebas de actividad yihadista en la región. El plan nunca se puso en marcha.

No habían prosperado los esfuerzos por vincular a América Latina con los grupos terroristas islámicos. Algunos oficiales de inteligencia de Estados Unidos habían advertido que los terroristas podrían aliarse con los cárteles mexicanos para trasladar bombas por los túneles fronterizos entre México y Estados Unidos, pero este plan aún no se ha materializado, probablemente porque los narcotraficantes mexicanos saben que apoyar y alentar a terroristas sólo desataría la furia de las autoridades internacionales.

A principios de octubre de 2011, la revelación de un plan para asesinar al embajador saudí en Estados Unidos expuso la posibilidad de un nexo entre el terrorismo y los cárteles.

Según el Departamento de Justicia de Estados Unidos, Manssor Arbabsiar, un ciudadano estadounidense naturalizado de 56 años de edad y portador de pasaportes tanto iraní como estadounidense, se había reunido en varias ocasiones en México con un presunto miembro de los Zetas. El supuesto Zeta era también informante para la DEA. Arbabsiar supuestamente había hecho tratos para que los cómplices de su contacto asesinaran al embajador en suelo estadounidense; al parecer, habían fijado un pago de $1.5 millones, de los que ya se habían transferido dos pagos por un total de $100,000 a una cuenta de banco de Estados Unidos, a cuenta del asesinato planeado.

Arbabsiar fue arrestado y también fue acusado otro cómplice, Gholam Shakuri —un miembro de la Fuerza Al-Quds radicado en Irán—, pero permaneció prófugo.

La congresista estadounidense Ileana Ros-Lehtinen, republicana por Florida y presidenta del comité de Asuntos Exteriores, habló del complot en una audiencia y felicitó a la DEA y al FBI por sus esfuerzos para revelar la conspiración.

"Felicitaciones también a las agencias mexicanas que colaboraron con nosotros para convertir esto en una operación exitosa".

Luego Ros-Lehtinen adoptó un tono más fuerte.

"Debemos dejar de ver a los cárteles de la droga únicamente desde la perspectiva judicial, para pasar a designar a estas redes de narcotraficantes como Organizaciones terroristas extranjeras y a sus dirigentes como nacionales especialmente designados, si es que están ofreciendo apoyo material y protección a otras Organizaciones extranjeras u otros nacionales especialmente designados, así como sus promotores en el Estado".

"Durante años, el Departamento de Estado ha informado sobre las actividades de Hezbolá y Hamás para recaudar fondos en la región. La conspiración frustrada de esta semana se suma a la evidencia creciente de los vínculos potenciales entre estos grupos y los cárteles de la droga. Como sabemos, los vínculos no se concretaron porque se trataba de nuestros hombres haciéndose pasar por miembros del cártel. Pero parece ser que nuestro enemigo declarado, Irán, ve una posible alma gemela en los cárteles mexicanos".

"Nuestros intereses de seguridad nacional, la estabilidad de nuestro hemisferio en general y el complot frustrado de esta semana nos recuerdan que nuestra seguridad nacional está en riesgo. Debemos emprender acciones inmediatas para enfrentar estas amenazas, en lugar de desperdiciar recursos valiosos en una diplomacia inútil con quienes quieren dañarnos".

El fuerte discurso de Ros-Lehtinen hizo eco de algunos sentimientos expresados a principios de ese año por otros congresistas. En marzo, Ron McCaul de Texas había presentado un proyecto para exhortar al Departamento de Estado a que designara a "ciertos cárteles mexicanos de narcotraficantes" como "Organizaciones terroristas extranjeras", en función de los hallazgos del Congreso.

El proyecto señalaba las tácticas brutales de los cárteles del narco, así como el uso de la violencia contra ciudadanos estadounidenses: además del caso de Jaime Zapata, el del ciudadano estadounidense David Hartley, asesinado en septiembre de 2010 por presuntos Zetas mientras practicaba esquí acuático.

Como parte de su argumentación para que los cárteles fueran designados como organizaciones terroristas, McCaul citó los requisitos:

- Los cárteles mexicanos reúnen todos los criterios jurídicos para ser designados como organizaciones terroristas extranjeras de acuerdo con la sección 219 de la Ley de Inmigración y Nacionalidad (8 U.S.C. 1189).
- Las organizaciones son organizaciones extranjeras.
- Las organizaciones incurren en actividades terroristas (según se definen en la sección 212(a)(3)(B) de la Ley de Inmigración y Nacionalidad (8 U.S.C. 1182(a)(3)(B)) o en terrorismo (como se define en la sección 140(d)(2) de la Ley de Autorización de Relaciones Exteriores para los años fiscales de 1988 y 1989 (22 U.S.C. 2656f (d)(2)), o bien guardan la capacidad o la intención de incurrir en actividades terroristas o en terrorismo.
- La actividad terrorista o el terrorismo de las organizaciones amenaza la seguridad de ciudadanos estadounidenses o bien la seguridad nacional de Estados Unidos.

A continuación, el proyecto declara que "de acuerdo con la sección 219 de la Ley de Inmigración y Nacionalidad (8 U.S.C. 1189), el secretario de Estado designará como organizaciones terroristas extranjeras a las siguientes:

La organización de los Arellano Feliz [sic]
El cártel de los Zetas
La organización de los Beltrán Leyva
La Familia Michoacana
El cártel de Sinaloa
El cártel del Golfo/Nueva Federación

El 13 de octubre de 2011, en un testimonio escrito presentado al Congreso bajo el título de "Amenazas emergentes y seguridad en el Hemisferio Occidental: siguientes pasos para las políticas estadounidenses", el subsecretario del área dedicada a financiamiento terrorista, Daniel L. Glaser, subrayó el problema de los cárteles de narcotraficantes mexicanos y le puso nombre: Chapo.

Glaser declaró que el Departamento del Tesoro de Estados Unidos había trabajado de cerca con la DEA para identificar la función que había desempeñado el Lebanese Canadian Bank en "facilitar una red de narcotráfico y lavado de dinero que abarca Sudamérica, África Occidental y Medio Oriente".

Glaser insistió en la necesidad de "una colaboración activa de nuestras contrapartes extranjeras que están en las primeras líneas en la batalla contra los cárteles".

Elogió los esfuerzos mexicanos por "frenar el lavado de dinero vinculado con el narcotráfico" y mencionó las nuevas disposiciones para regular la compra de dólares estadounidenses en México.

No mencionó el banco Wachovia.

En 2006, Martin Woods, director de una unidad antilavado de dinero para este banco con sede en Londres, había informado tanto a sus superiores como a la Serious Organized Crime Agency (SOCA, la agencia británica encargada del crimen organizado grave) que había actividad sospechosa: cheques de viajero mexicanos incorrectamente endosados y de alta denominación. Pero asegura que sus preocupaciones y ciertos informes que había redactado no fueron tomados en cuenta; poco después renunció (afirma que lo presionaron para que renunciara; sus superiores alegaron que su desempeño no había sido satisfactorio).

La preocupación de Woods era justificada: un año después de que lanzara la primera alerta, autoridades mexicanas allanaron una de las casas de cambio sospechosas, la Casa de Cambio Puebla, y descubrieron que un jefe financiero del cártel de Sinaloa, Pedro Alatorre Damy, había comprado cuatro aviones para transportar droga con dinero lavado a través de Wachovia y Bank of America Corp. Alatorre fue extraditado a Estados Unidos; la Casa de Cambio Puebla fue clausurada.

Resultó ser que Wachovia había manejado alrededor de $378 mil millones para casas de cambio mexicanas entre 2004 y 2007.

"La flagrante falta de consideración de Wachovia hacia nuestras leyes bancarias le ofreció a los cárteles internacionales de tráfico de cocaína una virtual carta blanca para financiar sus operaciones", dijo Jeffrey Sloman, el fiscal encargado del caso contra Wachovia en Florida. Sin embargo, fueron más duras sus palabras que la pena impuesta por el Departamento de Justicia de Estados Unidos: una multa de $160 millones por "evitar deliberadamente la aplicación de un programa antilavado de dinero".

Woods, por su parte, estaba furioso.

"El objetivo era quitarle la ganancia al delito, eliminar el incentivo para cometer el delito", dijo. "El hecho de que el dinero se está lavando, de que cruzando otra vez la frontera, hace que algunos nos preguntemos qué tan cerca están los dedos del lavador del gatillo del sicario".

★

El tema de la acción contra los cárteles seguía acaparando la atención en otros círculos de Estados Unidos.

El gobernador de Texas, Rick Perry, dijo que "México podría necesitar nuestro Ejército"; tras una visita de parte de su equipo a la ciudad de México, el teniente general Charles Jacoby de la marina estadounidense también pidió mayor cooperación entre los dos países, sobre todo en compartir inteligencia.

Los académicos despotricaban con el eterno tema de la contrainsurgencia. La secretaria de Estado, Clinton, ya había usado la palabra "insurgencia" allá en 2010 en el Consejo de Relaciones Exteriores, y le había valido una reprimenda firme —y pública— de parte del presidente Obama. Pero ahora los académicos, como la experta Diana Villiers Negroponte del Brookings Institute, estaban alegando que los cárteles eran "más poderosos que el Gobierno" y estaban recomendando usar tácticas de contrainsurgencia para enfrentarlos. Por su parte, Levant Kiran acuñó la expresión "insurgencia narco-comercial" para describir la situación en México; el mayor Terry Hilderbrand expuso la teoría de la "narcoinsurgencia"; el teniente comandante David Deuel comparó los cárteles mexicanos con "las numerosas tribus y clanes en Afganistán" y afirmó que la mejor estrategia sería el modelo "Clear, Hold and Build" ("Limpiar, Mantener Limpio y Construir") usado en Afganistán.

Reconociendo, al parecer, que estaban sonando los tambores de guerra, el subsecretario de Estado, William J. Burns, declaró que cualquier intervención de Estados Unidos en México sería restringida. "Nuestra participación tiene límites claros", le dijo al *New York Times*. "Nuestro papel no es realizar operativos. Tampoco es intervenir en actividades judiciales. Ése es el papel de las autoridades mexicanas. Y así debe ser".

El embajador mexicano en Estados Unidos, Arturo Sarukhán, asumió una postura de reparación de daños; se esforzó mucho por convencer a los congresistas y diplomáticos involucrados en cuestiones bilaterales de que lo que estaba ocurriendo en México definitivamente no era una insurgencia.

"Si no se entiende lo que está ocurriendo en el terreno y se lo etiqueta como algo que no es, entonces el resultado más probable es que las políticas que se instrumenten sean políticas erróneas", dijo el embajador. "Siempre le digo a la gente: 'Ten cuidado con lo que pidas'. Si se aplican las mismas tácticas y políticas usadas en Colombia para frenar los movimientos terroristas o guerrilleros, se va a fracasar terriblemente en México, porque aunque estén usando coches bomba e IED, lo que subyace a las acciones de estos tipos no tiene nada que ver con lo que subyace a una insurgencia o a la situación en Colombia".

Las historias que producía el juicio a un presunto Zeta también estaban aterrorizando a algunos expertos. Según el agente de la DEA, Chris Diaz, que estaba testificando en el juicio de un presunto Zeta en Laredo, Texas, los jóvenes reclutas en Tamaulipas habían sido obligados a beber la sangre de las víctimas como una ofrenda a la Santa Muerte.

"Lo torturaron [a un recluta joven] y acabó abriéndoles las barrigas y vertiendo la sangre en una taza e hizo un brindis a la Santísima Muerte", declaró Diaz.

Estos rituales no eran inauditos en Tamaulipas; en 1989, un estudiante de la Universidad de Texas, Mark Kilroy, había sido asesinado en Matamoros, después de ser secuestrado en el Gateway International Bridge o Puente Nuevo. Según las autoridades, sus secuestradores pertenecían a una secta. Se llevaron a Kilroy al rancho Santa Elena, que llegó a ser conocido como el rancho del Diablo. Lo mataron, le extrajeron el cerebro y cortaron su cuerpo en pedazos.

El cadáver de Kilroy fue uno de los 13 que se hallaron en el rancho. Uno era de un niño de nueve años. Según las autoridades, los miembros de la secta creían que los asesinatos rituales los protegerían de los policías que los buscaban por narcotráfico.

Ahora, con el surgimiento de la Familia y sus "biblias", por no mencionar a los Caballeros Templarios y su modus operandi pseudorreligioso, México comenzaba a cobrar un aspecto completamente distinto.

En una audiencia del Congreso sobre la guerra contra el narco, se advirtió a los miembros de la Cámara de representantes sobre las "insurgencias espirituales... que están ocurriendo ahora en México".

"Nunca creí que veríamos el día en que los 'verdaderos devotos' de un cártel mexicano comenzarían a parecerse mucho a los yihadistas que pelean para Al Qaeda —aunque representando una forma pervertida de cristianismo—, pero ese día parece estar muy cerca", le dijo a los miembros del Congreso un experto en seguridad que anteriormente había tenido su propia compañía de seguridad privada.

México también se había convertido en una opción atractiva para los contratistas de seguridad privada estadounidenses y británicos que querían salir de Afganistán e Irak para conseguir contratos más jugosos con empresas como Pemex —que ya había sufrido a manos de los Zetas— y otras empresas privadas. "Creo que la situación en esta zona, en particular en México, llegará pronto al punto en que se pierda tanto ingreso debido a los cárteles y otras organizaciones criminales, que las empresas no tendrán más remedio que contratar seguridad privada que no esté corrompida", dijo un contratista británico en busca de nuevos terrenos para sus hombres después de trabajar en Irak y Afganistán. "Tendrán que retirar de sus cargos a las figuras influyentes del Gobierno, la Policía y el Ejército, para neutralizar la corrupción que impide a las compañías contratar seguridad privada para frenar el problema. La seguridad no puede funcionar si el Gobierno, la Policía y el Ejército están tan involucrados en la corrupción y la actividad criminal".

"Creo que pronto llegará el momento en que la pérdida de ingresos superará las ventajas de hacerse de la vista gorda".

Pese a los esfuerzos por contenerlo, siguió circulando con fuerza en Washington el discurso sobre terrorismo e insurgencia.

El 10 de noviembre, poco después del discurso de Ros-Lehtinen, el congresista republicano Connie Mack, presidente del subcomité para asuntos del Hemisferio Occidental, le escribió una carta a la secretaria de Estado, Hillary Clinton, urgiendo al Departamento de Estado a "establecer una estrategia coordinada y dirigida para combatir los cárteles mexicanos insurgentes", una estrategia que "aplique tácticas de contrainsurgencia con el objetivo de poner fin a las actividades de los cárteles en Estados Unidos, asegurar la frontera y fortalecer la capacidad de México para enfrentar esta amenaza".

"Todos los ciudadanos estadounidenses están amenazados por el narcotráfico y la violencia de los cárteles que operan en más de mil ciudades de Estados Unidos. Si no podemos o no queremos identificar el problema correctamente, entonces no podremos poner en práctica políticas para combatir el problema que enfrentamos".

"La seguridad del pueblo de Estados Unidos depende de ello".

⍟

En febrero de 2011, el Pentágono había desplegado avionetas teledirigidas en México para recabar información sobre los capos y sus redes de narcotráfico, así como, a petición del

Gobierno mexicano, rastrear los movimientos de los sospechosos.

Las avionetas Global Hawk podían sobrevolar a 18,000 metros de altura; podían reconocer casi 300,000 kilómetros cuadrados al día.

Se acordó también que se abriría en la ciudad de México un segundo centro antidrogas, donde las agencias mexicanas y estadounidenses pudieran trabajar juntas en la lucha contra el narco. (El primero se había abierto un año antes; al parecer, algunos funcionarios se habían quejado de que los agentes estadounidenses, presentes en calidad de asesores, se habían apropiado el control).

El statu quo, según autoridades estadounidenses y mexicanas, siempre había sido que el Gobierno de México se hacía de la vista gorda si los agentes de Estados Unidos se encargaban de cablear a sospechosos de narcotráfico en suelo mexicano o si portaban armas, a pesar de que en México es ilegal portar armas sin licencia.

Preocupaba la legalidad de estas operaciones, pues para que agentes de la DEA y militares estadounidenses ejercieran en México sus facultades vigentes, los mexicanos tendrían que tener un margen de negación plausible, porque la Constitución mexicana prohíbe que agentes judiciales o militares extranjeros operen en México.

Los dos Ejércitos tenían un largo historial de tensión y cooperación. Al comenzar la Primera Guerra Mundial, México veía a Estados Unidos como un vecino adverso; poco después, la entrada de tropas estadounidenses a México en busca de Pancho Villa sólo empeoraron las cosas. Pero durante la Segunda Guerra Mundial, Estados Unidos convirtió a México en un aliado clave en sus esfuerzos por coordinar la defensa de la costa del Pacífico en respuesta al ataque a Pearl Harbor. En 1942 se creó la Comisión de Defensa Conjunta

México-Estados Unidos; en un discurso ante el electorado mexicano, la segunda noche de los ataques a Pearl Harbor, el presidente Manuel Ávila Camacho declaró que México había roto sus relaciones diplomáticas con Japón. Dijo que México y Estados Unidos se ofrecerían "la colaboración íntima que sirva para unir solidariamente las acciones emprendidas en todo el continente americano".

Durante la Guerra Fría, las relaciones militares con Estados Unidos fueron limitadas, lo mismo que la ayuda; los mexicanos no cedían con la enmienda constitucional que impedía que las tropas pelearan en suelo extranjero. No habría cooperación oficial hasta la década de 1990, pero miles de soldados y oficiales del Ejército mexicano siguieron recibiendo entrenamiento en instituciones militares de Estados Unidos.

Cuando se reanudó la cooperación plena, entraron en vigor alrededor de 45 programas militares conjuntos.

Entre 1996 y 1998, Estados Unidos entrenó a 422 GAFES o miembros de las fuerzas especiales de México. Esto llevó a los conspiracionistas a concluir que Estados Unidos había entrenado a miembros de los Zetas (cuyos fundadores eran ex GAFES que habían desertado). Pero desde 1996 la Embajada de Estados Unidos en México usaba una base de datos digitalizada para seguirle la pista a los cerca de 5,000 militares mexicanos entrenados con financiamiento estadounidense o por personal estadounidense, y ningún nombre coincidió con los de Zetas conocidos. Sin embargo, en un cable diplomático enviado por la embajada en la ciudad de México durante la administración calderonista, los funcionarios estadounidenses sí reconocieron que sus propios informes revelaban que Rogelio López Villafaña, un ex teniente de infantería mexicano arrestado y acusado de participar en el plan para matar a José Luis Santiago Vasconcelos, había sido reclutado a la fuerza por los Zetas después de recibir supuestamente entrenamiento antinarcóticos en Fort Bragg, Texas. Ni Fort Bragg ni la embajada estadounidense tenían registros digitales previos a 1996, de modo que no podían verificar si efectivamente López Villafaña había sido entrenado en Estados Unidos.

⊛

El 31 de diciembre, el presidente Barack Obama aprobó la "Ley de Autorización de Defensa Nacional para el año fiscal 2012" (H.R. 1540).

La nueva ley permitiría detener indefinidamente a cualquier ciudadano —estadounidense o extranjero— sospechoso de actividades terroristas, sin orden ni juicio justo. También en el extranjero, los ciudadanos estadounidenses o extranjeros sospechosos de actividad terrorista enfrentarían la misma situación.

El presidente Obama expresó sus reparos: "El hecho de que apruebe esta ley en su conjunto no significa que esté de acuerdo con todo lo que contiene. En particular, aprobé esta ley a pesar de que tengo serias reservas con ciertas disposiciones que regulan la detención, interrogación y enjuiciamiento de presuntos terroristas".

# Capítulo 11

> "Si tuviera que volver a hacer todo lo que he hecho en el pasado, lo haría de manera distinta, porque ahora soy mejor dirigente, mejor ser humano y mejor funcionario que antes".
>
> Eduardo Medina Mora, 2010

A medida que el sexenio calderonista se acercaba a su fin, los que habían servido en su administración reflexionaban sobre sus éxitos y fracasos, mientras una nueva ola de políticos se preparaba para la batalla por venir.

El ex general Mario Arturo Acosta Chaparro se retiró el 23 de abril de 2008, poco después de su presunta reunión con el Chapo y los capos del cártel de Sinaloa. Aquel día, el presidente Calderón lo condecoró con todos los honores en una ceremonia oficial que se llevó a cabo en el Campo Militar No. 1.

El 18 de mayo de 2010, Acosta Chaparro recibió disparos en el pecho estando afuera de su apartamento en la colonia Roma, en lo que se reportó como un intento de robo. Se recuperó tras una breve estancia en el hospital.

El general Noé Sandoval Alcázar se había pasado a la Cuarta Región Militar para encargarse de los operativos antidrogas en Nuevo León, Tamaulipas y San Luis Potosí. Después de pasar dos años luchando contra el cártel de Sinaloa, iría tras los Zetas.

Casi de inmediato, lanzaría un ataque frontal para igualar la muerte que dio la Marina a Antonio Ezequiel Cárdenas Guillén, alias Tony Tormenta, hermano y sucesor de Osiel Cárdenas Guillén. Durante un periodo de 20 días en el verano de 2011, Sandoval desplegó 4,000 soldados, 722 vehículos y 23 aeronaves para detener a cerca de 200 presuntos Zetas, matar a otros 30 y liberar a 12 víctimas de secuestro en todo Tamaulipas. El Ejército incautó 1,217 armas y más de 260 vehículos.

Quizá lo más importante fue que los soldados encontraron un escondite con 188 dispositivos de comunicación pertenecientes a los Zetas; no cabía duda de que se estaban consolidando en la región. Algunos expertos incluso comenzaban a afirmar que los Zetas eran más poderosos que el cártel de Sinaloa; al menos estaban presentes en más partes de México.

Mientras tanto, el general Hidalgo Eddy había asumido un nuevo cargo al frente de la Policía estatal de Aguascalientes, donde se encargaría de poner en práctica el primer "mando único".

Pegados a sus monitores, treinta agentes estatales en el Cuarto de Control y Operaciones de la estación de Policía de Aguascalientes observaban diligentes en busca de cualquier cosa fuera de lo común. Usando el ratón, una mujer policía giró una cámara colocada de manera muy discreta en una esquina de la terminal de autobuses en el centro de la ciudad. La cámara siguió a un joven despeinado que portaba una mochila; caminó hacia la salida y luego hacia la fila de los taxis. La policía volteó hacia atrás, dudosa. Su superior meneó la cabeza; cuando mucho, un vago, nada para preocuparse.

Unos seis metros hacia la izquierda de la agente, del otro lado de unas puertas de vidrio corredizas, una docena de policías municipales escudriñaban sus propios monitores. Eran jóvenes, animosos, claramente dispuestos a ayudar; pero carecían del entrenamiento de sus contrapartes estatales. Y, sobre todo, todavía no se les podía confiar mucha información; aún había que aprobarlos, pero estaban del otro lado de la puerta corrediza por una razón. No podían hacer llamadas telefónicas mientras estuvieran en el trabajo; no podían llevarse trabajo a casa; debían ser escoltados por agentes estatales mientras estuvieran en las instalaciones.

Lo mismo que los presuntos delincuentes en los monitores, estaban bajo una vigilancia constante.

Los oficiales de la administración calderonista lamentaban la falta de progreso con el mando único. Estaba detenido en el Congreso —algunos alcaldes estaban renuentes a renunciar a la autoridad sobre lo que consideraban fuerzas de seguridad completamente competentes—, y Poiré, en su cargo como asesor de seguridad nacional, estaba frustrado: “No se está moviendo tan rápido como queremos”.

De vuelta en sus oficinas de Aguascalientes, el general Eddy recordaba las épocas en que perseguía al Chapo y coordinaba los operativos antidrogas en la sierra de Sinaloa. Puso un CD: un narcocorrido compuesto en su honor. La letra mencionaba a un general de estatura corta y arma larga.

Se rió.

Abrió un álbum de fotos de sus viajes a La Tuna. Una foto de la madre del Chapo en la iglesia. Una foto de él con María Consuelo Loera Pérez.

“Varias veces estuvimos a diez o veinte minutos de atraparlo [al Chapo]”, dijo desde atrás del escritorio. Pero como lo veía, había logrado una hazaña: sobrevivir. Hubo numerosas amenazas de muerte; en una ocasión, después de encabezar una redada en La Tuna y detener a un primo del Chapo, un grupo de narcos había conducido hasta las barracas en Culiacán donde estaba apostado el general. Habían arrojado un cadáver del auto, junto con una nota que le advertía al general Eddy que se hiciera a un lado.

"Mantenerme vivo siempre fue mi mayor desafío".

Lo seguían molestando las acusaciones de que era corrupto o que había hecho tratos con el Chapo.

"¡Nunca hice ningún pacto, nunca!", afirmó, dándole un puñetazo al escritorio.

"No sé los otros".

El general Galván Galván había tratado de erradicar la corrupción durante el sexenio calderonista. En algún momento había sugerido que la corrupción se considerara una forma de traición a la patria, castigada con pena de muerte.

También debía sopesar otras cosas: el Ejército era responsable de más de 2,000 muertes enemigas. De las 5,972 quejas presentadas ante la CNDH contra el Ejército, sólo se habían atendido 92 recomendaciones.

Habían muerto más de 130 soldados; casi 800 habían sido heridos de gravedad.

Galván Galván había perdido a un general. En noviembre de 2008 se había reunido con el general Jorge Alberto Cárdenas Cantón, al frente de la X Región Militar en Yucatán, y lo había presionado para que hiciera más por la lucha contra el crimen organizado.

Una semana después de la reunión, el general escribió una carta: "Ya no puedo continuar, no puedo seguir adelante más".

Luego se dio un tiro en la cabeza.

Durante los últimos días de la administración de Calderón, saldría la luz que el general Manuel Moreno Aviña había ordenado a 29 de sus elementos que torturaran y asesinaran al menos a diez civiles entre 2008 y 2009; supuestamente, también traficaban con drogas. Los hombres de Moreno Aviña llevaron a una de las víctimas a un rancho, donde lo empaparon en gasolina y le prendieron fuego, al estilo de los Zetas.

En México hay tres caminos.

El Paseo de la Reforma, en la ciudad de México, está bordeado por bancos internacionales.

La Carretera Estatal de Tamaulipas 1, que llega a la costa Noreste, está bordeada por fosas clandestinas.

El tercer camino, una autopista federal en proceso de construcción en la sierra de Sinaloa, fomentará el comercio y abrirá oportunidades para la gente local, como parte de un programa destinado a conectar las zonas rurales con las ciudades. Este camino, rodeado por plantaciones de marihuana y opio, también conectará Badiraguato —pueblo natal del narcotráfico mexicano y de muchos de sus más grandes capos— con Chihuahua, ofreciendo así un acceso directo a una de las más lucrativas plazas del narcotráfico sobre la frontera entre México y Estados Unidos.

La pregunta es cuál de estos caminos lleva al futuro de México y quién lo conducirá hacia allá. A principios de 2012, cinco candidatos siguen en la carrera preelectoral; todos se pronuncian enérgicamente en contra de la posibilidad de que el crimen organizado influya en las elecciones.

Pero tienen que saber que sí influiría, de un modo u otro. Andrés Manuel López Obrador, que durante todo el sexenio calderonista había despotricado contra "las mafias" que según él controlaban a México, y había prometido erradicar la corrupción de arriba a abajo, aparentemente cambió de melodía y ha sido el único candidato que habla abiertamente de la imposibilidad de combatir la violencia con más violencia.

"Aceptamos la afirmación del amor como la mejor forma de hacer política. No debe caber en nosotros ni el odio ni la amargura... Seamos el amor que todo lo da. Amor es perdonar a cada instante".

"Ya no voy a hablar de la mafia del poder... me dicen que ya no debo seguir diciéndolo".

Sus críticos no se mordieron la lengua: AMLO se ha convertido en AMLOVE.

Enrique Peña Nieto, el candidato del PRI que encabezaba las encuestas por un amplio margen, también prometió continuar la lucha contra el crimen organizado, tranquilizando así —al menos temporalmente— a los críticos temerosos de que el PRI volviera a los viejos tiempos de una relación tácita (y a veces cómplice) con el narco.

Santiago Creel, un candidato panista con un largo historial de tensión con Calderón (ambos compitieron por ser el candidato panista en las elecciones de 2006), prometió ajustar la estrategia de la administración calderonista, y ofreció su propio plan. En realidad, la propuesta de Creel —perseguir el lavado de dinero en lugar de únicamente ir tras los grandes capos— no era muy distinta de la de Calderón.

El secretario de Hacienda, Ernesto Cordero, otro candidato panista, prometió mantener el curso actual. Juró que de resultar electo, atraparía al Chapo.

A medida que se acercan las elecciones ha ido ganando popularidad entre los electores Josefina Vázquez Mota, ex secretaria de Educación Pública y coordinadora del PAN en la Cámara de Diputados. Aunque no se le consideraba una gran figura política y tuviera la desventaja de ser mujer en una sociedad machista y en un partido dominado por hombres —"Si Josefina se llamara José, el PAN ya tendría a su candidato", escribió en su blog Jorge Zepeda Patterson, antiguo editor del diario *El Universal*—, su nombre empezaba a zumbar entre los altos mandos del PAN y ha conseguido el apoyo de varias personalidades importantes de su partido.

A su favor, tiene antecedentes en la educación pública, sin duda la mayor prioridad de México, junto con la creación de empleos y el combate a la violencia asociada con las drogas. Como secretaria de Educación Pública, había luchado por desmantelar el antiguo sistema por el que los maestros podían vender su plaza o heredarla a un pariente. (Irónicamente, los puestos de maestro se llaman "plazas", el mismo término usado tanto para los territorios del narcotráfico como para las jurisdicciones policiacas).

Mediante una reforma denominada Alianza por la Calidad de la Educación, Vázquez Mota había colocado el sistema educativo mexicano en el camino correcto y había prometido mantenerlo en esa línea. También era la única candidata que realmente expuso ideas originales para la lucha contra el crimen. Había ayudado a poner en marcha programas para ofrecer perspectivas educativas a los delincuentes juveniles y a los narcotraficantes jóvenes. Y si bien fue una defensora firme de la lucha calderonista contra el crimen organizado —"mi convicción es que para enfrentar al crimen organizado, no debe haber ningún margen para la negociación", había dicho—, también afirmaba que debían legitimarse ciertas partes de la economía informal de México.

"La capacidad de trabajo que tenemos [en la economía informal] es increíble. Hay maneras de legalizar a estos empresarios. Estoy segura de que a muchos vendedores en lugares como Tepito les gustaría tener mejores condiciones laborales y prestaciones. La economía formal tiene demasiadas restricciones y, por otro lado, tenemos toda una economía sin reglas, así que debemos facilitar [los negocios] para quienes no siguen las reglas y descubrir cómo transformar la economía informal —que ha crecido inmensamente— en una actividad legítima. Se necesitan incentivos y garantías".

Vázquez Mota estaba plenamente consciente de los enormes desafíos que la esperaban, pero era optimista: "Tenemos que construir una agenda para los millones de mexicanos que quieren un México de paz, certeza, seguridad: una agenda de prevención, de educación, de oportunidades, de reconstrucción del tejido social", dijo. "Hay mucho trabajo por hacer para darle al país la paz y gobernabilidad que necesita".

Quizá el desafío más grande para los candidatos era convencer al público mexicano de que la estrategia del Gobierno era por su propio bien. Hacia el final de la administración calderonista, sólo 30% del electorado mexicano sentía que el país iba por buen camino. Los opositores políticos denunciaban a la administración —por ejemplo, el ex vocero de Fox, Rubén Aguilar, declaró que "Calderón y el país se están yendo por un callejón sin salida"—, mientras los medios de comunicación se derretían por activistas antibélicos como el poeta Javier Sicilia, aunque la asistencia a los actos públicos fuera bastante baja.

Los Pinos se estaba esforzando por transmitir su mensaje. Calderón se reunió con Sicilia —a petición del poeta— en un diálogo transmitido por televisión, pero una vez más, no logró argumentar bien su estrategia y declaró que uno de los principales objetivos de emprender la lucha era eliminar a los narcomenudistas que asolaban los barrios mexicanos: completamente lo contrario a lo que había declarado la administración en 2006, cuando decidió ir por las cabezas de las grandes organizaciones delictivas.

Poiré hacía malabarismos con la tarea cotidiana de explicar, desmentir rumores y teorías, y comunicarle a la población las acciones del Gobierno. En un esfuerzo por refutar los "mitos" sobre la guerra contra el crimen organizado, creó un blog en el sitio web de la Presidencia. Él y otros funcionarios de la administración buscaron establecer un acuerdo con los principales medios de comunicación para tratar de regular la cobertura de la violencia, lo cual provocó denuncias de censura por parte de algunos periodistas y críticos. La reacción era esperada, pero Poiré insistió en que tenían que hacer algo. "Es muy difícil para un país donde se está teniendo un crecimiento increíble de los medios libres", explicó. "El gran desafío es tratar de reconocer que en un entorno mediático rápidamente cambiante, necesitamos ayudarle a la gente a entender un fenómeno muy complejo".

Era igualmente difícil desmentir la percepción de que México iba camino a su propia Primavera Árabe. Las encuestas revelaban que más de 70% de los mexicanos querían que los soldados siguieran patrullando el país hasta que la violencia se controlara y las fuerzas policiacas se reformaran, pero las declaraciones de los críticos a la guerra contra el narco seguían atrayendo más atención que las del Gobierno que afirmaba estar haciendo lo que quería el electorado. Las encuestas también revelaban que la mayoría de la población mexicana se oponía a la legalización de las drogas y prefería que se restableciera la pena de muerte, abolida en 2005 tras 44 años sin una sola ejecución.

Los funcionarios en Los Pinos insistían en que seguían por el camino correcto. "Cuando hablas con gente que vive en zonas de gran riesgo, te dice: 'Es horrible lo que estamos pasando, pero deben seguirle porque es una pelea que vale la pena pelear y más vale que no se estén equivocando en lo que están haciendo para solucionarlo'", dijo Poiré.

También en Estados Unidos comenzaba la temporada electoral. Las revelaciones de la operación Rápido y Furioso habían provocado una oleada de críticas de los republicanos y demócratas por igual. Desde 2006, agentes del ATF habían comprado más de 2,000 armas en distintos negocios de armamento en Estados Unidos y habían permitido que "caminaran" —que cruzaran la frontera hacia México—, en un intento por atrapar a los jefes del tráfico de armas y quizá incluso seguir el rastro de las armas hasta las manos de los capos.

Los agentes le habían perdido la pista a 1,400 armas; luego se descubrió que docenas de ellas se habían usado para asesinar a policías mexicanos. Dos fueron halladas en la escena del asesinato del agente del ICE Jaime Zapata en San Luis Potosí.

La Casa Blanca asumió una postura defensiva: el presidente Obama negó saber algo de la operación: el fiscal general Holder dijo que desconocía la operación hasta que los medios de comunicación la hicieron pública. Dijo que algunos altos funcionarios del Departamento de Justicia estaban enterados, pero que no se les había avisado sobre las tácticas operativas inaceptables que se estaban utilizando.

Inevitablemente se desató la indignación. "Tiene que haber mejor comunicación, para que alguien pueda decir: 'A ver, alto, esta idea es descabellada, ¿Le están dando armas a narcotraficantes que luego van a regresar a usarlas?'", dijo el congresista Bob Goodlatte, un republicano por Virginia.

Las tensiones en la frontera se agudizaron, a medida que los altos mandos se negaban a responsabilizarse de haber ordenado la operación. "Yo estoy trabajando aquí en

Phoenix y te digo que hemos estado haciendo esto todos los días desde que llegué aquí", dijo un agente que decidió hablar públicamente. "Aquí estoy. Díganme que no hice las cosas que hice. Díganme que no me ordenaron que hiciera las cosas que hice. Díganme que no ocurrió. Ahora ya tiene nombre. Ahora tiene cara. Aquí estoy. Alguien dígame ahora que no ocurrió".

También las autoridades mexicanas condenarían la operación Rápido y Furioso, pero según las fuentes en Washington y la ciudad de México, el furor se aplacaría pronto. Aún así, era difícil tratar de encontrarle sentido a todo.

"A diez mil metros de altura, el tono muscular y la dirección estratégica de las relaciones entre México y Estados Unidos parecen fantásticos", dijo Sarukhán. "En muchos sentidos, es como una historia de dos ciudades a lo Dickens: es el mejor momento posible y el peor momento posible. Si miras el curso diplomático formal de las relaciones, nunca ha sido mejor. Pero si miras la percepción pública a ambos lados de la frontera, parece estar a miles de kilómetros de donde está la relación".

De hecho, algunos funcionarios estadounidenses estaban mirando más allá de la preocupación inmediata, advirtiendo que pronto la frontera ya no sería el problema; las autoridades mexicanas y estadounidenses estaban golpeando tan fuerte las plazas fronterizas, que los cárteles estaban retomando la ruta caribeña. La violencia en Puerto Rico revelaba que la isla se estaba convirtiendo en un centro clave para el narcotráfico; la DEA había dejado ese puesto desprotegido durante varios años y ahora estaba cabildeando para que se volviera a cubrir con personal.

El consumo de drogas en Estados Unidos seguía aumentando. De acuerdo con una encuesta del Department of Health and Human Services (el Departamento de Salud y Servicios Públicos), se calculaba que 22.6 millones de estadounidenses mayores de 12 años eran consumidores "actuales" de marihuana, cocaína, heroína, alucinógenos o drogas de uso médico, lo cual significaba que habían consumido alguna de ellas en el mes previo a la encuesta.

El costo anual del consumo ilícito de drogas para el sistema de salud y penitenciario de Estados Unidos era de más de 190 millones de dólares.

Aunque el consumo de metanfetamina había disminuido, el de marihuana iba en aumento. El zar antidrogas Kerlikowske atribuyó el aumento al hecho de que 16 estados ya habían legalizado la marihuana con fines medicinales, pero condenó el uso de la expresión: "La gente le llama medicinal, y no es un buen mensaje para los jóvenes".

En México, el presidente Calderón se mantenía firme. El 13 de enero de 2012 se reunió con John Boehner, presidente de la Cámara de Representantes de Estados Unidos, para hablar sobre el flujo ilegal de armas y dinero a México. El 18 de enero recibió en Los Pinos al general David Petraeus, el nuevo director de la CIA. También estuvo presente Poiré, que había asumido el cargo de secretario de Gobernación, así como el nuevo director del Cisen, Jaime Domingo López Buitrón.

Evidentemente, en la agenda estaban la seguridad y la guerra contra el crimen organizado. En 2005, Petraeus había sido enviado a dirigir el Combined Arms Center (Centro de Armas Mixtas) en Fort Leavenworth, Kansas. Ahí, Petraeus había elaborado el instructivo de campo sobre cómo ganar guerras en el futuro, guerras desorganizadas: *Field Manual 3-24 Counterinsurgency* ("Manual de campo 3-24: Contrainsurgencia").

✪

## *20 de enero de 2012*

Tijuana había concluido el año 2011 con la mitad de los homicidios del año anterior. El cártel de los hermanos Arellano Félix estaba prácticamente extinto (Benjamín se declaró culpable en Estados Unidos a principios de 2012), pero el cártel de Sinaloa parecía haber asumido el control de la plaza. Por el cruce fronterizo de Tijuana seguían fluyendo vehículos: cada año, 13 millones de autos y camiones, y 70,000 autobuses.

Y seguían fluyendo drogas.

El presidente Calderón sopesó la escena. Inauguró un proyecto fronterizo consistente en cuatro nuevos puentes hacia Estados Unidos. Para 2030 podrían permitir el paso de otros 25 millones de vehículos y otros 12 millones de peatones cada año.

Podrían permitir el paso de varios miles de toneladas de drogas.

El presidente Calderón dio un discurso acerca de la lucha contra el crimen organizado y recibió una gran ovación.

"Todavía hay quien dice que 'no, para qué te metes'. Claro que hay que meterse... Hay que meterse y enfrentar a los criminales".

Las autoridades, dijo Calderón, seguirían luchando por la seguridad de Tijuana y por la reconstrucción de la sociedad.

"Hasta el último día de mi mandato".

# FUENTES

## CAPÍTULO 1

Boletines de la PGR y Sedena; varios artículos de *El Universal, La Jornada, Reforma* y *Milenio;* entrevistas del autor con Cuauhtémoc Cárdenas; entrevistas del autor con oficiales y policías en Michoacán; boletines y discursos de <www.presidencia.gob.mx>.

## CAPÍTULO 2

Entrevista con el general Hidalgo Eddy, boletines de la PGR y Sedena; boletines y discursos de la DEA y el Departamento de Justicia de Estados Unidos.

## CAPÍTULO 3

Entrevistas con Eduardo Medina Mora, Edgardo Buscaglia, Ariel Moutsatsos; artículos de *El Universal, La Jornada, Reforma* y *Milenio;* boletines y discursos de <www.presidencia.gob.mx>, la PGR y Sedena.

## CAPÍTULO 4

Entrevistas con Manuel Clouthier Carrillo, el general Joaquín Morales Ojeda, ciudadanos y oficiales de Sinaloa, fuente anónima del Ejército, el jefe de inteligencia de la DEA, Anthony Placido, el encargado de negocios interino de la embajada de Estados Unidos, John D. Feeley, un oficial antidrogas anónimo apostado en la ciudad de México, Ariel Moutsatsos; boletines de la DEA y PGR; David Kilcullen, *Counterinsurgency*, Oxford University Press, 2010.

## CAPÍTULO 5

Boletines de la PGR y National Drug Intelligence Center [Centro Nacional de Inteligencia sobre Narcóticos de Estados Unidos]; entrevistas en Ciudad Juárez 2008-2009; entrevista con Jaime Alberto Torres Valadez; artículos de *El Universal, Diario de Juárez* y *Reforma*.

## CAPÍTULO 6

Boletines de la PGR y DEA; artículos de *El Universal, Reforma* y *Noroeste*; expedientes del United States District Court Northern District of Illinois Eastern Division [División Este del Tribunal del Distrito Norte de Illinois].

## CAPÍTULO 7

Boletín de <www.mccaffreyassociates.com>; <http://www.navytimes.com/news/2008/07/coastguard_drugsub_081108w/>; entrevistas con oficiales y ciudadanos en Michoacán 2007-2008; entrevistas con oficiales antidrogas apostados en la ciudad de México; transcripción de la audiencia ante el Subcomité sobre preparación estatal, local y del sector privado y para la integración del Comité de Seguridad Nacional y Asuntos de Gobierno, Senado de Estados Unidos, 11 de marzo de 2010; declaración de la DEA por Michele Leonhart, 18 de diciembre de 2009; *U.S. Department of State Country Report Human Rights: Mexico 2010* [Informe 2010 sobre Derechos Humanos en México del Departamento de Estado de Estados Unidos]; entrevista con Jaime Alberto Torres Valadez; entrevistas con oficiales y ciudadanos en Ciudad Juárez y Culiacán, 2008-2010; entrevista con Luis Ricardo Ruiz; entrevista con Jaime Cano Gallardo; entrevistas con ciudadanos y oficiales en Matamoros; entrevistas con oficiales antidrogas estadounidenses apostados en la ciudad de México; declaración de la Fiscalía del Distrito Sur de Nueva York, 15 de noviembre de 2011; MSNBC: "Mexico: Men in Border Incident not Soldiers" ["México: los hombres del incidente fronterizo no eran soldados"], 1 de enero de 2006; Human Rights Watch: "Neither rights nor security: Killings, torture and disappearances in Mexico's 'War on drugs'" [Ni derechos ni seguridad: asesinatos, tortura y desapariciones en la 'guerra contra las drogas' de México"], 2011; entrevistas en reclusorios de Ciudad Juárez, Matamoros, Ciudad de México y Culiacán entre 2008-2009; entrevistas con los oficiales, Jesús Manuel González Sánchez, Mercedes Murillo Monge y ciudadanos de Culiacán en 2009; Instituto Ciudadano de Estudios sobre la Inseguridad; Associated Press: "After 40 years, $1 trillion, US War on Drugs has failed to meet any of its goals" ["Tras 40 años y $1 billón, la guerra contra las drogas en Estados Unidos no ha cumplido ninguno de sus objetivos"], 13 de mayo de 2010; *Los Angeles Times*: "Vatican suggests excommunicating Mexican drug traffickers" ["El Vaticano sugiere excomulgar a los narcotraficantes mexicanos"], 13 de enero de 2009; entrevista con George Grayson; entrevista con Pedro Cárdenas Palazuelos; <http://wikileaks.jornada.com.mx/cables/narcotrafico/09mexico133/>; artículos de *El Universal*, *Reforma*, *Milenio* y *La Jornada*; entrevistas con oficiales antidrogas estadounidenses apostados en la ciudad de México; entrevista con el general Joaquín Morales Ojeda; *The New York Times*: "California Blacks Split Over Marijuana Measure" ["Los negros de California divididos por la propuesta de legalizar la marihuana"], 19 de julio de 2010; entrevistas en Culiacán, 2009; entrevistas en Guerrero, 2008-2009.

## CAPÍTULO 8

Entrevistas en Ciudad Juárez 2008-2009; entrevista con el mayor Valentín Díaz Reyes y Jaime Alberto Torres; boletines de la PGR, la DEA y el Departamento de Justicia de Estados Unidos; <http://wikileaks.ch/cable/2009/01/09CIUDADJUAREZ22.html>; Proceso: "Acosta Chaparro, el narcoemisario del Gobierno", 4 diciembre, 2010.

## CAPÍTULO 9

Boletines de la PGR y la DEA; entrevistas en Guatemala y Chiapas 2008; boletines y discursos de la CNDH; testimonio del jefe de operaciones de la DEA Michael Braun ante el House Government Reform Committee [Comité para Reformar el Gobierno de la Casa de Representantes], 26 de abril de 2006; artículos de *El Universal* y *Reforma*.

## CAPÍTULO 10

Artículos de *El Universal, Milenio* y *Reforma*; expedientes del United States District Court Northern District of Illinois Eastern Division [División Este del Tribunal del Distrito Norte de Illinois]; entrevistas con Eduardo Medina Mora, Ariel Moutstatsos, Rubén Aguilar, Alejandro Poiré, el general Hidalgo Eddy, el embajador Arturo Sarukhán, Josefina Vázquez Mota; entrevistas con oficiales antidrogas estadounidenses apostados en la ciudad de México; *The New York Times*: "The Complete Interview With President Felipe Calderón in Spanish" ["Entrevista completa con el presidente Felipe Calderón en español"], 17 de octubre de 2011; *Bloomberg News*: "Martin Woods on Drug Money Laundering" ["Martin Woods habla sobre el lavado de dinero del narcotráfico"], 29 de junio de 2010; *Excelsior:* "DEA: Vamos por El Chapo; defiende operaciones encubiertas", 16 de enero de 2012; *Fox News*: "Napolitano grilled over 'Fast and Furious', Likens Hearing to Cross-examination" ["Cuestionan a Napolitano sobre la operación 'Rápido y Furioso': compara la audiencia con un interrogatorio"], 26 de octubre de 2011; *cbs News*: "Agent: I was ordered to let U.S. guns into Mexico" ["Agente: 'Me ordenaron permitir que las armas entraran a México'"], 3 de marzo de 2011; *The New York Times*: "Holder Reacts to Criticism of Gun Inquiry" ["Holder reacciona ante críticas a la investigación de armas"], 7 de octubre de 2011; *San Antonio Express-News*: "Zetas horrors recited at trial" ["Los horrores de los Zetas descritos en un juicio"], 21 de enero de 2012; *USA Today*: "National drug survey shows big drop in methamphetamine use" ["Encuesta nacional de drogas revela fuerte caída en uso de metanfetamina"], 8 de septiembre de 2011; *Milenio:* "En carta póstuma, general explica causas del suicidio", 25 de noviembre de 2008; boletines de la PGR, DEA y Presidencia; boletín del Departamento de Salud y Servicios Humanos de Estados Unidos; U.S. Army Center of Military History [Centro de Historia Militar del Ejército de Estados Unidos]; *Opening Statement at Hearing on U.S. Security Threats in Western Hemisphere* [Discurso inaugural de la audiencia sobre amenazas a la seguridad estadounidense en el Hemisferio Occidental] a cargo de Ileana Ros-Lehtinen, 13 de octubre de 2011; *The New York Times*: "U.S. drones fight Mexican drug trade" ["Avionetas teledirigidas estadounidenses combaten el narcotráfico mexicano"], 15 de marzo de 2011; *The New York Times*: "U.S. widens role in battle against Mexican drug cartels" ["Estados Unidos amplía su participación en la guerra contra los cárteles mexicanos"], 6 de agosto de 2011; proyecto de McCaul, cortesía de la U.S. Government Printing Office [imprenta del Gobierno de Estados Unidos]; <http://mack.house.gov>; testimonio escrito del subsecretario del área dedicada a investigar el financiamiento terrorista, Daniel L. Glaser, ante el Comité de Asuntos Exteriores de la Casa de Representantes, 13 de octubre de 2011; *Small Wars Journal*; *Newsweek:* "Petraeus' next battle" ["La siguiente batalla de Petraeus"], 17 de julio de 2011; Consulta Mitofsky; testimonio ante el Subcomité para el Hemisferio Occidental del Comité de Asuntos Exteriores de la Casa de Representantes, en la audiencia "Has Merida Evolved?" ["¿Ha evolucionado la Iniciativa Mérida?"], a cargo del Dr. Robert Bunker, 13 de septiembre de 2011.

# Índice

*Hasta el último día*, de Malcolm Beith,
se terminó de imprimir y encuadernar en marzo de 2012
en Quad/Graphics Querétaro, S.A. de C.V.
lote 37, fraccionamiento Agro-Industrial La Cruz
Villa del Marqués, QT-762040

ARIZONA
NEW MEXICO
UNITED STATES
LONGITUDE WEST FROM G
El Paso
Ciudad Juarez
Tucson
CHIHUAHUA
BOLSON DE MAPIMI
DURANGO
ZACATECAS
JALISCO
COLIMA
HERMOSILLO
Guaymas
CULIACAN
Mazatlan
La Paz
Todos Santos
GUADALAJARA
Manzanillo
MEXICO TO VERA CRUZ
On Enlarged Scale.
SCALES.
Statute Miles, 69.16 = 1 Degree.
Kilometres, 111.307 = 1 Degree.

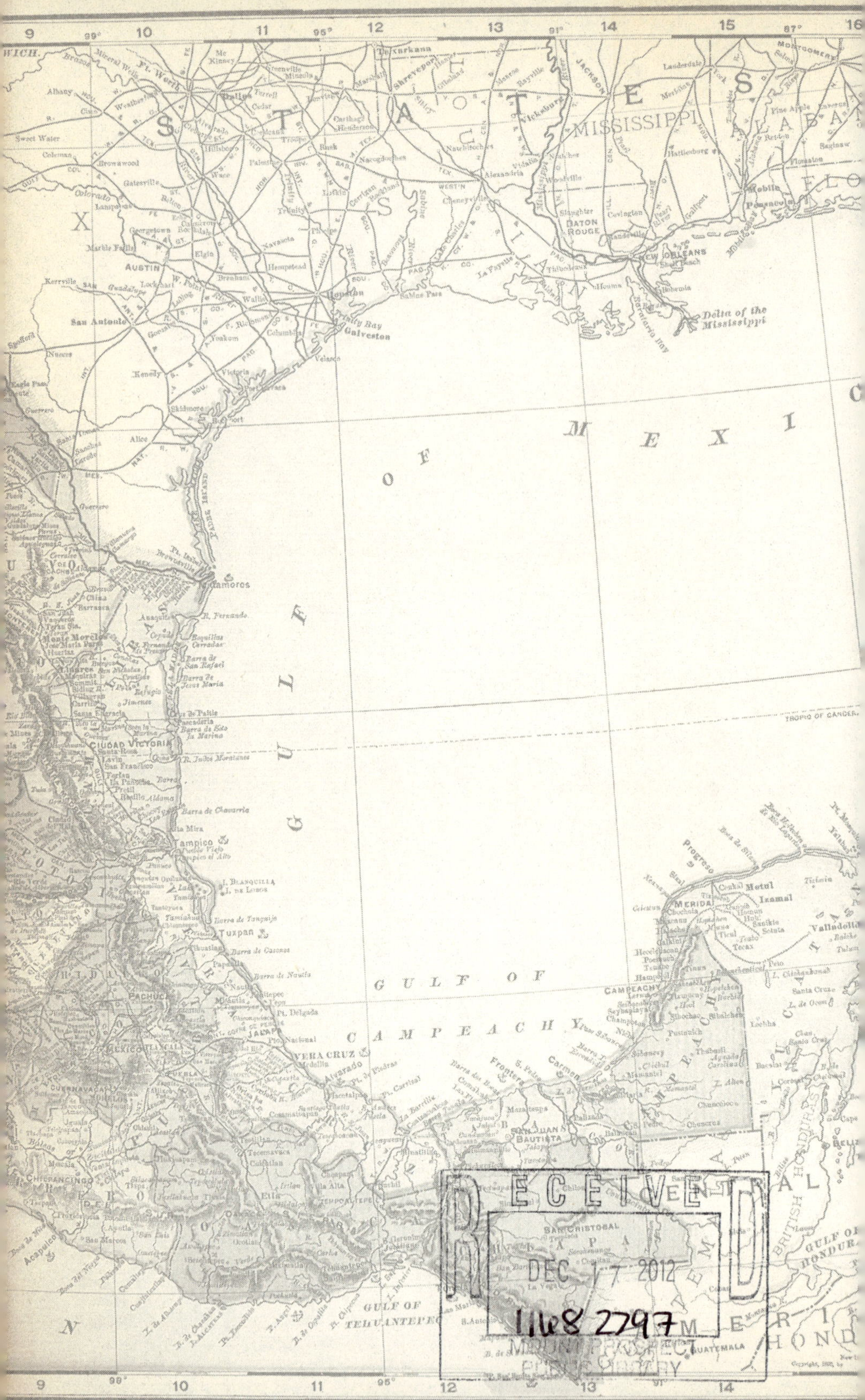
MISSISSIPPI
NEW ORLEANS
BATON ROUGE
Delta of the Mississippi
Galveston
Houston
AUSTIN
San Antonio
Dallas
Ft. Worth
Vicksburg
Mobile
Pensacola
O F
M E X I C
G U L F
GULF OF
CAMPEACHY
VERA CRUZ
Tampico
Tuxpan
MERIDA
CAMPEACHY
GULF OF
TEHUANTEPEC
TROPIC OF CANCER
BRITISH HONDURAS
GULF OF HONDURAS